JN301502

フィールド心理学の実践

インターフィールドの冒険

上淵 寿・フィールド解釈研究会 編

新曜社

はしがき

　質的研究や質的心理学という言葉が日本で当たり前のように使われるようになって、10年以上経つ。その間に、さまざまな方法論の本や、実際の研究に関する本、研究が掲載された学術誌などが登場した。

　しかし、方法論や実際の研究例を読んだだけで、私たちは質的研究ができるのだろうか。質的研究に限らず、研究という活動には、論文等で表に出ない、研究のやり直し、研究フィールドで生じる人間関係の齟齬といった問題、研究者自身が経験する質的研究を行う時の戸惑いや悩みがつきものである。

　本書は、このような問題を突き詰め、さらに質的研究から得られた知識、取り出された意味をさまざまな角度から検討する。そして、単に研究の体験を取り上げるだけではなく、その体験を理論的に検討し直す作業も同時に行っている。この理論的検討が、日本の刊行物では必ずしも十分ではないことが多い。さまざまな技法や方法論を駆使した研究であっても、それらの技法や方法の背後にある思想的文脈がしばしば無視されて、ただその方法が使いやすいからという理由で採用されている例も多々みられる。

　最近では、質的研究の苦労話が書かれている著作も散見されるが、「研究における意味づけの功罪」や「実践者の属するフィールドと研究者の属するフィールドとの狭間」での悩み、「フィールドでの出来事が見えるようになる」こと、「フィールドの今・ここで生じていることの感受」といった観点からの語りや、それに対する理論的考察などはみられない。さらに、上記の視座は個々の研究者やフィールドで完結した問題ではなく、複数の人や領域にまたがっていることも多い。このような意味で、本書は「インターフィールド」をテーマとして掲げている。

　また、本書では、同じ質的研究のデータについて、複数の視点からどのように見えるのか、さらに質的研究に関する書物の新たな読み直しとそれへの著者の返答といった、実験的な試みも取り入れている。

　ゆえに、この本を手に取った人には、一見、よくある質的研究の事例とみられがちな本書の研究例たちが、実に多様な問題を抱えながら、続けられ、問い直され、形にされていることを理解してほしい。

最後に、本書の成り立ちについて述べておきたい。本書の執筆者の大半は、「フィールド解釈研究会」のメンバーとして、10数年にわたり活動してきている。この研究会は、1998年に、当時幼稚園、小中学校、地域などのフィールドに赴いて、手探りで研究を始めたばかりだった大学院生を中心として、大学横断的に始まった。既成の概念にとらわれることなく、実際にフィールドに身を置くことから生じるさまざまな問題を共通認識としてとらえていくための議論を重ねてきた。2000年からは『Inter-Field』という会誌を刊行して、その成果を発表することも試みている。

　本書は、この『Inter-Field』の延長線上にあるといえる。本書は2005年に構想されたが、執筆が進む中で、研究者間での視点の違い、そして研究者一人ひとりのなかでの変容も浮き彫りにされ、まさにこの点でもインターフィールドの実践が起こっていた。そのため数度の改稿を経て本書に結実したのであるが、ここにはそうした私たちの変化（願わくば成長）が刻印されている。長い年月を要したことは決してマイナスなことばかりではなく、より完成度を高くできたというプラスがあったと自負するものである。

　脱稿が遅延し、新曜社の塩浦暲さんには、ご迷惑をおかけした。刊行まで8年もかかって、それでも無事に世に出たのは、塩浦さんのおかげである。ここに感謝の意を表したい。

執筆者を代表して
上淵　寿

目　次

はしがき　i

序章　インターフィールド研究の実践 ——— 上淵　寿・本山方子　1

第Ⅰ部　フィールドですれ違う

1章　「問題」を取り上げる
　　——「問題」とは何か？　誰にとっての問題か？ ——— 磯村陸子　11
　1．問題化によって可能になるもの　　　　　　　　11
　2．問題化が不可能にするもの　　　　　　　　　　13
　3．問題化がめざすもの　　　　　　　　　　　　　15

【ケース】あの時あれでよかったか
　　——保育カンファレンスからの省察 ——— 野口隆子　17
　1．初めての保育の場，A幼稚園との出会い　　　　17
　2．保育の場に参加した学生としての私　　　　　　19
　3．「ずれ」る——視点が違うことへの戸惑い　　　20
　4．問いを問う　　　　　　　　　　　　　　　　　23
　5．プロセスの中の私　　　　　　　　　　　　　　26
　6．おわりに——保育の場が「私」と「あの時」を
　　　どのように見ていたのか　　　　　　　　　　　28

2章　意味づけの功罪——人はつまずいて意味づけを行う ——— 上淵　寿　33
　1．質的研究における「意味づけ」の位置　　　　　33
　2．意味づけに絡む要因の整理　　　　　　　　　　33
　3．研究者の「意味づけ」の効用と問題　　　　　　35
　4．「意味づけ」が困難な状況　　　　　　　　　　36
　5．フィールドを意味づける，フィールドに意味づけられる　37
　6．肉体の意味づけ　　　　　　　　　　　　　　　38
　7．とりあえず終わりに——意味づけはどこまでも …　38

【ケース】観察者が意味づけをためらうとき ────── 磯村陸子　39
　1．ある出来事　39
　2．誰かの行為を見ること　42
　3．意味づけることと義務・責任　44
　4．学校というフィールドで〈大人〉であること　45
　5．おわりに　50

第Ⅱ部　フィールドで生かされる

3章　見えることと共振のダイナミクス ────── 松井愛奈　55
　1．見ること、見えること　55
　2．見えるとは？──幼稚園の観察事例から　56
　3．見ようとすれば見えるようになるのか？　58
　4．フィールドの実践に共振する　60

【ケース】日常をサバイヴするジェンダー実践
　　──かつて〈女子中学生〉だった私への共感 ────── 野坂祐子　63
　1．はじめに
　　──「オネエサン」から「オバサン」に交差する視線の中で　63
　2．フィールドをサバイヴする調査者　65
　3．おわりに──フィールドにおける出会いの限界と可能性　70

4章　フィールドの狭間でもだえる自己
　　──自己論から他者論、そして身体論へ ────── 上淵　寿　73
　1．自己の二重性の問題　73
　2．「研究者」としての私と「共同実践者」としての私　75
　3．ポジション　75
　4．ポジションから情動へ、身体へ　77

【ケース】「役に立つ」ことにこだわる〈私〉へのこだわり
　　──B幼稚園での動揺から ────── 堀越紀香　79
　1．はじめに　79
　2．「役に立つ」ことの難しさ　80
　3．「役に立つ」ことへの〈私〉のこだわり　83

4．「役に立てない」ことに動揺した〈私〉の変化　　　85
　5．「役に立つ」ことへのこだわりのサイクル　　　86
　6．現在の「役に立つ」ことにこだわる〈私〉　　　87
　7．結びにかえて――〈私〉へのこだわり　　　88

5章　「正義」の実践・実践の「正義」　　　野坂祐子　91
　1．はじめに――フィールドにおける「正義」の所在　　　91
　2．正義の責任　　　92
　3．正義の声――語られた言葉の重さと書ける言葉の軽さ　　　95
　4．おわりに――「正義」を問うことの、その先へ　　　98

【ケース】学習を〈促す／妨げる〉デザイン
　　　――地域の日本語教室を例にして　　　森下雅子　100
　1．はじめに　　　100
　2．学習環境のデザインとは　　　101
　3．空間や道具のデザインの重要性　　　102
　4．日本語教室A　　　104
　5．日本語教室B　　　106
　6．日本語教室C　　　108
　7．日本語学習を促す学習環境とは　　　111
　8．まとめ　　　113

6章　語られる局所性　　　上淵　寿　119
　1．局所性と全体性　　　119
　2．個別性・一般性　　　122
　3．局所と共同体　　　123
　4．おわりに　　　124

【ケース】子どもといる私のアクチュアリティと
　　　発現する局所性との間で　　　古賀松香　125
　1．フィールド研究における局所性の問題　　　125
　2．感知される局所性の変化　　　126
　3．語りの中で変化する局所性　　　133
　4．研究者に求められる局所性に対する2つの認識　　　139

第Ⅲ部　フィールドを味わいあう

7章　実践事例の記述と解釈の基盤 ── 砂上史子　143
1. 保育・教育の記録と解釈　143
2. 複数の人間による解釈と了解の形成　144
3. 解釈の違いに影響する立場　144
4. 異なる実践現場の間での解釈の違い　146

【ケース】小学5年生の小集団学習事例の記述と解釈の実践
──観察当事者として ── 市川洋子　149
1. はじめに　149
2. 取り上げた場面の決定プロセス　150
3. 事例の記述と考察　151
4. 掘越による事例記述と解釈を読んで
　──違いが生じた理由とは？　157

【ケース】小学5年生の小集団学習事例の記述と解釈の実践
──第三者として ── 掘越紀香　158
1. 筆者の戸惑いとスタンス　158
2. 授業の全般的な印象と教師の対応　159
3. 児童へのまなざし（主に男子Yについて）　160
4. 調査者市川の事例と解釈を読んで
　──「見つづける」ことと解釈妥当性　161

【メタ解釈】小学5年生の小集団学習事例の記述と解釈の実践
──2つのケース ── 砂上史子　166
1. 知らないからこその詳細な記述　166
2. ビデオ映像の記述と解釈の妥当性　167
3. 「らしさ」を捉える枠組み　168
4. 解釈基盤の違い　169
5. まとめ──記述と解釈の内側と外側　169

8章　質的研究を読むこと・読まれること ── 本山方子　173
1. 書き手−読み手−フィールド協力者のテクストを

媒介にした関係性　　　　　　　　　173
　2．読むことと解釈共同体　　　　　　　174
　3．読むことの個性　　　　　　　　　　176
　4．読むことの倫理　　　　　　　　　　178

【ケース】麻生武著『身ぶりからことばへ』をめぐる読みの実践
　　　――事例研究の説得力とは何か　　　　　　　　　砂上史子　181
　1．系の内側からの観察　　　　　　　　181
　2．麻生研究の記述と解釈　　　　　　　182
　3．筆者の履歴と麻生研究の読み　　　　183
　4．麻生研究への問い　　　　　　　　　184

【ケース】麻生武著『身ぶりからことばへ』をめぐる読みの実践
　　　――〈私〉による〈私たち〉の物語　　　　　　　磯村陸子　187
　1．本書の試み　　　　　　　　　　　　187
　2．共同的であるということ　　　　　　188
　3．〈私〉に埋め込まれた〈私たち〉　　　191
　4．おわりに　　　　　　　　　　　　　193

【ケース】麻生武著『身ぶりからことばへ』をめぐる読みの実践
　　　――誰が『身ぶりからことばへ』を書いたのか？　　麻生　武　194

9章　インターフィールド実践としての教育
　　　――心理学教育の立場から　　　　　　　　　　　上淵　寿　201
　1．はじめに――高校生、受験生から、心理学専攻の大学生へ　201
　2．「しろうと」から「くろうと」へ　　202
　3．研究するのは誰のためか　　　　　　206
　4．「くろうと」が学ぶこと　　　　　　208
　5．心理学における質的研究導入の問題　209
　6．「研究とは何か」の理解について　　210

人名索引　213
事項索引　215

装幀＝虎尾　隆

序章　インターフィールド研究の実践

上淵　寿・本山方子

　20世紀末から、心理学において質的研究法は急速に普及していった。「質的心理学」という言葉が市民権を得て（Pistrang & Barker, 2012；Willig, 2012など）、各種の技法に関する書物やセミナーが開かれ、そこから得た知識をもとに、実際の研究が進んでいった。

　この流行を支えたのは、質的研究にかかわる書物が相次いで出版されたことであろう。たとえば、フィールド研究やグラウンデッド・セオリー・アプローチ、ナラティヴ関連の書物などが相次いで出版された（藤田・北村, 2012；木下, 2009；戈木クレイグヒル, 2010；White, 2011 など）。これまでに公刊された書物は、フィールド研究やグラウンデッド・セオリー・アプローチ等の実際的な方法論、調査の経験談を含む研究事例、それに現実の社会問題を取り扱う提案、質的研究を支えると思われる理論や思想（シンボリック相互作用論、現象学、社会構成主義、活動理論等々）の4領域に分けられる。これらの本、特に方法論についての書物は、すでに飽和状態にあると言えるほど、数多く刊行されている。

　さて、本書は、フィールド研究の「実践自体」を問題とする点で、上記の分類に当てはまらない。フィールド心理学がこれまで焦点を当ててきたのは、実践の現場がどのようなありさまなのかであった。だが、本書では、フィールドを論じる研究自体が、社会的な実践としてどのように成り立つのか、という点に注目する。つまり、フィールド研究は、フィールド自体に影響を与えたり、フィールド研究の公開が世の中に影響を与えたり、フィールド研究者自身の社会の中でのあり方に変化を及ぼすという意味で、社会への働きかけなのである。

　こうした社会的実践としての研究過程の中で、生身の研究者はやりがいを感じるとともに、さまざまな葛藤や苦悩も経験する。そして、葛藤や苦悩を突き詰めていくと、初学者から熟練者に至るまで共通に、フィールド研究で何度も問い直さなければならない問題にぶつかる。本書では、これらの問題を集めて、フィールド研究実践の奥深さを研究者サイドから描くことを試みた。

インターフィールドの実践

　本書のキーワードは、「インターフィールド」である。ここで言う「フィールド」とは、当事者が実践する現場だけではない。研究者は、このようなインターフィールドとしての「現場にかかわること」を前提として、研究の成果は得られる。それはすなわち、「調査状況における対象の構築に調査者が不可避的に巻き込まれる」ことである（森山，2011）。研究者にとっては、どんな人としてフィールドにかかわるのか、なぜ実践を意味づけようとするのか、という自らの立ち位置を問われる現場でもある。
　このように研究の現場は、複数の人々の実践が重なる場、当事者の実践と研究実践のクロスオーバーを試みる場なのであり、本書で言うインターフィールドなのである。フィールド研究者が現場にかかわることは、現場に巻き込まれることなのであり、そうしてはじめて、研究対象が生じると言っても言い過ぎではないだろう。
　また、インターフィールドという言葉は、第二の意味として、文字どおり「フィールドとフィールドの間」と考えることもできる。たとえば、研究者は、大学や研究機関という組織（現場）に所属し、さらに研究成果の交流に向けて、学会や研究会に代表される研究者ネットワーク、という現場で生きる存在でもある。いくつものローカルな現場をわたり歩くという意味でも、フィールド心理学の研究者の活動は、インターフィールドの冒険そのものである。
　このように考えるならば、複数のフィールドのつなぎ目、むすびめ、としてフィールド研究者はいるのではないだろうか。言い換えれば、インターフィールドとは、複数のフィールドを生きることであり、複数のフィールドの境界人として生活していくことである。そこで、本書では、「複数のフィールドの間」にいる研究者や研究実践を見ることも試みている。
　インターフィールドを中心として本書を眺めれば、それぞれの章もインターフィールドの形をとっているということができる。各々の章は同じテーマについての「解題」と「ケース」から組み立てられている。解題とは、章ごとのテーマについて、理論的に考察したものである。一方、「ケース」は、テーマに関連するケース研究を記述したものである。いわば各章は、理論的な質的研究と実践的な質的研究の重なる場でもある。理論だけでは実際の研究はできないが、実践だけではそこから得た知見についてより深い考察を導くのは難しい。したがって、あるテーマについて読もうとしている読者は、解題とケースの両

方を読んでいただきたい。

　なお、本書は、教育や保育の現場研究事例を集めている。フィールドの領域を限定することで、各々の問題を統合的に理解しやすくするためである。

　本書は、大きく3部に分かれる。第1部はフィールドで経験する「すれ違い」や「ずれ」について考察し、第2部はフィールドでの「立ち位置」（立場）を吟味し、第3部ではフィールド研究の「交流」を検討する。最後の第4部では、あるフィールドから別のフィールドに移行する「難しさ」について考える。

　繰り返しになるが、各章では問題をより一般的な視点から捉えた「解題」と実際の「研究事例」や「調査経験」を組み合わせ、インターフィールドの冒険を、一般性と現実との両面から読者の理解をしやすくしている。

　本書は、質的研究という活動自体や活動にまつわる体験とはどんなことかを語っている。それは、心理学でフィールド研究あるいは質的研究を始めようとしている人、すでに研究は行っているが、まだわからないことが多い人に向けたメッセージなのである。

各章の主旨

1章　「問題」を取り上げる ── 「問題」とは何か？　誰にとっての問題か？

　1章では、実践を語る（意味づける）言葉と実践との相互関係やずれを議論する。

　これは、実践を置き去りにして、実践を語る言葉のみが繰り返されがちなことから生ずる難題である。たとえば、実践者と研究者は「学習」や「発達」など、同じような言葉を用いてやりとり（言葉の「流通」）はできる。だが、はたして、同じ言葉が同じ意味として了解されているのだろうか。

　1章では、実践における「問題」という言葉を取り上げ、誰が何を「問題」とみなすのかを含めた「問題」の明確化や、「問題」状況への対応をめぐる違いなどを扱いながら論じていく。

2章　意味づけの功罪 ── 人はつまずいて意味づけを行う

　質的方法を採用する心理学研究は、フィールドの当事者や研究者の意味づけによって成り立っている。実践や研究活動で行き詰まって省察しなければならないような「つまずき」があったとき、問題のありかを明らかにし解決の可能性を開いたり、自分の今の位置づけを了解したりするきっかけが得られる。

しかし、「ある」意味づけは「他の」意味づけを否定することにもなり、実践の中での柔軟さを失わせる可能性もある。2章では、フィールド実践と理論化の両面から、研究者と当事者の意味づけの功罪について考え、意味づけと質的な心理学研究のあり方の問題を共有したい。

3章　見えることと共振のダイナミクス

「フィールドに身を置き、見聞きし、参加した」結果、「フィールドで起こっていることやフィールドの人々に対して喜んだり、笑ったり、泣いたり、悩んだりするといった、見る側の情動を含む『フィールドの実践に共振する』ことが起こる」。共振は、はじめから研究者にあるわけではない。それはどのように得られるのか。この問いを、3章では「見る」行為の変化から考えたい。

「見る」がものごとから視覚情報を得ることだとすれば、「見える」とは視覚情報からものごとの意味を知ることである。漫然と「見る」だけでは、「見える」ようにはならない。ここでつらい格闘が必要だと考える。ここで言う格闘とは、研究を試行錯誤する中で不安を持ちながらも、フィールドで起こっていることを見、その場にいて感じたことについて考えつづける、という苦しい経験である。つまり、「見えること」は研究者自身の感覚や実感によって成り立つものであり、意味を模索したり問いを生み出したりすることと連動している。さらに、「見ようとする」ことは、「省察の繰り返しによって支えられ、そこからまたフィールドを見ようとすることへとつながっていく」。

このような格闘の中で、共振がさらに発展していくことだろう。3章では、このような問題を扱いたい。

4章　フィールドの狭間でもだえる自己 ── 自己論から他者論、そして身体論へ

さまざまな実践の場をフィールドとして研究を行う際、研究者は決して透明な存在ではない。どの瞬間にも「誰か」としてそこにいて、それぞれの局面で実践の営みと何らかのかかわりを持ちつつ、その場に立ち合っている。そのようなかかわりの中で、時に動揺したり葛藤したりしながら、自らの立ち位置や自分がいる意義を問い直しつづけ、またかかわりのかたちを模索している。それは、実践に対する社会的責任の問題でもあり、実践の場に立ち合った者として、そうせずにはいられない研究者自身の感情の問題でもある。4章では、そのような葛藤に伴い揺らぐ研究者自身の自己像、位置取りの変化によって現れる自己を、「もだえる自己」として捉える。そして、実践の場に身を置くこと

で生じる種々の「もだえ」の意味を吟味したい。

5章　「正義」の実践・実践の「正義」

　教育や研究のフィールド実践は、当事者や研究者にすれば「倫理」に適っており、「正しい」活動を支援することが、当然とされている。つまり、フィールド実践は「正義」の実践と見られている。しかし、当事者と研究者の間、あるいは当事者間でも、「正義」は必ずしも一致しない。ある者の「正義」は、他の者の「不正義」である場合もある。

　5章では、一見「正義」と見える事柄が別の者からすれば「不正義」となり、ある者にとっての「不正義」が他の者からすれば「正義」と映ってしまうことを考えたい。そして、フィールド実践は当事者なりの「正義」をどのように背負っているのか、また、正義の葛藤を超えてなお、フィールドで実践を続けることは可能か、を議論したい。

6章　語られる局所性

　各々のフィールドには、それぞれ特有の性質がある。これを局所性（locality）と呼ぶ（黒田, 2013）。フィールド研究はフィールドの局所性に根ざすとされるが、局所性は、これまで記述の一般化に対して直感的な「経験」として理解されてきた。では、局所的な出来事を分厚い記述で表すことによって、当事者以外にも理解できる一般化が可能なのだろうか。他方で、一般化は、誰にでもわかるという利点のために局所性が薄められることによって、成立するのではないか。

　そもそも、フィールドに局所性というモノがあるわけではないだろう。局所性は、それ自体が他の環境や文脈との違いから現れるものだ。たとえばある「幼稚園」の局所性は、その幼稚園と他の幼稚園との違いが前提となっている。その違いには、それが置かれた地域や文化も含まれる。したがって、誰に向かってフィールドを説明するのか、フィールドの何を強調したいのか、によって、局所性の現れ方自体が違ってくるだろう。6章では、局所性がフィールド研究の社会的実践によって現れる、という問題を議論する。

7章　実践事例の記述と解釈の基盤

　幼稚園や学校における子どもの活動を解釈する場合、その解釈には複数の可能性がある。その中から「わかりやすい」（了解可能性）ものが選ばれるが、解釈の「わかりやすさ」に違いがあるのはなぜだろう。

言い換えれば、「わかりやすさ」は、なぜ生じるのだろうか。「わかる」とは、教師・保育者－子どもという役割関係がわかる、ということなのか。あるいは、「出来事」をめぐる対話や語り方を共有することだろうか。また、解釈として語られることの他に、当然のこととみなされ語られないのはどのようなことか。さらに、文脈の捉え直しは、解釈者の経験に照らしてどのようになされるのだろうか。
　7章では、研究者（市川）が提供する小学校の学習事例について、現場をよく知る研究者本人（市川）と、現場にかかわっていない第三者（掘越：ビデオ観察による）の双方が、記録を作成し、各々の解釈過程を明らかにする。さらに、また別の者（砂上）が、それぞれの解釈に対して新たな解釈、すなわち「メタ解釈」を行う。このようなプロセスによって、それぞれの解釈を比較しながら選ばれた解釈のよりどころを明らかにし、研究の妥当性を高める解釈実践への道筋を示したい。

8章　質的研究を読むこと・読まれること

　質的研究の実践には、自分や他人の論文の「読み手」として参加するという過程が含まれている。質的論文を読むという行為は2つの意味で重要な実践と言える。1つは、読み手がテキストに向き合うことによって「読み手の自己」が明らかにされることである。もう1つは、書かれた実践を読むことによって、読み手が実践の証人になることである。さらに、テキストの作者への読み手の共感、あるいは拒否等といった反応がある。この点で質的論文を読むことは、「意味を生み出す」イベントでもある。8章では、1つの著書（麻生武著『身ぶりからことばへ――赤ちゃんにみる私たちの起源』新曜社）を共通の素材とし、2人（砂上・磯村）が「読み」の実践過程を明らかにする。加えて、原著者自身に自著の「読み返し」と、他者に「読まれる」という経験の省察をしてもらう。このようなプロセスを通して、質的研究実践の多様な「読み」の可能性と、読み手同士が「わかりあえる」可能性を探る。

9章　インターフィールド実践としての教育 ── 心理学教育の立場から

　心理学の中で質的研究を学び、それを自分の研究に生かしていくためには、どのようなプロセスがあるのだろうか。
　心理学を学ぶ初学者には、いくつかの関門がある。たとえば、統計的データ解析などはその最たるものだろう。ここでは、確率・統計とは馴染みのないフィールドにいた初学者たちがどのように「統計」の授業をこなし、すなわち

新しいフィールドに入り始めるのか、さらに統計的データ解析を利用して卒業研究などに生かしていくのか、つまり新しいフィールドの住人になるのかを、複数のエピソードを示しながら明らかにしていく。

　このプロセスを経て見えてくるのは、統計的データ解析のように「理由はわからないが、手本を習ってすべき事柄がある」ということの学習である。いわば、研究のマニュアル化である。それは数量研究に限らない。すでに質的研究でも同様のことが一般化しつつある。本書を閉じるにあたり、研究をすることの意味を再度考察してみたい。

【文献】

藤田結子・北村文（2013）．『現代エスノグラフィー ── 新しいフィールドワークの理論と実践』新曜社．

木下康仁（2009）．『質的研究と記述の厚み ── M-GTA・事例・エスノグラフィー』弘文堂．

Howitt.D. (2012). *Introduction to Qualitative Methods in Psychology*. 2nd Ed., Pearson Education.

黒田由彦（2013）．『ローカリティの社会学』ハーベスト社．

森山工（2011）．「フィールドワークと作品化」日本文化人類学会（監）『フィールドワーカーズ・ハンドブック』世界思想社．

無藤隆・麻生武・サトウタツヤ・やまだようこ・南博文（編）（2002）．『ワードマップ　質的心理学 ── 創造的に活用するコツ』新曜社．

Parker, I. (2004). *Qualitative Psychology*. Open University Press.

Pistrang, N. & Barker, C. (2012). Varieties of qualitative research : A pragmatic approach to selecting methods. In H. Cooper (Ed.). *APA Handbook of Research Methods in Psychology. Vol.2, Research Designs* (pp.5-18). American Psychological Association.

戈木クレイグヒル滋子（2006）．『グラウンデッド・セオリー・アプローチ実践ワークブック』日本看護協会出版会．

White, M. (2011). *Narrative Practice: Continuing the conversations*. W. W. Norton. （小森康永・奥村光（訳）（2012）．『ナラティヴ・プラクティス ── 会話を続けよう』金剛出版．）

Willig. C. (2012). Perspectives on the Epistemological bases for qualitative research. In H. Cooper, P. Camic, D. L. Long, A. T. Panter, D. Rindskopf, & K. J. Sherh (Eds.). *APA Handbook of Research Methods in Psychology* (pp.5-21). American Psychological Assocation.

第Ⅰ部　フィールドですれ違う

1章　「問題」を取り上げる
──「問題」とは何か？　誰にとっての問題か？──

磯村陸子

　自分が職場で感じているつらさについて、家族や友人に愚痴をこぼす、専門家がある特定の人々の置かれた状況や行われている実践の問題点について、学術論文の中で論じる、雑誌やテレビなどのマスメディアが、何らかの困難な状況のもとにある人々の日々の暮らしの様子を紹介する……

　このように、さまざまな個人や集団が、自身の、もしくは他者のさまざまな困難についてさまざまなしかたでアピールし、また改善に取り組む。ある現象や状況を、「誰か」が解決や改善、もしくは何らかの議論の必要性を有する状態として取り上げること、現状に問いを投げかけることを、ここでは「問題化」と名付けよう。

　問題化は、多くの場合、問題を抱えた「現実」のありさまを記述すること、その「現実」に対する改善や解決を含めた変容を他者や社会に向けて主張・要求することの両方を志向して行われるが、本章では、主に前者、つまりある現象が「問題」として記述されることが、問題化の対象となる現象の当事者やそれを取り巻く状況に何をもたらすのかという観点から考えてみよう。

1．問題化によって可能になるもの

　ある対象や状況、現象、実践を記述し、名前を与えるという行為は、特定の対象や状況や現象、実践の具体性や個別性、文脈を多かれ少なかれ捨象し、何らかのカテゴリーへと当てはめて一般化することを含む。何かを問題として語る際にも同じである。そうした一般化がなされてはじめて、その状況に含まれる困難が、当事者以外の他者にとってもアクセス可能なものとなり、他者がその困難や改善について語ることが可能になる。

　たとえば、ある人が、「配偶者と同居している自分の親がもう何年も互いにまともに口を利いておらず、そのことで悩んでいる」とあなたにこぼしたとし

よう。友人が日々家庭で抱いている感情や困難さは、「家庭内不和」や「嫁（婿）姑（舅）問題」として問題化されることで、あなたにも理解することができ、なにがしのアドバイスを語ることも可能となるかもしれない。

このように、多少とも一般性のある事柄として「問題化」されることによって、当事者以外の人がその状況に含まれる困難や問題にアクセスすること、また他の主体が困難の解消へ向けた努力を行うことが可能になるが、一方当事者にとっては、自らが置かれた個別的・具体的な困難を、すでに社会に流通している問題へと一般化することで、その問題に関する議論を自らの困難を解消するための資源として利用することができるようになる。このように、ある私的な状況に含まれる困難を「問題化」して当事者以外にもアクセス可能なものへと変換することによって、当事者を含めた日常生活の中での議論に加え、社会的もしくは公的な議論の場にその問題を位置づけ、解決の資源を利用することが可能となる。そしてこれら２つの議論の場が互いにそれぞれの議論の資源となりつつ、問題が再帰的に設定されることになる。

しかし問題化は、常に、特定の誰かによって、その誰かの視点のもとに行われるということにも留意しなければならない。つまり、問題化は常に何らかの主体「による」問題化として行われるのである。

このため、問題化は、主体間の現状認識の違いを顕在化させる力を持つ。ある問題化をめぐって、主体間で現状認識の違いが露わになっている状態は、複数の主体間での現状認識の競合過程として理解することができる。

その最も極端なものとして、ある人がまったく問題であると感じていない「あたり前の現実」が、別の人によって問題として提起される場合が挙げられる。たとえば「夫婦別姓問題」をめぐる議論においては、ある人々にとっては「あたり前の現実」として受けとめられている「夫婦同姓」という現実が問題化される。「夫婦同姓」という現実の問題化と「夫婦別姓」の要求は、それが提起されること自体が夫婦同姓という現実の自明性に疑問を投げかけ、夫婦が同一姓であること、婚姻関係を結ぶことと妻か夫いずれかの改姓がセットであるという現実を、「　」付きの「現実」に、もしくは、選択に根拠が必要とされる選択肢のひとつへと変える。そしてまた、それがかつて「当たり前の現実であった」という事実自体が、当事者間の力の不均衡を顕在化させる。一方で、こうした問題化は、結婚と改姓をめぐり個人が経験する個別の状況や違和感を、他者と議論可能なものへと変える。

「夫婦別姓」をめぐる議論は、「夫婦同姓」という現実を問題化することによって、「夫婦別姓」という別のあり得る現実を浮かび上がらせる。この議論

は、複数の現実への要求が（多くの場合不均衡なバランスで）競合する過程として分析することができる（草柳，2004）。そして、このような「問題化」によって、当事者たちはそれを自分の「問題」として語り始めることができるようになる。

2．問題化が不可能にするもの

　このように問題化とはある種の一般化を含む。その裏返しとして、個別・具体的な文脈は切り捨てられ、引き剥がされてしまう。このため、それぞれの主体が置かれた状況に含まれる個別・具体的な要素が捨象され、その問題に関する議論を、当事者にとっての必然性や実感から乖離させてしまう危険性を孕んでいる。
　したがって、同じ言葉を用いてある「問題」についてのやりとりがなされているものの、その議論にかかわる主体間での了解へとは至らず、「問題」をめぐるやりとりだけがただ積み重ねられていく状況が起き得る。つまり、「ある問題」が流通し、やりとりが行われていても、それは必ずしも主体間の了解を保証しない。先の「家庭不和」の例で言えば、その人が感じている困難が、「家庭内不和」「嫁（婿）姑（舅）問題」として他者によって語られやりとりが行われる中で、その人が感じている「よそよそしい2人がいる食卓で食事をすることの苦痛」や、「それぞれからグチを言われるたまらなさ」というような個別具体的な実感は排除されてしまうかもしれない。しかし、当事者にとっては、そうした個別具体的なものこそがその人が直面している困難を形づくり、解決を欲している事象であるのかもしれない。
　問題化によってなされる議論が、当事者が日々の生活の中で感じている困難を十分に掬い取り、解決の見通しを与えるという保証はない。ある現象が、記述されること、問題化されることにより、個別の文脈がそぎ落とされることが持つこうした可能性は、たとえば、いわゆる専門家や研究者と実践者の間のように、多くの場合そもそも議論の方向性が異なりがちな2つの主体間では常に起こりうる。
　また、その問題についてやりとりが行われているという事実のみが何らかの「アリバイ」として必要とされる場合などには、本質的な議論へと至らないための手段として、「ともかくやりとりだけは成立させてしまう」という問題化が持つ性質が戦略的に用いられることさえある。先の例で言えば、夫や妻が感

じているつらさは、「よくある家庭の悩み」として聞き流されてしまう可能性を含んでいる。

　さらに、問題化による議論を通じて各主体間の現状認識の違いが露わになることで、特定の主体が、その問題に関する議論から排除されてしまうこともある。たとえば、「ある子どもが長期にわたり学校へ行っていない」という現象は、「登校拒否」や「不登校」といった言葉で問題化されてきた。「登校拒否」という問題化のあり方は、その現象を「学校へ通おうとしない」子どもたちの問題として位置づける。また「登校拒否」、「不登校」という問題化は、いずれも「学校へ通う」という状態を常態とみなしたうえで、この現象を問題化する。これは、特定の子ども像、社会観を前提としており、その前提を、現象に関する議論の出発点としてしまう。そして、そうした前提や問題化のあり方は、「学校へ行っていない」ことについての議論を、そういう前提に合致した特定の語り方の範囲内へと限定する。世間に流通している問題化のあり方と自らが置かれた状況や実感とのギャップに違和感を覚える子どもたちに対しては、そうした議論が行われているということ自体が、疎外感や違和感を語ることをためらわせる力を発揮する。このような従来の問題化のあり方に対して、当事者である子どもたちや保護者たちが異議を申し立ててきた（貴戸，2004）。不登校現象をめぐる議論の変遷は、まさに問題化の仕方を問題化してきた歴史であると言える。

　このように、ある仕方で行われる問題化は、別の問題化の可能性、また特定の主体の声を、そもそも議論から排除する力を持つ。特に、誰かが当事者に代わって問題化を行う場合、そのこと自体が、当事者をその議論の場から排除する力を持ちうる。たとえば、「中立」「客観」という名のもとに、専門家が判断を下し、その判断に基づき問題化を行うことは、その状況下にある当事者自身による問題化を不可能にしてしまう（中西・上野，2003）。専門家化による問題化は、「当の主体には問題を判断する知識や能力がない」という前提に立つことで、当事者自身による問題化とそれに基づく自己決定の権利や機会を奪い、当事者をサービスや援助を「与えられる側」というポジションに追いやってしまう。ある問題化を行うことは、その問題に関する議論の場から、別の問題化の可能性や、特定の主体が語ることを制限・排除する力を持ちうる。問題をめぐる議論には、「どのような」問題化が「どのように」行われるかということだけでなく、そもそも、「誰が」問題化を行うのかという視点が必要とされる。

　以上のように、ある状況や実践に対して行われる問題化は、個人が抱える具体的・個別的な困難を、当事者ではない他者にとってアクセス可能なものとし、

両者の間で流通可能なものとする。そしてまた、問題化を行うこと自体、もしくは問題化のあり方が、主体間の現状認識のギャップを明らかにする。しかしその一方で、それらの特性は、問題に関する議論から特定の主体や特定の語り方を排除する力を持ちうる。

3．問題化がめざすもの

　上記の考察をふまえて、問題化という行為のあり方を検討する際にとりうるいくつかの視点について考えてみよう。

　先述のように、問題化を行うことの光の部分と陰の部分とが表裏一体であるとすれば、ある問題化により、何が可能になり、何が不可能になっているのかを意識しつつ議論を行うことが重要であるだろう。当該の問題化が誰によって、何を前提としてなされ、またいかにして議論の場が形成されるか、その結果どのような力が働きうるのかを議論することが可能である。また、ある問題化を行うことと、その問題をめぐるやりとりのあり方が、その議論の場から何かを排除したり、何かを妨げていないかを問う必要があるだろう。

　たとえば、ある学級において、授業中にある子どもが教室の中を動き回り教師がその対応に追われているという状況が、（その子ども個人の）「発達障害」の問題として語られる場合、その問題化は何を可能にし、何を不可能にするのだろうか。

　「発達障害」という問題化は、たとえば、さまざまな場面におけるその子どもの行動とその契機について、ある一貫した症状や特徴として整理された理解を可能にする。「発達障害」に関する議論はすべて、この具体・個別の事態において利用可能な資源となる。

　一方で、「発達障害」という問題化は、ある学級における子どもの状態を、子どもと子どもが置かれた環境からなる「状況」としてではなく、子ども個人の「属性」として、すなわち、子ども個人に属する安定的な特徴とみなすという前提に立っている。こうした問題化は、その対象を、子ども個人へと焦点化し、その特徴を、軽減は可能であるが、消失することがない何かとして特徴づける方向へと傾きがちである。そしてこうした特徴づけにより、この「問題」に関する議論や、事態の好転へと向けた働きかけは主に子ども個人を中心として行われる。

　また、こうした判断が専門家に代表される権力と結びついた場合に、問題化

は反駁し難い「事実」として力を発揮し、他の可能性を排除する力を持ちうる。つまり、「発達障害」という観点での問題化は、この状況に対するある種の理解を可能にする一方で、ある種の理解の可能性を閉ざしてしまう危険性を持つ。

　ある問題化によって、何が可能になり、何が不可能になるのか、特に当事者が抱えている個別・具体な違和感や困難に対し、何がもたらされ、何が阻まれるのかを明らかにする必要がある。そして、ある問題化のあり方によってもたらされる複数の視点をふまえたうえで、なお、特定の問題化を行うことが有益となりえるのかという議論が可能である。

　また、問題化のあり方について、「より良い」問題化のあり方とは何かという観点での議論を行うことが可能であるかもしれない。

　たとえば、先のような状況について、「子どもの問題行動」「教師の指導力不足」という言葉で問題化することと、「〜の困り感」という言葉で問題化することが可能であるとする。「問題行動」「指導力不足」という問題化のあり方は、子どもや教師の行動へと議論を焦点化する。そこでは、子どもや教師が、困難を引き起こしている主体として、改善されるべき（するべき）客体として位置づけられる。

　一方、「〜の困り感」という問題化は、ある状態における「教師の困り感」「子どもの困り感」のように、複数の主体的な経験を議論に取り込むことをより容易にする。そしてまた、こうした問題化は、問題化の対象となる経験や実践を、環境とのかかわりの中で子どもや教師が経験している困難として、すなわち、環境や他者と主体との関係の問題として扱うことを可能にする。

　このように、問題化には、問題の所在を局在化させるのではなくより分散させ、またより多くの主体の視点から多面的に問題を理解することを可能にするものがある。こうした問題化のあり方が、問題の理解や解決を図るうえで、より多くの可能性や、より多くの選択肢を提供しうるとすれば、「より良い」問題化と言えるのかもしれない。

　以上、ある現象を問題化する、問いを投げかけるという行為が持ちうる力や可能性について述べてきた。ある現象のあり方に問いを投げかけようとする誰のどの試みも、そうした力や可能性と無縁ではない。ここまでに挙げてきたいくつかの例は、それが主体間の競合や対立、抑圧とわかりやすく結び付くケースであるにすぎない。続く【ケース】において、筆者（野口）は、実践の場で、実践者ではない誰か ── 「第三者」── として問いを投げかけたときに感知された、実践者との間の「ずれ」を見つめる。その「ずれ」は、問いを投げかけたあなたは何者かという問い、そして問うことの責任を、問う者に投げ返す。

【文献】

貴戸理恵（2004）.『不登校は終わらない——「選択」の物語から"当事者"の語りへ』新曜社.

草柳千早（2004）.『「曖昧な生きづらさ」と社会——クレイム申し立ての社会学』世界思想社.

中西正司・上野千鶴子（2003）.『当事者主権』岩波新書.

【ケース】あの時あれでよかったか
——保育カンファレンスからの省察——

野口隆子

　現在、私は保育の場とかかわりながら、保育者養成大学の教員として研究・教育活動に従事している。振り返ればさまざまな道筋を辿ったようにも思うが、今現在のような道に足を踏み入れたきっかけの1つが、学生時代のA幼稚園との出会いである。

　本章では、"保育を学ぶ学生だった頃の私"が、保育の場になじみ保育のプロセスを知ろうとする行為と、保育カンファレンスに参加して保育の現状に「問い」を投げかけようとする行為との間で揺れ、「問い」の意義について考えた事例を紹介していきたい。

　そしてさらに、私を受け入れる側であった保育者と園長先生に私の「問い」に関するインタビューをおこなうことで、「問い」に関する対話を試みたいと考えている。

1．初めての保育の場、A幼稚園との出会い

　初めて保育の場に足を踏み入れたときのことを今でも鮮明に覚えている。学生の頃、大学の選択授業の中でグループに分かれて好きな研究テーマを決め、調査をするという時間が設けられた際、我々のグループは子どもたちのいる幼稚園を見に行きたいと考えた。指導教官に連れていっていただき、都心にあるA幼稚園の門をくぐり、初めて一歩園内に足を踏み入れた瞬間、そこからもう「保育の空間」が広がっていた。そのとき感じた奇妙な違和感を、私は次のように記している。

初めてこの幼稚園に行った日のことは、緊張のせいかあまりよく覚えていない。し
　　かしそのときに、先生が私の視界から半分下を通り抜けていくような奇妙さを感じ、
　　「先生と子どもたちの世界」からなんだか自分がひどくかけ離れているような不安を
　　持ったことは今も鮮明に覚えている。その後、幼稚園に通ううち、先生たちの視界が
　　子どもにあわせてずいぶん下にあり、普通に私と会話していても注意のアンテナは
　　いつも子どもたちに向けられていたせいかもしれない、と思うようになった。（野口,
　　2001）

　そして、観察だけでなく、何も知らないまま保育カンファレンスにも参加さ
せてもらった。数名の研究者と園長先生、保育者の方々と保育について話しあ
う保育カンファレンスというものがあるということを知ったのもそのときだ。
授業としての調査が終わった後もフィールドノーツ、ビデオカメラを持ってA
幼稚園に通いつづけ、その後10年弱観察研究をすることになる。
　今から思い返すと、未知の感覚を何とか捉えたい、理解しようと夢中になっ
て園に通いつづけたのかもしれない。今もA幼稚園の保育カンファレンスに参
加させていただいているが、10年以上経った今、初めて門をくぐったときの
「あの感覚」を感じることはない。門をくぐると、おそらく私は保育の場のア
ンテナをはりめぐらしているのだろう。保育者の方々が持つアンテナとは違う
ものかもしれないが、これはいくぶん私の体に馴染んだものになったようであ
り、違和感として感じることは自然となくなったようである。
　菅野（2007）は、研究者も一人の人間であり、研究を続けていく中で対象者
との関係が変わり、それぞれの人生を背景にした相互作用によってつくられて
いくと述べている。学生として初めて園を訪れたときから、段々と園長先生や
クラス担任の先生方と顔なじみになり、言葉を交わし、保育カンファレンスに
定期的に参加させていただくようになり、お互いがどういう人物なのか、どう
いうことを考えているのか、「大体なんとなくわかるようになった」と感じる
十数年の軌跡がある。それを振り返ることは私にとって容易ではない。思い出
されるのは楽しいことばかりではなく、自分自身が保育場での自分の在り様を
模索し、揺れながら悩み過ごした日々が確実にあった。今もなお、揺れ悩むと
きがある。ここではA幼稚園に通い始め、数年たった学生の頃の私を振り返っ
てみたい。

2．保育の場に参加した学生としての私

　最初、私は観察研究を行っていた。自分自身の研究設問を持ち、フィールドノーツ、ビデオカメラとともにデータを収集し、研究することを目的とした観察者としての立場が、私のA幼稚園での第一の立場であった。しかし、園の保育カンファレンスに参加し、保育を園の先生方や他の外部の研究者と共に検討するという場を経験していくうちに、この立場だけでなく、何か別の立場をとらなくてはいけないのではないだろうかという切迫感が芽生えてきたのである。私自身の研究テーマに沿って進める研究活動は、後に研究結果を現場に返していくことはあるとはいえ、目の前で行われる保育実践にとって、やや間接的なものにしかなりえないのではないか、保育カンファレンスにどのように参加し、何を発言すればよいのだろうか。自分自身の研究設問を持ってフィールドに入る立場とは別の立場をどのようにとればよいのか、研究活動にとりくみ始めたばかりのそのときの私にとって大きな悩みとなった。

　実際、A幼稚園でささやかながらさまざまな役割をとったように思う。たとえば、当初幼稚園に調査者として赴いてはいたが、そこから数年間の過程の中で、保育補助のアルバイトをしたり、ビデオを撮影して園内研究会のビデオ撮影を行ったり、その他さまざまなちょっとしたお手伝いをしたりするということもあった。また、自分の研究結果をフィードバックし園側に情報を提供することもあった。自分の研究テーマに関連した先行研究や自分がとったデータからの知見を参考にして、保育を見たり、コメントを述べたりすることもした。こうした活動の場を与えていただいた中で、私は状況に応じて異なる役割・立場を担う必要に迫られた。

　幼稚園との最初のかかわりはまず調査者としての立場であった。しかし保育のカンファレンスに参加し、保育について何かしら意見を述べていく立場・役割を担おうとしたとき、さまざまな葛藤と問題意識が生じた。そこで生じたのは、日々保育の場にいる保育者と私との「ずれ」であり、保育の場で保育者と共に立てる「問い」である。「ずれ」に「揺れ」、「揺れ」て自らを「問う」、その行為を繰り返してきたのが学生として保育の場に入った私であった。

　保育実践を検討する際に「第三者の視点」が有益であることが指摘されている。当時、A幼稚園には基本的に週2日通っていた他、不定期に訪れる場合もあった。また、学期に1回の保育カンファレンスにも参加させていただいた。

「週に数回園に行く私」は、子どもの育ちや発達、保育の流れなど、文脈をある程度共有しているものの、第三者として位置づけられるであろう。では、「第三者の視点」からものごとを見るということはいったいどういうことなのだろうか。また、保育の場にとって、そうした視点はどの程度有益であり、役立つものになるのだろうか、何か実践を振り返り高めていく資源となりうるのだろうか。ここでは、子どもと保育者たちの日常の文脈とはやや距離がある第三者としての私の立場を振り返り、過去の保育カンファレンスで感じた素朴な、しかし戸惑い悩んだ事例をいくつか抜粋し、振り返ってみたい。

まず、A幼稚園の子どもたちや先生方との関わりの中で「あの時あれでよかったのだろうか」と思いをめぐらした中で気づいたこと、考えたことについて事例とともに紹介し、文章としてまとめていく。さらに、私を迎え入れてくれたA幼稚園の園長先生と保育者の一人にその文章を読んでいただいたうえでインタビューを行い、「あの時」を保育の場にいる者として逆にどのように見ていたのか、聞き取った内容を紹介する。なお、ここで挙げる事例や体験は、すべてA幼稚園とのかかわりを通して得られたものである。

3．「ずれ」る —— 視点が違うことへの戸惑い

日々子どもとかかわりながら細やかな視点を築き上げていく保育者と私とでは、同じ子どもを見ても微妙に異なっていることがある。そのため、観察だけでなく、先生と視点を交換しあう時間は非常に貴重なものであった。保育が終わった後、子どもたちのいない部屋で「こんなことがありましたよ」「あの子はこうなってきましたね」など、子どものことをよく知る先生と何気なく印象を交換し、自分の判断を検証したり先生の視点に学んだり共感することもよくあった。逆に、先生が他の場所にいてみていなかった状況を私から説明するときもあった。子どもや保育をめぐる印象や判断には、一致する場合とずれる場合がよくあった。「ずれ」ていることはどういうことなのか、「ずれ」ていていいのか、悩み考えたことがあった。以下、保育カンファレンスの事例を紹介する。

【事例1-1】保育カンファレンスでのB先生との対話
〈経緯〉幼稚園では日頃の保育に対する問題意識を持ち、通常の保育カンファレンス以外に、時間をとってビデオカンファレンスを行うことになった。私は日頃幼稚園で

ビデオを使用した観察研究をしており、先生方も私がビデオを持って園内にいることに慣れているということから、私が全クラスを1日ずつ撮影する撮影者・ビデオの編集係となり、カンファレンスにも参加した。参加者は、私以外に園長先生、保育者全員、外部の研究者であった。

〈状況〉B先生のクラスでのシーンを見て

　先生がクラスの子どもたちを集めて話した後、皆で外に行くために帽子をかぶって待っているシーンがあった。そのとき、数人の子がまだ支度が終わらず、うろうろとしていたが、先生は子どもたちとジャンケンを始める。

　そのシーンを見たとき、私はふと「あれ？　身支度が終わっていない子どもたちを待っててあげないのかな？」と思ったので、先生に聞いてみる。

　私：「帽子を取りに行くとき、まだかぶっていない子もいたんですけど、あの子たちはなんで？　帽子がなかったとか。先生が待っていることはないんですか？（省略）」
　B：「帽子を取りに行くのに、帽子を取りに行くなんて毎日のことだし、黄色組（年少クラス）のときからやっていることだし、それほど待ってあげることもないかな。もう他の子はちゃんと先生の話を聞いて、帽子を取りに行ったんだから、自分だってできるはずなのに、やっていないから、待たずにジャンケンをしました。それで、それは待つこともないと思って。（省略）<u>やっぱり、待つことは他のことで待つときもあるし。</u>」

　集団生活を行っていくうえでは、生活習慣の面で子どもの自立性を育むことは重要な課題であろう。クラスには支度の早い子どもがいる一方で、遅い子ども、マイペースな子どももいる。実にさまざまな子どもたち一人ひとりの個を見取るとともに集団をまとめあげていくことが求められ、その時期の保育者のねらいや援助のあり方にもつながっていく。

　私はこのとき、集団に対する保育者の意識に着目したのだろう。しかしこの先生の言葉を聞いたとき、「あ、この先生は子どもが自分で判断して動くことの方を大事に思っているんだな」と思った。それとともに、私が知らない普段の先生と子どもの関係でクラスの生活から行われた判断であり、待つことを重視する場面は、他の保育場面で用意されているのだろうと感じた。私としては「なるほどな」と素朴に思い、それ以上は質問もしなかった。そのとき先生の言葉に納得したのである。その後、会のやりとりは別の話題へと流れていく。

しかし、しばらくたった後の会話で、園長先生から次のような問いが出される。

【事例1-2】園長先生の問い
　　園長先生：「どの先生にも共通して言えるのは、待っている子にサービス、いわゆる待っている子に何かする、待っている子に気をつかうという点。みんなに共通していておもしろいなという気がした。待っている子はそれを本当に受け取っているのか。こっちで用意している子は急がなきゃという気持ちになれているのかが気になってみていた。でも、B先生のクラスは雰囲気的にゆったりと動いていてね、それで○○ちゃん（支度が遅くうろうろしていた子）にしても、先生の方をふっと見るという自然な雰囲気がありましたね。」

　　その後、園長先生の感想に対し、他の研究者からも「早く支度を終えて待っている子に働きかけるのか、それとも遅い子の方にフォローをしていくのか」という集団の場での保育方法と保育者の意識や配慮について改めて質問がなされ、問いが深まるという場面が見られた。

　これらのやりとりを聞きながら、私自身が感じた「待つ」ということに対して、問いを深めきれていなかったと感じた。聞き方がまずかったのかもしれないし、先生の意図を確認したにすぎなかったのかもしれない。しかし何より、さらに深い観点を持つことが重要で、あまり素直に納得しすぎてもだめなのでは、と反省したやりとりであった。園長先生の問いや研究者の問いを聞いて、なるほど、と思った。
　この場では、私は全面的に学び手であった。毎日子どもたちとかかわる保育者の視点を知りたい、学びたいと思う気持ちが常にあったので「ずれ」が生じたことに戸惑った。先生とのやりとりを通して、私の問いはすでに保育者にとって自明のことであり、あまり意味がなかったのだろうか、理解不足だったのだろうかと考えた。しかし、私が納得した場面は、別の人からさらに問いとして投げかけられ深められたのである。
　このとき、「ずれ」に戸惑い「ずれ」ないようにすることに注意を払っていた私は、「ずれ」ることにも意味があるのだろうと感じ始めた。このやりとりをさらにふりかえると、カンファレンスで生じた私とB保育者のずれは、そしてその後に深められた問いはB保育者にとってどういう意味を持ったのだろうか。やはり、「他の場面で待つこともある」から、ここでは待たなくてもいいと、B保育者は思っただろうか、それとも待ってみようと思っただろうか。

「ずれ」ることに「揺れ」て戸惑った私であったが、こうしたことは保育の場でたくさんあり、どうすればよかったのかと考え悩むことはあっても、結論がはっきり出るわけではない。

4．問いを問う

　ある日の保育・保育者を見て、何に着目するのか。ずれること、揺れて悩むことはよくあったが、保育カンファレンスの中で問いを発する機会は何度もやってくる。問われる先生だけではなく、問いを発する私自身が自分の視点を振り返る機会になることを毎回痛感する。

　【事例２】保育カンファレンスでのＣ先生との対話
　〈状況〉５歳児クラス３学期のＣ先生の保育を撮影したビデオを検討していた。子どもたちが椅子に座り、Ｃ先生が話をしている場面で、前の方に座っている子は落ち着いて話を聞いているものの、後ろに座っている子どもたちは数名が立ち上がりながら、身を乗り出し、落ち着かない。

　私は落ち着かない数名の子たちが気になった。Ｃ先生は他の場面では「ちゃんと座ってお話を聞く」ことを促す発話が見られたものの、この場面では見られなかった。先生はなぜ、ここで声をかけなかったのだろう？　ひょっとして、このとき、前で立っている先生からは見えない角度だったのかもしれない、また机の配置によるせいか、子どもとの距離も遠いような気がする、などとさまざまに思いをめぐらせながら、後ろの方で立っている子は先生から見えているのかどうかを聞いてみた。
　するとＣ先生は、「<u>このときは前で話していたため気がつかなかったが、その頃意識していたテーマであり、普段だったら認めていないことです</u>」と述べた。
　私から質問を受けて、おそらくＣ先生は少し戸惑ったのではないだろうか。そのように私は思った。このとき、検討違いで少し厳しいことを言ってしまったのではないだろうか、と内心では冷や汗をかいていた。普段の保育の中では意識し、すでに先生が感じていたことをわざわざ言わなくてもよかったのではないだろうか、あるいはもう少し別の言い方をした方がいいだろうか、もっと他の角度から見た方がよかっただろうか、などと心の中で考えていた。その後、

他の先生方は、自分も共有している課題であること、問題意識として持っていることを述べつつ、実践の中での経験や方法をうまく先生同士で伝えあい、交換しあえているように思えた。

　クラスには保育者1人に対し複数の子どもたちがいる。自由に活動する時間がある一方で、ふざけたり遊んだりしないときをきちんと理解してほしいという保育者の願いがある。また、特に5歳児の3学期は、小学校入学に向けて子どもたちの話を聞く姿勢や態度、意欲を育みたいという時期でもある。C先生とのやりとりを行ってみて、先生がすでに問題意識として持っていたことを知る。もう少し別の観点から先生に有益な視点を提供できなかっただろうかということ、問い方についての反省が立ち上がってくる。こういうとき、普段から一緒に過ごしている先生方はC先生の悩みを共有している。あまり、はっきりと触れることなく気遣いながら保育についてコメントをしているように見えた。私にとってC先生は子どもたちとのかかわりが非常に上手な先生だと感じており、私が着目したその数分以外を見ると、さして取り上げなくてもよいような気もしてきた。なぜ私はここに問いを発したのか。他に見るべき点はなかったのだろうか。C先生に対する他の先生方のコメントを聞きつつ、そんなことを考えていた。事例1-1と同様、第三者によって立てられた問いがその後実践の場でどうなっていくかは、先生方に全面的に委ねられることとなる。先生方への問いは、そのまま私自身への問いとなった。

　どのように問いを発していくべきなのか。C先生は保育の中で自ら課題意識を持ちつつ保育を行っている、優れた保育者であろう。では、C先生が持っている問いに私は何を返していたのか。また、今後何を返していけばよいのだろうか。次の事例は、園内研究会でのやりとりがその後の保育実践に活かされたものの1つであり、私自身の問いの在り様を具体的に問い直す機会になった。

【事例3-1】C先生とクリスマスリース
　〈経緯〉幼稚園では、学期に1回園外から研究者を数名迎えて園内研究会を行っており、私も毎回参加させていただいている。園内研究会当日は、朝から一日の保育を見た後、保育終了時に研究会を行う。先生方全員が集まる中で保育について自分の感想を述べるというプレッシャーはあるが、他の研究者や保育者から学ぶことの多い場である。

　研究会では、まず保育者が自分の保育についてコメントし、その後外部から園を訪れた研究者が発言する。

1章 「問題」を取り上げる

〈状況〉クリスマスを前に、園では製作活動を行っていた。3歳・4歳クラスが共同でクリスマスツリーを作っていた中、5歳児クラスでは子ども一人ひとりがクリスマスリースを作っていた。5歳児担任保育者C先生がクリスマスリースの製作について振り返った内容をまとめると以下のようであった。

C先生：「今回はクリスマスの製作で、リースを作りました。新聞紙を丸めて、そこに折り紙を貼り付けて、自由に飾りつけをするというものです。しかし、子どもたちがリースそのものをあまりよく知らなかったんです。リースを見せて説明しましたが、それがたまたまベルのついたリースで、多くの子がベルのついたリースを作っていました。製作をするときに、どこまで見せるかが難しいと思いました。今日は製作の時間が少なかったんですが、もっと時間をかければ子どものイメージがふくらんだかもしれない、と思いました」

園長先生：「なんでリースにしたの？」
C先生：「持って帰れるようにしたかったからです。持って帰って家でも飾れるように」

　実際の保育を見た私の印象では、子どもたちは楽しそうにそれぞれの工夫を凝らし活動に取り組んでいたように感じた。その日初めてC先生の保育を観察した外部の研究者は、「このC先生はほとんど指示をしていないのに、子どもたちがちゃんと理解できている、すごい！」という感想を裏でもらしていたほどである。
　私も、他のクラスがツリーを作っている中、なぜリースだったのだろうと思っていた。ツリーに比べあまり馴染みがないのではないかと思った。そのため、私自身のコメントとして「製作中に時間をかけるというだけではなく、その前にじっくりと素材に触れる、リースというものに触れるという、製作の前にも時間をかけるということもあるのではないだろうか」ということについて述べた。
　一方、園内研究会に参加していたある研究者は、いくつかの観点からコメントを述べつつ、その中で「子どもたちが作った1つひとつのリースを、1つの作品のように飾りつけることもできる。今はどのクラスもクリスマスツリーを作っているが、もしクリスマス会などがあるのであれば、園のクリスマスツリー（既成のもの）だけではなく、子どもたちが作ったものも一緒に飾ってあげればいいのではないだろうか」と述べていた。

この研究者のコメントが、私にとって非常に印象深いものであった。私は先

生が持っていた課題意識に何かを返そうと思ってコメントを述べたのであったが、「今」と「これから」の観点がなかったな、とハッとした瞬間であった。今日子どもたちが作ったリースを、保育者の思いを、どのように受けとめるか、私の問いはそのことをあまり考慮していなかったように感じた。今からではできないことを言ってしまうのもあまりよくないのではないかと学んだ事例であった。私が述べた内容は、少なくとも来年度、次にリースを作るときにしか実行できないものであるように感じた。こうした第三者の研究者のコメントは、保育の中でどのように受けとめられていったのか。数日後のクリスマス会の風景を見ることができた。

【事例3-2】4日後のクリスマス会
　　園内研究会から4日後、幼稚園ではクリスマス会が催された。私も幼稚園を訪れ、その様子を見ていた。毎年、先生方が劇を行い、園長先生がサンタクロースに扮してプレゼントを配るなど、子どもたちにとっては非常に楽しい会である。
　　当日、私が会場に入ると、子どもたちの興奮と熱気でホールはすでに盛り上がっていた。ふと周囲を見回すと、3、4歳クラスで作られていたクリスマスツリーに加え、三角形の緑のダンボールを張り合わせたツリーと、そこに5歳児クラスで作った子どもたちのリースがかけられ、飾られていた。それまでは例年こうした子どもたちの作ったクリスマスツリーは飾られていなかったので、非常に印象的であった。

　園内研究会である研究者が述べたことが、取り入れられていた。このクリスマスツリーを見た瞬間、「あのときのリースとツリーだ！」と思った。先生が「見て、みんなの作ったツリーが飾ってあるね」と話すと、子どもたちが一斉にそれぞれのクリスマスツリーを振り返り、興奮したように声を発している光景を見ることができた。4日前に園内研究会で立てられた問いは、アイデアとして採択され、実践の中で試みられていたのである。

5．プロセスの中の私

　私には、保育者の細やかな視点を知りたい、学びたいという気持ち、保育者の視点について知ることを重視する気持ちがあった。日々子どもたちとかかわりながら築き上げられていく視点には、研究を進めていくうえで気づかされることが多い（砂上他，2001；野口他，2004）。そうした姿勢で臨んだとき、自分

と先生の視点がずれたときにまず自分の視点がまずかったかなと思ったようで、ずれることへの戸惑い、揺れが生じた。一方で、複数の目で保育を見る重要性は指摘されている（秋田，2000；佐伯，2000）。複数の目で視点がずれたとしても、そのずれを共有し語りあうことで意味が生じる。観察者としての私が、ある子どもを縦断的に追うことで、違った見方を保育者に提供し、保育者が見ていなかった情報を持っていることもある。そういった意味では、複数の観点から子どもの姿を多面的に捉えていくことが子ども理解を深めていくことにつながる。

　しかし、私は私の中で生じた「ずれ」に焦点を当てたい。「ずれ」はただずれるだけでよいのだろうか。本当にこのとき、このずれでよかったのだろうか、という自分への問題意識が生じてくる。何かを見逃していなかったかという問い、問い方はあれでよかったのだろうかという問いである。先に挙げた事例3－1は、私自身見逃していた観点であった。

　私の学生時代は、特に自分がどのようにその場にいるべきなのか、立場や役割、子どもを捉える視点、そして先生や子どもと関わり、その中で感じたずれをどのように考えるのか悩んだ日々だった。次こそは、と思うが、満足のいく日は少ない。その場合いったん保留し、自分なりの判断をし、また次の機会をうかがっていたように思う。本章では紙面の都合上いくつかの事例や体験を抜粋したが、いずれも自分の問題意識や失敗の意識を感じた事例だったので、偏った取り上げ方をしていたかもしれない。

　私が保育の場で感じたことや思ったことが、事例の先生方に何らかの、幾ばくかのきっかけを提供できたとすれば、先生方は保育の中で実践し、それを検証する機会があるだろう。園にとって有益な情報、資源を提供できたかどうかについては、園と、そこにいる先生方に委ねられている。一方では、事例3－2のように、保育の中で採択されたアイデアも存在することはわかった。その他、研究会で発せられた問いが種として先生方の中に残り、そしてそれが次第に芽吹き、1年後実践としてやってみて花咲いたことが後々インタビューによってわかったこともあった。すぐに何かが変わるわけではなく、時に長い時間が必要となる。

　先生方と交わした季節の挨拶の葉書などで、「いつもお手伝いいただいて……」「保育を振り返って思い直す機会になりました」などとちょっとした一言をいただくと、その言葉だけで何か役に立っただろうと嬉しく思う。それに対し、「いつも学ばせていただいています」と返す自分がいる一方で、それでいいのだろうか、はたして「あの時あれでよかったのか」と問い返す自分もい

る。保育者の専門性として、自分の実践を振り返る省察が重視されているが、保育の場にかかわりを持つ私自身もまた同様に自分の行為を振り返ることが重要だろう。保育の場で過ごすプロセスの中で揺れながら、今度の私自身の課題として、省察と実践の循環を繰り返すことが必要なのではないだろうか。

6．おわりに
── 保育の場が「私」と「あの時」をどのように見ていたのか

「あの時あれでよかったのだろうか」という思いは、たびたび私の胸に立ち上がってくるものであった。そこで、私の「あの時」と実際に「あの時先生方はどう思ったのか」を重ね合わせ、検討してみたい。そこで、私が今までに書いた事例と文章を読んでいただき、コメントをうかがうインタビューを実施した。私のつたない文章を読んでコメントをくださったのは、事例2と3で登場したC先生、そしてA幼稚園の園長先生である。お2人に了承を得て、次のようにインタビューの内容をまとめ、掲載する。

(1) C先生のコメント
① 事例2について

自分が実際に保育をし、目の前のことに夢中になっていると、気づいていないことや見えなくなっていることも多くあると思うが、そのこと自体に気づかないことがあると思う。そのため、ビデオカンファレンスで客観的に自分の姿を見ることで、欠点などがよく見えて落ち込むこともあるが、改めようと考える機会にもなる。また、先生方の意見を聞くことで、もっと気をつけよう、こうしてみようと考えることができるので、気づいたこと気になったことはたくさん言っていただきたいと思う。この場面では、同じように、ビデオで見て自分でも感じ、さらに指摘されたことで、「やっぱり……」と強く感じた。

カンファレンスなどでは、自分の実際の保育を見て意見をもらえる。自分がやっているときはあたり前のように、製作などもやっている。それに対し、周りから違うやり方もあるということや他の先生の話を聞いたり、またその先生に対する意見を聞くことによって、「ああ、そういうやり方があるんだ」と勉強になる。

② 事例3について

　何年か前にクリスマスの製作でベルを作った。そのときは12月の製作帳として作り、年度末にファイルに綴じて持って帰らなければ、と思っていたので、クリスマス前に家に持ち帰らなかった。家庭から「持って帰って飾りたい」という話を聞いたことを思い出し、今年は家で飾ってもらえるものを、と思った。そして、見栄えのするものと考え、リースにした。ツリーはみんなで大きなものを作りたいと考えていたこともある。研究者の研究会での言葉は、いろいろな見通しを持って、進めていくことが大切だなと改めて感じた一言で、とても参考になった。自分が具体的なもので困っていることに対し、具体的にアドバイスをいただけるのが1番わかりやすくて実践に活かせる。

③ ずれ・問いについて

　「そういう見方もあるんだ」、「そうか、やってみよう」というふうに思うことの方が多い。しかし、いろいろ言っていただいて、やってみて「やっぱり無理だ」というものもある。たとえば、昔から園内研究会のたびに製作帳の紙についての意見があった[1]。すごくよくわかるが、でもこれは園の方針だから変えられないんだろうなと感じた。そういうこともたくさんあるが、言われたことによって、「そういえばなんでこの紙なんだろう」と改めて感じることもある。違う視点で言っていただくのも大切だと思う。

　他に、机の並べ方についてお話があって、保育に活かせたこともあった[2]。製作をした後にご飯を食べる場合、片付けした後にすぐ製作をする場合、出し入れする時間がない、子どもはその間どうするんだろう、ばたばたやっている時間がない、重ねた机が危ないのではなどと、言われてもなかなか動かせなかった。しかし寄せることはできるかもしれない、気をつければ重ねても大丈夫かもしれない、子どもをここに待たせていればできるかもと、はじめは無理だと思っていても、変えられるようになっていったこともある。そのときには難しいと思っても、年数を重ねてできるかもしれないと思うこともたくさんあった。

　カンファレンス等で、今日の保育には今までこういう過程でやってきている、というお話をしたとき、それまでの過程をわかってほしいと説明してもし尽くすことができない部分もある。しかし、こちらもなるべくそういったことを伝えていきたいし、受けとめていただいているのではないだろうか。保育の過程を受けとめていっていただいて、こういうふうにしたらともっとアドバイスを言っていただくことはいいと思う。しかし、過程が見えていないからこそ、言

えることもあり、言っていただくのがいいのかもしれないので難しい。また、具体的なものは非常に勉強になる。どれも書き留めて、やってみようと思うが、なかなかどの場面で入れたらいいのかが難しいところである。

(2) **園長先生からのコメント**

　この幼稚園では、外部からの研究者を招いているが、それには2つの理由がある。まず1つ目は、園長としての保育観の検証のためである。園長自身がいろんなことを学んでいる。多くの先生は、幼児教育の基本を理解した上でさらにその園独自の文化を作っている。幼稚園の地域性と文化を作り上げていく際、その幼児教育の基本について外部からの指摘を受け自分自身を検証する、それがまず重要な点である。それによって、教育を高めていくことができる。2つ目は、教師をどう支えていくのかという問題である。常に保育を見直し、関心を持つために、外部者は大きな役割をはたしている。現場では、細やかに観察の記録を取るほどには見ていない。外からの目があるということは、教師自身幼児教育や幼稚園の文化について真剣に捉えようとしていく意識がはたらくということである。それは自分にとってすごく大事である。観察してみてもらえるだけでも有効だと言える。

　しかし、そのときに重要なのは、観察者と実践者がいい関係にあること、である。すなわち、観察者が実践者に対して保育を支えていけるようなアプローチがなければいけないと考えている。ずれを引き起こす内容は、自分の保育と文化を考え直す素材となり、良い判断材料となる。

　それをどこまで受け入れることが可能なのか。実践者は、外部からの意見に動こうとする側面がある一方で、毎日の生活の中でやっていることとの矛盾が生じる。この矛盾が解消できるかどうかが、受け入れる際の限界なのではないだろうか。

　園内研究会が終わるたび、いろいろな課題をもらう。過去から現在に至るまで10数年間、園内研究会を進めてきた中で、幼稚園教育というものについて勉強しその厚みが増してきたように感じる。今後、さらに一人ひとりの教師の資質を高めるために、研究会をどのように充実、発展させていくのかを考えていきたい。その中では、研究者が実践の視点で理論と実践をつなげていくような、そして教師もまた実践を理論化していけるような、そういった教員を育てるためのアドバイスを求めている。教師の幼児教育の対する意識をどう維持していくのか、支えていく前に、教師自ら立っていけるよう、第三者の目から価値づけていただくことも重要なことだと考えている。

(3) 「あの時」を振り返って

　事例に登場し、保育カンファレンスの場を共有したお２人にインタビューを実施し、コメントをいただいた内容を見て、外部からの参入者として私を温かく受けとめてくださっていることに感謝の念を感じずにはいられない。と同時に、自らの保育実践を見つめ、問い、保育の質の改善を図ろうとする保育の専門家としての意識と力量を感じた。A幼稚園では、私がこの園に出会う以前から、数人の研究者たちをよんで保育カンファレンスを行い、長年にわたって関係を築き上げ、対話を重ねてきた歴史がある。私が保育カンファレンスに参加しても何か有益なコメントが言えるだろうか、と考えたこともあった。

　学生時代、当時学び手として保育の場に参入し、そこで感じた疑問を振り返ることは、今現在を振り返ることにつながる。原稿としてまとめ、園側に読んでいただきインタビューを実施することで、第三者としての目がどのように位置づけられているのか、日々を子どもと過ごすクラス担任と園全体の管理者である園長と両者の違いも浮き彫りになったように思う。

　保育の場に近づけば近づくほど、悩み、揺れることが多くなるのではないだろうか。その時その場で考え行動していくことが必要となる。時に考えたり学んだりする猶予も許されないと感じられる場合もあるが、先生方の声を心にとめ、また保育の場に向かいたい。

【謝辞】
　本稿の執筆にあたって、A幼稚園の先生方と子どもたち、そして長年にわたり保育カンファレンスを続けてこられた研究者の先生方に心からの感謝を申し上げます。

【注】
［１］　過去の園内研究会で、子どもが絵を描くときに園で通常使用している紙の大きさが話題にあがり、ダイナミックに描こうとする子どもには大きな紙を用意したりすることができないだろうか、という意見があった。この園には、子どもの絵を綴じ、家庭に持って帰るための製作帳があった。そのため、子どもによって紙を変更するということは行われていなかった。しかし、園内研究会で外部研究者からの指摘があった後、製作帳の利用の仕方には変化があり、共同制作や立体製作などを作った後には写真を撮り、それを製作帳に貼るということが可能となった。
［２］　過去の園内研究会で、クラスの机と室内の環境構成が話題として上がった。机を置くことによって室内のスペースが狭くなっているとき、子どもの室内での活動を膨らませるには、机が必要な活動の場合には机を出し、それ以外は動かすなどで環境構成を固定的なものではなく流動的に変化させることはできないだろうか、という提案が外部の研究者によって出されていた。

【文献】

秋田喜代美（2000）.『知をそだてる保育』ひかりのくに.

菅野幸恵（2007）.「固定化された関係を越えて」宮内洋・今尾真弓（編著）『あなたは当事者ではない ── 〈当事者〉をめぐる質的心理学研究』第1章，北大路書房.

佐伯胖（2000）.「学び合う保育者」『発達』No83, Vol.21, pp.41-47. ミネルヴァ書房.

砂上史子・田中京子・塚崎京子・野口隆子・掘越紀香・松井愛奈・無藤隆（2001）.「継続的な幼稚園観察を通しての観察者の学びと保育への援助」『お茶の水女子大学発達臨床心理学紀要』第3号，pp.49-63.

野口隆子（2001）.「フィールドへと続く道」*Inter-Field*, Vol2, pp.140-142.

野口隆子・駒谷真美・姜娜・丹羽さがの・齋藤久美子・佐久間路子・塚崎京子・無藤隆（2004）.「幼稚園における観察記録実習の意義」『お茶の水女子大学子ども発達教育研究センター紀要』第1号.

無藤隆・麻生武（編）（2008）.『育ちと学びの生成』東京大学出版会.

2章　意味づけの功罪
―― 人はつまずいて意味づけを行う ――

上淵　寿

　質的研究では、言うまでもなく、フィールドのメンバーや研究者自身の相互の意味づけ、その意味づけの多層化、相互変容を重視している。しかし、それと同時に、意味づけには複雑な要因が絡むことも十分考えられる。本章では、意味づけ、すなわち「解釈」の複雑な構造をできるだけ明らかにし、解釈をめぐる問題を考察する。要するに、本章のテーマは「解釈論」である。

1．質的研究における「意味づけ」の位置

　事実についての単なる記述の積み上げのみでは研究にならないのは、質的研究で繰り返し指摘されていることである（Kvale, 1996）。しかし、そもそも「記述」は「記述」のままであり得るか？　それは違うだろう。記述自体が解釈性を伴うものであり、それを自覚した記述（「(分) 厚い記述」）が重要なことも、よく言われることだ。つまり、「記述」が始まる瞬間から、すでに記述される対象は選択され、それを表現する言葉も選択され、言葉全体の構成も選ばれているのである。

2．意味づけに絡む要因の整理

2-1．「ノイラートの舟」からの出発

　ここで要因の整理をするのは、私たちが私たち自身の研究活動を明確にする必要があるからだ。哲学者ノイラートは、知識を大海原に浮かぶ舟に譬えている（Neurath, 1932）。知識は「ノイラートの舟」であり、大海の上で揺れている。舟がいくら粗末でも、大海の上にあって一から作り直すことはできない。

舟を全部壊せば、私たちは命を落とすことになる。舟のありさまをしっかり見届けながら、何が限界に来ており、何がまずいのかを知る必要がある。それがわからなければ、舟を直して、安全な航行をすることができない。私たちは、慎重に少しずつ、自分たちの知識のあり方や活動、考えを変えていくことが必要であろう。

2-2. 意味づけの論点

(1) 意味づける主体とその目的

さて、意味づけにかかわる要因の整理をしよう。まず、「誰が」意味づけるのだろうか。それは当事者であろうか、それとも研究者であろうか。さらに、「どのような立場で」意味づけを行うのだろうか。これは、研究者や実践者の視点、主義、主張のあり方によって、さまざまであろう。たとえば、社会構成主義かフェミニズムか、解釈学かなどなど、さまざまな立場が考えられる。また、意味づけは、分析・解釈の手法と深く結びつき、互いに影響しあう部分もある (Willig, 2001)。

また、意味づけを行う場合、それは「誰にとって」の意味づけなのであろうか (Fine et al., 2003)。研究者集団にとっての意味づけだろうか、研究者個人にとってだろうか、あるいは当事者の属する集団や、当事者個人にとっての意味づけだろうか。それともまったく不特定の第三者に対しての意味づけという場合も考えられる。

さらに、人は「なぜ」意味づけるのだろうか。そもそも意味づけのきっかけ、契機は何であろうか。そして、「何のために」意味づけをするのだろうか。その理由としては、素朴に考えても、研究のためであるとか、実践に貢献するためなど、さまざまな事柄を挙げることができる。

(2) 意味づけられる客体と意味づける手立て

次に、人は「何を」意味づけるのだろうか。これも当然ながら、同じ現象に立ち会ったとしても、人によっては、あるいは立ち位置によっては、異なる意味づけがされるであろう。

それと関連して、人は「どのように」意味づけるのだろうか (Gubrium & Holstein, 2003)。すなわち、上記のような分析・解釈の手法の問題である。日常的感覚の下での直観によってデータを分析し、解釈していくのか、それとも特定の研究手法（グラウンデッドセオリー・アプローチ、会話分析等）に則って

いくのだろうか。

(3) 意味づけの無視

　逆に、あえて「意味づけない」という場合もあり得る。参加しているフィールドにかかわることで、私たちは何らかの意味づけをすでに行っているのかもしれない。しかし、参加自体から生じる意味づけには、きわめて表層的な意味づけもあるだろう。あるいは、あえてそのような意味を、私たちは無視することさえあるだろう。また、「意味が沸き立つ」のを落ち着かせ、面倒な状況を回避しようとする場合も考えられる。そうすることで、ある意味で「研究活動」の「落としどころ」、「終着点」を見出そうとするかもしれない。「落としどころ」については、本章の後半で再度考察する。

(4) 意味づけの先にあるもの

　一方、この意味づけられたものを「誰が読むのか」という問題も、考慮すべき事柄であろう。この問題は、改めて検討する。さらに、このような「意味づけ」の結果は、いつ、どこで、誰にとって、どのような影響（肯定／否定）を与えるのだろうか（Guba & Lincoln, 1989）。

　本章の後半では、まず、視点を「研究者からの意味づけ」に絞って、その長所短所を論じる。次に、「意味づけ」が困難な状況について新たな視点を投げかける。さらに、「意味づけ」る主体を研究者からずらしてみよう。さらに、「研究者」であって研究者ではない存在に目を向ける。

3．研究者の「意味づけ」の効用と問題

3-1．「意味づけ」の効用

　従来、研究者がフィールドやそれにかかわるイベントや人を「意味づける」行為では、「効用」を重視してきた。たとえば、状況の不明な点やつまずきを意味づけようとして新たな問いが生まれる場合がある。また、逆に自分の立ち位置自体を新たに理解する道を開くこともあるだろう。また、自明視されている実践に新しい意味を付与することも考えられる。そして、それが新しい実践の道を開くこともあるはずだ。

3-2. 「意味づけ」の問題点

だが一方で、意味づけによって妨げられたり避けられたりする問題はないだろうか。

たとえば、意味づけはどこまでオリジナルだろうか。第一に、意味づけられた事柄は、研究者にとっては新鮮であったとしても、当事者から見たらトリビアルなことかもしれない。研究会などで研究者が研究発表をすると、当事者からは「そんなことはあたり前」とよく言われてしまう。つまり、研究者はやっと自分なりの意味にたどり着いたが、当事者から見れば自明であり、それは到達点ではなく、出発点にすぎないのである。

第二に、どこまでが研究者個人に帰属できる知見と言えるだろうか。質的研究が当事者との共同作業だとすれば、意味づけを特定の個人に帰せられないかもしれない。

さらに、意味づけることは、結局、別の何かを隠す可能性がある。ある事象を浮き彫りにし、図にすることで、他の事柄を地（背景）に追いやることが考えられる。また、同様に、特定の意味づけが、他の了解可能性への道を閉ざすかもしれない。そして、意味づけが、実践自体を固定化することもあり得ないか。実践の場で息づく直観性や暗黙知の働きを、当事者に意識させて、抑制させることはないだろうか。

4. 「意味づけ」が困難な状況

「（分）厚い記述」(Geertz, 1973) がフィールドワークのキーワードになってから、その対語は分が悪い。対語は明確ではないが、おそらく「薄い記述」だろう。つまり、意味づけができないような状況の記述である。

4-1. 私たちは偏っている

しかし、「薄い」記述とは何だろうか？　私たちが、フィールドに入って、そこで生じていることをつぶさに見たとしても、ひょっとすると「何をしているのかわからない」ことさえある。なぜだろうか？　自分の準拠枠にうまく当てはめられないからである。だから、研究者はフィールドで新たな「準拠枠」

を発見して、それに基づく解釈が可能になったとき、「わかった」と思うのだ。だから、研究者は「今・ここ」で私がどの枠組みから、どのような位置からフィールドに参入し、立ち、かかわっているのかを、できるだけ明確にしておく必要がある。

　言いたいのは「質的研究をするのなら、『深い理解』や『厚い記述』ができるようになれ」ではない。そんなことは、誰でも言える。「薄い理解」、「薄い記述」にも意味がある。私たちはそれとは気づかずに、ある前提の下に偏ったものの見方、触れ方をしている。「理解する、解釈する」とは、偏った見方や考え方をすることにほかならない。たとえば、フィールド参入の初期は別として、次第に私たちは自分が得た情報を平等に扱わなくなる。では、どうすべきだろうか？　偏った見方がダメなのではない。誰でも、拾う事柄があれば、捨てる事柄もある。偏らなければ、「何も言えない」。偏った見方をしていることを自覚し、たまには枠組みを変える柔軟さが多少必要なだけである。

4-2.「薄い記述」はつまずきの石か？

　そのときに問題になるのが、「感情」である。フィールドで立ちすくむとき、「わからない」、「退屈だ」、「つまらない」といった気持ちになることがある。そのような状況は、質的研究者にとって、いわばつまずきの石である。つまずきの石は、私たちを悩ませる。苦しませる。結局、そこで生産されるのは「薄い記述」である。しかし、つまずいたままではいられない。そのときに気づいた感情、「わからない」、「わかったつもりだった」、「つらい」を、深くreflectionする（反省する、省察する、複数の物事が互いに影響しあう）（4章参照）。

　reflectionは、「私」の中だけで起きているのではない。傷ついた「私」は、「あなた」との間でもreflectionをしている（上淵，2001）。reflection自体の根本的な検討は、4章に譲るとして、次に「意味づけ」の立場からreflectionを語ろう。

5．フィールドを意味づける、フィールドに意味づけられる

　「今、ここ」にいる環境を意味づけているはずの私たちが、実は環境によって意味づけられていることは、いくらでもある。たとえば、フィールドに入っ

たときのフィールドワーカー自身ではなく、当事者やインフォーマントによるフィールドワーカーへの意味づけ（「よそ者」、「部外者」、「研究に来た先生」、「なんだか知らないが、こそこそ書いてる人」、「テレビ局の人！」などなど）は、様々である。だが、それ以外にも重要な意味づけがある。

意味づけているのは、異者としての研究者には分節しにくい、不定型な環境全体である。上記のフィールドに日常いる人たちがするフィールドワーカーへの意味づけは、ほかならぬその環境の中で、フィールドワーカーが果たす役割を規定する。あるいは環境が意味づけるから、当事者は、フィールドワーカーをそう意味づけるのである。

もう半ば明らかとなっているが、結局のところ、意味づけは多様なかたちで私たちを包囲している。それと同時に、私たちは、意味づけ自体を切り返して、意味を投げかける。

6．肉体の意味づけ

もう1つ重要なことがある。よく言及されることだが、フィールドワーカーがフィールドに参加するのは、アクティブな行為である。参加すること自体が意味を持ち、フィールドの文脈に影響する。そして、フィールドワークでは、フィールドワーカー自体が、最上の研究ツールとされる。それを前提に考えるならば、身体（肉体）と環境の関係を研究する必要がある（上淵, 2012）。

7．とりあえず終わりに —— 意味づけはどこまでも……

建築物も同じだといつも思っているのだが、文章や書物は、それ自体で存在しているとは言い難い。建築物はそれが人々に使用されることによってはじめて意味を持つように、文章も読まれることで意味を得る。つまり、意味づける読み手が必要だ。書き手だけでは足りない。読み手が読むことで、新たな意味が与えられる。さらに、その意味は、読み手が他者に語ることで、さらに変容しながら伝わっていくかもしれない。また、他の読み手が文章を読むことで、さらに別の意味が生成する。意味は実体ではない。

本書を読む人たちはどんな人たちだろうか？

これを読んでいるあなたは誰？　あなたは、この文章を読んで何を考えた？

何を感じた？ それを誰かに伝える？ 伝えない？ 私たちは、あなたにメッセージを伝えた。それをあなたは、どう受け取る？（上淵，2001）

だから、本章はここで終わるが、やはり「とりあえず」終わるだけである。

【文献】

Fine, M., Torre, M. E., Boudin, K., Bowen, I., Clark, J., Hylton, D., Martinez, M... Smart, P., & Watkins, M. (2003). Participatory action research: From within and beyond prisonbars. In P. M. Camic, J. E. Rhodes, & L. Yardley (Eds.), *Qualitative Research in Psychology: Expanding perspectives in methodology and design*. Washington, DC: American Psychological Association. pp.173-198.

Geertz, C. (1973). *Interpretation of Cultures*. Basic Books.（吉田禎吾・中牧 弘允・柳川 啓一・板橋 作美（訳）(1987).『文化の解釈学』岩波書店.）

Guba, E. G. & Lincoln, Y. S. (1989). *Fourth Generation Evaluation*. Newbury Park, CA : Sage.

Gubrium, J. F. & Holstein, J. A. (2003). *Inside Interviewing*. Thousand Oaks, CA: Sage.

Kvale, S. (1996). *Interviews: An Introduction to qualitative research interviewing*. New-bury Park, CA: Sage.

Neurath, O. (1932). Protokollsaze. *Erkenntnis, 3*, 204-214.

上淵寿 (2001).「感じとれるあなたと私」*Inter-Field, 2*, 57-59.

上淵寿 (2012).「実感としての身体と実践としての身体の無視」『質的心理学フォーラム』37, 14-19.

Willig, C. (2001). *Introducing Qualitative Research in Psychology: Adventures in theory and method*. Maidenhead: Open University Press.

【ケース】観察者が意味づけをためらうとき

磯村陸子

1．ある出来事

ある小学校に学級の様子を見せてもらいに通っていたときのこと、休み時間の教室で窓の外をなんとなく眺めていると、校庭の一角に集まってしゃがみ込んでいる数人の男の子たちの姿が目に入った。私が通っている1年の学級の男の子たちだった。1人が水の入った大きなペットボトルをしきりに上下に振っ

ている。他の子たちが顔を寄せて時折それを覗き込む。ペットボトルには何かが浮かんでいるように見える。じっと見ていると、不意にそれが緑色の大きなバッタであることに気づく。

　ギョッとして、目をそらすことができなくなる。彼らはさらに激しくペットボトルを振り、手をとめて中を確かめることを繰り返している。無表情というわけでもなく、かといって楽しそうにというわけでもなく、ただ熱心にペットボトルを振り、覗き込むことを繰り返している。子どもはそういう「残酷な遊び」をするものだ、と思うものの、「やっぱり嫌なものは嫌だ」「やめさせたい」「やめてほしい」という気持ちでいっぱいになる。居たたまれなさを感じつつ、かといって目をそらすこともできずじっと見ていると、ペットボトルを持っている子と一瞬目が合った（ような気がした）。

　嫌悪感とも怒りともつかない息苦しさを感じながら、何かしなければ、どうしよう、と、とりとめなく考える。そのうち、チャイムが鳴り、子どもたちは次々と教室に戻ってくる。彼らも教室に入って来て、特に私を気にするふうもなく通り過ぎていく。外を見るとペットボトルは地面に倒れており、中身がどうなっているのかはよくわからない。自分が何をどうすべきなのか、どうしたいのかがわからない。また、「私がそれを見ていた」ことを彼らは知っているのか、もしそうだとすれば、「私がそれを見ていて特に何もしなかった」ということが彼らにどう受けとめられたのか不安になる。何かしなければと思う一方で、自分が動揺していることに戸惑いを感じる。

　結局、この日は特に何をすることもなく、落ち着かない気分のまま学校を後にした。後日、迷いながらも担任の先生にこの出来事について伝え、こうした場合に先生は私にどうすることを望むかを尋ねてみた。先生の返答は「見ていて嫌だなと思ったことは、子どもたちに伝えてほしい」というものだった。そうすべきだったかもしれないと思う一方で、はたして自分が子どもたちに何を言えばよかったのか、またそのことで子どもたちとの関係が変わってしまうかもしれないことに漠然とした不安を感じる。また、子どもたちの行為を先生にいわば「密告」したことに後ろめたさを感じる。

　——これは、筆者が研究を目的として小学校に通い始めて2年目頃に経験した出来事である。入学後、子どもたちが学校や授業という場に慣れていく過程を追うという目的で、入学直後のある学級に通わせてもらうようになって1ヵ月ほどのことだった。出来事を目にしたときの嫌な感じ、何かしなければという気持ちと、それをためらわせる気持ち、いくつもの感情や思惑が交錯して身動きがとれなくなってしまう感覚、フィールドで過ごす中で、そうした強

いネガティブな感情を体験すること自体が初めてだったこともあり、とても印象に残っている。

　フィールドで一定の時間を過ごし、人々とかかわる中で、観察者はさまざまな感情を経験する。それらの感情経験の中には、嫌悪や怒り、罪悪感など、ネガティブな感情経験も当然のことながら含まれる。クラインマンとコップ（2006）は、そうしたネガティブな感情、特に調査の対象となった人々に対するネガティブな感情がフィールドワーカー自身によって適切でないものとみなされがちであることを指摘している。そしてそこには、「フィールドワーカーは研究の対象となる人々にネガティブな感情を抱いてはならない」という感情規則（ホックシールド，2000）がかかわっていること、彼らがしばしば、そうした不適切な感情の存在を否定し、適切なものへと変えようとする一種の操作により扱おうとすることを指摘している。さらに、ネガティブなものを含めフィールドで経験するさまざまな感情やその扱われ方（扱い方）が、フィールドやフィールドワークのプロセスへの理解を深める手がかりとなりうると述べている。

　筆者はこれまで小学校をフィールドとして研究を行ってきた。その過程において当然さまざまな感情を経験するが、なかでも、特に責任感や義務感（「～べき」「～なければ」）と感情とのかかわりについて考えさせられることが多いと感じている。時に罪悪感や気まずさであったり、良い出来事に立ち会えた喜びであったり、感情のあり方はさまざまである。けれども、フィールドで自分が強い感情にとらわれたとき、特にネガティブな感情に直面したとき、それらの感情経験を掘り下げてみると、どこかで、その状況において自分が感じている何らかの責任感や義務感のようなものがかかわっていることが多いように思われる。さらに言えば、それらの感情は、その場で感じていた責任感・義務感と自分が置かれたその場との関係、すなわち、筆者が感じていた「何者であらねばならないか（もしくは、何者でありたいか）」と「何者であるのか」との間の葛藤やそれらに折り合いをつけるプロセスと深く結びついているのではないかと思われる。

　観察を目的としてフィールドに入ることは、どのような観察者としてフィールドに存在するのかということを規定しない。むしろフィールドでは、さまざまな遭遇の中で、「どのような観察者であるべきか」「ありたいか」という規範や方針が揺さぶられ、不確かになり、自分が「何者として扱われているのか」や自分が「いったい何者であろうとしているのか」といったことを何度も考えさせられる。そして、そうした「フィールドにおいて自分はどのような存在な

のか」という点にかかわる問いは、自分が身を置いているフィールドが「いかなる場なのか」という問いとおそらく不可分であり、問いを繰り返す中でフィールドの人や物・コトが、少しずつ意味を成してくる。本稿では、冒頭のエピソード、すなわち、感情的に揺さぶられる経験、特に嫌悪や戸惑いなど、ネガティブな感情を経験した出来事を糸口に、フィールドで観察者によって行われる「自分はどのような存在なのか」という問いの過程と、その過程に伴って行われるフィールドでの意味づけ（記述・解釈）行為について考えてみたい。

2．誰かの行為を見ること

　他者の行為を見る（記述する）とき、私たちはそれを、「～として」見ること、「～として」記述することしかできない。そこにはすでに解釈が伴う。理解できない、意味をなさない行為でさえも、私たちは「訳がわからない行為」というカテゴリーに回収してしまう。

　そしてまた、解釈することは、解釈する「私」と独立ではない。「厚い記述」に関する議論の中でギアーツが挙げている「目くばせ」の例のように（ギアーツ，1973／1987)、誰かの片目のまばたきは、（意図されずに起きた）片目の痙攣でも、他の誰かに対する目くばせでもあり得る。そのいずれであるのか、もしくは別の何らかの行為であるかは、目くばせを解釈する側の社会的コード体系に依存し、また、私と誰か（たち）とが目くばせが何かを意味しうる状況や関係の中にあるのかどうかに依存する。つまり、そこで行われる行為の解釈には、解釈の主体である私側の背景や、行為の主体である他者と私との関係のあり方とが反映されている。行為の意味は、そうした私の立ち位置（視点）と無関係には成立しえない。そこには常に、複数の解釈（記述）の可能性が存在し、私への目くばせが、他の誰かにとっても同様であるとは限らない。

　しかし日常生活では多くの場合、そうした可能性が表面化することはない。むしろそれぞれの行為が、ある行為として行われ、ある行為として扱われる、というやりとりを日々繰り返すことを通じて、私たちはそれが「ある行為」であることの確からしさを補強しつづけながら生活している。「私たち」という共同体は、特定の行動・振る舞いを「ある行為として見る」というやりとりに齟齬が生じないことを確認しあうことによって、存在を保証されている。しかし、ネガティブな感情を経験するような状況では、その安定性が揺るがされている。

2章　意味づけの功罪

　男の子たちが手にしたペットボトルの中身がバッタだとわかった瞬間、私は嫌悪を感じ、男の子たちがやっていることは私にとって突然「残酷な」行為になった。嫌悪感がわきあがるとともに、彼らの不可解な行為は、突如として、「バッタをいたぶる」行為、そして「残酷な」「やめさせたい」行為になった。ペットボトルにバッタを入れて振ることは、私にとって、たとえば、草葉を水に入れて振ることとはまったく異なった意味を持っていた。私にとってのそれらの行為の違いは、彼らにとってのそれとは異なっていたのかもしれない。彼らの行為を見ることで、私は自分と彼らとの間にそうした溝が存在しうるのだということ、自分にとってそれらの行為がまったく異なった意味を持っていることに気づかされる。

　休み時間の校庭で、バッタと水の入ったペットボトルをシャカシャカと振るこの一連の振る舞いを、「（生き物を）いたぶること」「残酷な行為」とみなしている私が拠って立っていたものは何なのか。バッタを水に入れて振り回すことと、草葉を水に入れて振り回すこととは、どこがどう異なるのか。行為を目にしたときの嫌悪感のおそろしくはっきりとした存在感とは対照的に、私はそこに何らかの根拠を見出すことができない。むしろ、私が感じている嫌悪や怒りの実感以外に、そこには何もないことに気づかされる。

　しかしその一方で、彼らが振り回していたのがもっと小さなアリであったら自分がそれほど動揺せずに見過ごしたであろうこと、鳥やネズミであったらおそらく彼らを止めに入ったであろうこともわかっている。私はこうしたことについて明らかに何らかの「規準」を持っている。そして、この自分の感じ方がそれほど不当なものではなく、子どもたちの行為を目にしたとすれば担任教師も同様に感じるだろうとも思っている。だからこそ、私は自分が目にした事柄を教師に伝えるべきだと感じ、実際にそうすることにした。

　それに対し、教師は私が「残酷だ」と感じたことを、子どもたちに伝えることを望んだ。私たち（私と教師）は、バッタを振り回す行為が草葉を振り回す行為とはやはりまったく異なるものであるとみなす、同じ共同体に属している。一方、あの子どもたちは「バッタをペットボトルに入れて振り回す」という行為を、私たち（私と教師）とはおそらく異なった行為として行っている。それは彼らにとって単に「バッタをペットボトルに入れて振り回す」こと以上でも以下でもなかったのかもしれない、もしくは「遊び」「実験」だったのかもしれない。「嫌だ」という感情は、「私たち」と「彼ら」の間の亀裂の存在をその場で私に突きつける。「嫌悪」という感情を軸にして、子どもたちと私たちは対立している。

ある行為に対して感情的になること（感情を経験すること）、そして行為を意味づけること、すなわち「～として見る」という解釈を行うことで、私たちは自分がどの共同体に属しているのかを新たに（もしくは改めて）見出す。自分とは異なる共同体の発見は、解釈と、感情経験とに根ざしている。

3．意味づけることと義務・責任

　目にした事柄を、ある行為とみなすことは、私たちとそれらの出来事や行為との関係の中で成り立つ。そして同時に関係を規定する。それらの関係には、何らかの責任や義務、権利を持つことと、持たないことが伴う。つまり、意味づけることは、出来事に対する私たちのかかわり方を決めることでもある。
　たとえば、電車で向かいに座った見知らぬ人のズボンのファスナーが開いている状況を考えてみる。それを「ファッション」でも「（意図された）露出」でもなく、「閉め忘れ」であると認識したとたん、私はたとえば「言うべきか言わざるべきか」という義務や責任をめぐる小さな葛藤の中に置かれうる。私はそれを相手に伝えることもできるし、伝えないこともできる。まじまじと見つめることもできるし、そうしないこともできる。
　しかし、いずれにしても私は、すでにその出来事に対して何かを選択するという局面に置かれている。選択には「すべきこと」もしくは「してもよいこと」、また「すべきでないこと」や「しなくてもよいこと」が含まれ、私はできれば「すべきでないこと」をしたくはない。どのように振る舞うとしても、それは何がしかの選択の結果であり、その意味で私はすでにその出来事に巻き込まれている。それは向かいに座った誰かの「閉め忘れ」でもあり、私が経験している「閉め忘れ」でもある。
　「言おうか言うまいか」「どう言うのか」といった葛藤は、相手の年齢や性別、印象、車内が混んでいるのか空いているのかといったさまざまな要因によって揺らぎうる。また、そもそもこうした一連の葛藤は、私にとって「〈公衆の面前〉でズボンのファスナーが開いていること」が「恥ずかしいこと」であり、向かいの席に座る当の本人にとっても「同じ」であるという前提に拠っている。
　見知らぬ人々の中にあっても、目撃した事柄を、「ある」行為、「ある」出来事とみなすことで、私たちはその出来事に立ち会い、ある意味その出来事の一部となりうる。「一部であること」は、出来事をなしている行為の行為者もし

くは被行為者である狭義の「当事者」であることとは異なる。しかし、私たちは、そこに同定したある行為や出来事と、いかなる関係をも持ちうるわけではなく、それらの行為や出来事に対し「ある仕方で」かかわることを求められる。そこには、何らかの義務や責任、権利を持つこと（持たないこと）がかかわっている。つまり、行為や出来事に対しある解釈を与えることには、義務や責任を引き受ける（引き受けない）ことが伴う。その一方で、「ある仕方」がどのように実践され、そこに伴う義務や責任や権利がどのように果たされるべきであるのかを、私たちは予め知ることができない。マナーや常識、道徳など、規範を示しうるものが規定するのはごく単純化された一部分、もしくは抽象化されたレベルにすぎず、それぞれの状況において、自分が負うべき（もしくは負ってもよい）義務や責任を、私たちは手探りで実践するしかない。そこでは、自分が何者として、どのような義務や責任を、誰に対してどう果たすべきであるのかに関する選択が絶え間なく発生する。それらの選択は、自分と行為や出来事にかかわる人々とがどのような属性（性別、年齢、職業、社会的立場など）を持ち、それらが相互にどのような関係にあるのか、またその場がいかなる性質を持つのかなど複雑な要素の絡み合いの中でなされる。

4．学校というフィールドで〈大人〉であること

　学校というフィールドに入る観察者は、そのフィールドで生起する出来事において、誰に対し、どのような責任を負うのだろうか。
　冒頭のエピソードを経験した、学校というフィールドへの私のかかわり、子どもたちや教師との関係は、私が調査を依頼することで始まった。学校と担任教師に許可を得て、子どもたちには「〈勉強〉のためにみんなが勉強しているところを見せてください」と頼み、教室で過ごし、ノートやビデオで記録を行った。
　観察という行為を中心とすれば、子どもにとって私は、「授業を見に来ている人」であり、私と子どもとの間には、前提として〈観察者－被観察者〉という関係が存在する。〈観察者－被観察者〉という関係は、私と彼ら／彼女らを〈見る－見られる〉という関係の中に置く。「観察」や「調査」「研究」に関する倫理は、〈見る－見られる〉という一方的、非対称的な関係の持つ圧力を最小限にとどめることを求める。その場にいる目的をできる限り説明し、彼ら／彼女らの「見られる」ことに対する不安や不快を可能な限り小さくすること、

気まずい思いをさせないこと、プライバシーを可能な限り守ること、などがそれである。

それらに加えて、教室に通うにあたり私は、子どもたちとの関係について、自分から積極的に子どもたちに働きかけることはしないが、子どもたちからの働きかけには応じる、という予めの方針を持っていた。こうした方針は、可能な限り子どもたちの日常の様子を見たい、つまり、観察者が与える影響を最小限にしたいという調査の目的に基づく必要性と、その場の責任者である教師の意向、倫理的な必要性などいくつかの要請の兼ねあいの中で決定されたものである。

しかし、観察に関するそうした方針は実際のところ、教室の中で子どもたちとのやりとりに関して私が何をどのように行うのか、何をすべきでないかについて、あまり多くのことを指し示してはくれない。たとえば、授業中ふとある女の子と目が合ったとき、私がどんな表情でその子と視線を合わせるのか（もしくは逸らすのか）にかかわっているのは、少なくともそれらの予め決められた方針のみではない。私は彼女を見ると同時に彼女に見られてもいる。私は、「観察者」であると同時に、子どもたちにとって、「大人」であり、「女の人」であり、「先生じゃない人」、「学校の外の人」でもある。子どもと私、そして教師との間には〈子ども－大人〉〈（学校）部内者－部外者〉〈子ども－教師－第三者〉などいくつもの関係があり得る。それらのいくつもの可能な関係を背景に、そのとき彼女がどんな表情で私を見つめたのか、私と彼女がこれまでにどんなやりとりをしてきたのか、それがどんな授業のどんな瞬間であったのかといった個別でさまざまな経緯の中で私と彼女のやりとりはなされる。それら諸々の中で、瞬間的にそれぞれの場面での「私が観察者であること」は実践される。

「子どもたちがバッタをペットボトルに入れて振る」という出来事に遭遇した観察者である「私」は、どのように「観察者であること」を行ったのか。子どもたちの行為を目にして、私は嫌悪や憤りを感じるだけでなく、「何かをしなければならない」と感じた。水の中で振り回されるバッタを見ること、そして子どもたちがそれを行っているところを見ることに居たたまれなさを感じたものの、その場を立ち去ったり、目をそらしたりすることはためらわれた。むしろその場を、立ち去ってはならない、やり過ごしてはならないものと感じ、また、自分が何かをしなければならない義務を負っているように感じた。

何より、私は彼らにその残酷な行為をやめてほしかった。彼らがいったいなぜ、どのようなつもりでその行為に熱中しているのかを知りたいと思った。しかし一方で、私はその場に「自分から積極的に彼らに働きかけることをしな

い」「彼らの行動に〈基本的には〉介入しない」という方針を持って臨んでいるはずだった。この方針と、彼らの行為に「嫌悪」を感じ、それに対して「バッタをいたぶるという行為」という意味づけを行ってしまった「私」の間には、明らかに齟齬が生じてしまっており、この齟齬が、戸惑いや動揺をもたらした。可能な限り子どもたちに介入しないという方針を持った「私」と嫌悪や困惑を感じてしまった「私」の間で何らかのかたちで折り合いをつけることで、この齟齬は解消されなければならなかった。

　子どもたちの行為を目にした私は、これらの方針や諸々のバランスの中で、身動きがとれなくなってしまった。彼らに声をかけることで、その場の意味や彼らとの関係を変えてしまうであろうことに抵抗を感じた。そもそも、彼らに何かをすべきなのかどうか、そうだとすれば彼らにどんな声と表情で、何を言うべきなのかもわからなかった。何かしなければという義務感を感じながらも、その場での身の振り方はわからず、困惑し、結局何もせずにやり過ごしてしまった。ところが、今度は自分が何もしなかったという事実に後ろめたさを覚えた。そして結局、後日担任教師に伝えるという中途半端な介入を試みた。しかし実際そうしてみると、子どもたちの行為を「残酷な」「気になる行為」として教師に密告していることが後ろめたかった。教師の言葉のとおり「嫌だと思ったことを子どもたちに伝える」ことにも抵抗を感じた。

　これらの葛藤や戸惑いには、おそらく私が彼らとの関係の中で大人であり、またそこが学校というフィールドであることがかかわっている。学校は、子どもたちを〈大人〉と同じ共同体の成員とする責任を負った場所でもある。学校という場では、〈大人〉側に属する「私」は、好むと好まざるとにかかわらず子どもたちを〈大人〉という共同体に招き入れるべき存在として規定されてしまう。そこでは、〈大人〉である私は、子どもたちの安全を守り、「大人の目から見て」好ましくない子どもたちの行為には目を配り、自分が所属する共同体の成員になるべく「教育する」という責任を果たすことを期待される存在になる。

　エプスタイン（Epstein, 1998）は、子どもを対象とした調査を学校で行うことにおいて、「大人役割を最小限にすること（least adult role）」を実践することの難しさに言及し、そうした困難さは、学校という場所自体が持つ構造に起因するところが大きいと指摘している。すなわち、学校は少数の大人が多数の子どもに対し、世話やコントロールを行う責任を負った空間であり、（いかなる立場であれ）学校に定期的に身を置く大人はこうした学校という空間を構築しているディスコースの中に位置づけられてしまうと述べている。教育・保育

の場においては、観察者であれ誰であれ、その場に存在する大人は、大人としての役割を果たすことを期待され、また果たさなければという義務や責任を感じる。そして、その場に身を置く大人が、そうした〈大人〉役割を果たさないということ自体が、そのフィールドを支える論理を否定する行為となりうる。

一方、ファインとサンドストローム（Fine & Sandstrom, 1988）は、大人である調査者と子どもとの間の力の格差を減らす努力は必要であるものの、そうした格差を完全に排除しようとすることは倫理という点からむしろ望ましくないと述べている。彼らは、どのような立場や状況にある大人であれ、対象が大人である場合には、研究者が調査の対象となる人々の生活や何らかの行為に「介入しないこと」を正当化することは可能であるが、子どもの場合には、その行為によって、子ども自身の安全が脅かされていると判断される状況、法的、もしくは道徳的に許されないと判断される状況などにおいて、介入しないことが問題となる場合があり得るとしている。

大人を対象とする場合とまったく同様に、調査行為により子どもの権利が侵害されるべきでないことは言うまでもない。しかし大人を対象とした場合に守られるべき研究者と研究対象者との間の平等性、対等さの確保を、子どもを対象とした調査研究においても同様に実現しようとすることにはさまざまな困難や問題が伴う。子どもを対象とした観察調査では（子どもが年少であればあるほど）、調査の実施の可否を決定するのは多くの場合、子ども自身ではなく教師や保護者などである場合が多く、子ども自身が実際にどのように調査に参加するのか（あるいはしないのか）は、その場その場において観察者との間で交渉される。また、研究を開始する際に行われるのは、多くの場合「どのように彼らとの対等性を確保するか」「観察行為による彼らの日常生活やそこでの彼らの権利の侵害をどのように防ぐか」といった事柄についての合意であり、観察者がどのような責任を果たすべきであるのかに関するものではない。

このように、子どもを対象とした観察は、そもそも子ども自身の権利と、子どもに対する大人の道徳的な義務や責任の問題を複雑に含んだものとして成り立っており、大人である観察者は、子どもに対し何らかの責任や義務を負った存在であるという意味で当事者性を帯びた存在とならざるを得ない。このように、予め責任や義務の中に巻き込まれているという点で、大人を対象とした研究とは異なった性質を持つと言える。加えて、学校や園は「子どもに対して責任を負う大人」という関係・論理によって構成されている場であり、その場に身を置く〈大人〉である観察者もまたその中へ位置づけられてしまう。しかし一方で、〈大人〉であることに起因する責任や義務が具体的な場面でどのよう

に果たされるべきであるのか、またそれらと研究上の思惑や必要性、研究上の倫理との間で、どのように折り合いをつけるのかは、手探りされるほかない。そして、そうした個別具体的な状況において瞬時の要請の中でなされる複雑な選択は、多くの場合「何が正しいか」「何が良いか」というものではあり得ず、「どれを優先させるか」という、(いい意味でも悪い意味でもなく)その場しのぎの選択の連続とならざるを得ない。

　グラウエとウォルシュ(Graue & Walsh, 1998)は、何をもって介入すべきかを決定すること自体が困難であり、また子どもの生活に危険な行為や悪い行いは当然存在するものであって、そうしたものの存在はフィールドへの参入以前に予め予想されていてしかるべきであると述べている。さらに、それらを受け容れ難いと感じるのであれば、そのような場に立ち会うことを回避するほかなく、大人の責任をめぐる議論の多くは的外れで現実的でないとしている。一方、ファインは先に挙げた著書の中で、自らが行った参与観察中に子どもたちの万引きを目撃した経験について述べている。ファインは、その際、自分が積極的に何らかのアクションを起こさなかったことについて、道徳的な確信を持ってそうした決断であったというよりは、何もしなかったことの結果そうなってしまったものであり、結局のところこうした判断は、瞬時の、かつ各個人の道徳的規準に拠るほかないと述べている。また、何かしらの介入を行う場合には、それをできる限り観察者本人の「個人的な」意見や行為として行う必要があると述べている。

　自分自身が経験した出来事を振り返ってみても、自分がどうするべきであったのか、どうすればよかったのか、確信を持って何らかの判断を行えないことの方が多い。明らかなことは、子どもたちの一連の行動に対する解釈や、それぞれの出来事の中で私が果たすべきであると感じる義務や責任のあり方は、そのときのその状況に固有のものであり、何かが少し違っていたら、それはまったく別の出来事として経験されるであろうということである。

　たとえば、バッタをめぐる出来事について、次のように仮定してみる。子どもたちがバッタを振り回していたあの場面を、自分だけでなく、担任教師と一緒に目撃していたとしたら。そこで私はどのように感じ、どのように振る舞っただろうか。子どもたちの行為を目にした教師は、その場で、もしくは後から子どもたちと話をするなり、止めに入るなりしたかもしれない。しかし、子どもたちの行為を「残酷だ」と感じこそすれ、その場に一緒にいる私自身があのとき実際に感じたような葛藤や「何かしなければ」という義務感や責任感を感じることはおそらくない。むしろ、教師という明確な責任者がいる場では、自

分には「何かをする権利がない」と感じるだろう。彼らの行為に対して感じる私の責任の大きさやそのあり方は、誰と誰とが出来事の参加者であるかによって容易に揺らぎうるものであった。また、彼らの行為が、休み時間ではなく、授業時間の中での活動として行われたとしたら、私は彼らの行為を何らかの「探索」とみなそうとさえ努めたかもしれない。これは、彼らの一連の行動に対する解釈自体が、まったく異なったものになることを意味する。またもし、子どもたちと目が合わなかったら、つまり、私が彼らを見ていることを、彼らが知らないという状況であったとしたら、自分がその場で何もしなかったことに、後ろめたさを感じることはおそらくなかっただろう。この意味で、私の「何かしなければ」という義務感・責任感は、彼らの行為の残酷さだけによるものではなく、「（自分が）彼らの行為を黙認してしまう」という事態によってもたらされたものでもあった。

　このように、ある出来事に対する義務や責任を含んだ関与のあり方、またその出来事に対する意味づけ自体が、自分を含めた誰がどのような場にどう立ち会ったのかによって大きく揺らぎうる。

5．おわりに

　その場に身を置きつつ目の前の出来事に対して解釈を行うことは、感情や、その場で自分が何をし、何をしないのかという関与のあり方と密接に結びついている。関与のあり方には、何をどうすべき（べきでないか）、どうするのが望ましい（望ましくない）か、といった義務や責任がかかわる含む倫理的・道徳的な側面が含まれる。観察者が行う解釈行為もその例外ではなく、行為や出来事を同定すると同時に、「それに対してどうするべき」「そこでどうするべき」という選択を迫られる。その選択は、研究上の必要性や、研究上の倫理といった予めの方針によって決定されるものではなく、観察者というある個人がその場、その状況にあることで生じるさまざまな要請と、それら予めの方針とがときにせめぎあう中で、常に慌ただしく定まっていくものであり、それは選択や決定といった能動的な言葉よりは、まさに「やりくり」や「折り合い」というような能動とも受動ともつかない言葉がふさわしい過程である。

　そして、子どもが生活する場、特に学校など〈大人－子ども〉の関係が強力に作用する場においては、大人である観察者自身が予め当事者性を帯びた存在としてその場に関与せざるを得ず、そこで行われるやりくりの多くは、〈大

人〉であることを、今自分がどう引き受けるかにかかわるものである。しかし、そうであるからこそ、行為や出来事に対する意味づけやそれに伴う関与のあり方をめぐって自らが行うやりくりや、その過程で生じるさまざまな行き詰まりや葛藤に目を向け吟味することが、学校という場や、そこで営まれている子どもたちと教師の生活について、多くのことを教えてくれる。

【文献】

Epstein, D. (1998). Are you a girl or are you a teacher? The 'least adult' role in research about gender and sexuality in a primary school. in G. Walford (Ed.), *Doing Research about Education*. London: Falmer Press.

Fine, G. A. & Sandstrom, K. L. (1988). *Knowing Children: Participant observation with minors*. Qualitative research methods series, vol.15, California: Sage.

ギアーツ, C. ／吉田禎吾・柳川啓一・中牧弘充・板橋作美（訳）(1987).『文化の解釈学Ⅰ』岩波書店. (Geertz, C. (1973). *The Interpretation of Cultures*. Basic Books.)

Graue, M. E. & Walsh, D. J. (1998). *Studying Children in Context*. California: Sage.

ホックシールド, A. R. ／石川准・室伏亜希望（訳）(2000).『管理される心 ── 感情が商品になるとき』世界思想社. (Hockschild, A. R. (1983). *The Managed Heart: Commercialization of human feeling*. California: University of California Press.)

クラインマン, S. ・コップ, M. A. ／鎌田大資・寺岡伸悟（訳）(2006).『感情とフィールドワーク』世界思想社. (Kleinman, S. & Copp, M. A. (1993). *Emotions and Fieldwork*. Qualitative Research Methods Series, Vol.28, California: Sage.)

第Ⅱ部　フィールドで生かされる

3章　見えることと共振のダイナミクス

松井愛奈

1. 見ること、見えること

　フィールドに入り、そこで起こっていることを見て研究する……フィールド研究とは、確かにそのとおりである。しかし、実際に取り組んでみると、そうすんなりとはいかないのがフィールド研究である。なぜなら、フィールドの様子を見さえすれば自動的に何かが「見えて」きて、研究が進んでいくわけではないからである。見るとはそこで起こっていることに対して物理的に目を向けることであり、「見える」とはそこで起こっていることの意味がわかるということである。「見える」には見る人の主観や解釈が入っており、起こっていることを見て、能動的にその意味を理解し、それがわかったときに「見える」のである。

　したがって、ただ漫然と見るだけでは「見える」ようにならないし、見ているからといって「見えている」とは限らない。特に最初は、フィールドの様子を見てもそこで何が起こっているのかわからない、「見えない」ことも多いだろう。また、見ようとする研究テーマが決まっている場合や、いったん研究テーマを立ち上げた後に、時間と解釈を積み重ねていくうちに的外れなテーマであることに気づいたり、追究したいテーマが変わってきたりすることもある。

　では、フィールドに長く通い、時間をかけていけば、どんどん「見える」ようになっていくのかというと、そうでもない。さまざまなことが「見えて」きた結果、かえって何に焦点を当てて捉えていけばよいのかわからなくなるという事態も起こる。ここでは、どのようにしてフィールドで起こっていることが「見える」ようになっていくのか、そして、見ることと「見える」ことの関係はどのようなものなのかについて検討していく。

２．見えるとは？ ── 幼稚園の観察事例から

以下（記録A、記録B）は、幼稚園で同じ場面を見て記述した記録である。
　【記録A】
　　ミサキは２人の女の子と保育者と一緒に、砂場のところでお店屋さんごっこをしている。型に土を詰め、「ケーキ」や「たい焼き」を作って売っている。そこへアヤがやって来る。

　ミサキ：「はあい、何ですか？」
　ミサキ：「お客さま」と言い、アヤを指さす。
　保育者：「うん、お客さま、はい、いらっしゃいませ」
　ミサキ：「いらっしゃいませ」
　アヤ：「すみません、たい焼きをひとつ」
　保育者：「たい焼きひとつですって。たい焼きひとつ作ってください」

　【記録B】
　　ミサキは２人の女の子と保育者と一緒に、砂場のところでお店屋さんごっこをしている。型に土を詰め、「ケーキ」や「たい焼き」を作って売っている。そこへアヤがやって来て、少し離れたところに立ち、その様子を見ている。

　ミサキ：アヤに気づき、「はあい、何ですか？」とアヤを見ながら言うが、アヤはどうしようといったように、少しうろたえるような硬い表情になって何も答えないでいる。
　ミサキ：横にいる保育者を見ながら「お客さま」と言い、アヤを指さす。
　保育者：「うん、お客さま、はい、いらっしゃいませ」
　ミサキ：「いらっしゃいませ」とアヤに声をかける。
　アヤ：少し考えるような間をおいた後、「すみません、たい焼きをひとつ」
　保育者：「たい焼きひとつですって」と言い、ミサキのそばにあるたい焼き型を持ち上げながら、「たい焼きひとつ作ってください」と言ってミサキに手渡し、たい焼きを作るように促す。

　　　　注：直線下線部は記録Aにはない記述。波線下線部はp.61で言及。

この遊び場面のあらすじとしては、「女の子たちが保育者と一緒にお店屋さんごっこをしていると、アヤがやって来て、たい焼きを買いに来たお客さんとして一緒に遊び始めた」ということで、それは記録Aからもわかる。しかし、記録Bを読むと、記録Aにはない記述（直線下線部）が多く含まれており、単純に「アヤがミサキらと一緒に遊び始めた」というより、もう少し複雑な話であることがわかるだろう。アヤはすぐに遊びに参加したのではなく、少し離れた所から様子をうかがっていて、ミサキに声をかけられても最初はためらいを見せている。アヤにとってその遊びに参加することは、簡単なことではなかった。「どうしよう」という緊張の時間をこえ、思いきってお客さんとして声を出してこそ手にしたものだったのである。

　記録Aと記録Bの違いは何か。それは見えていることの違いであり、記述の量と質の違いに表れている。同じ場面を見ていても、記録Aでは表面的、かつ断片的なやりとりをなぞっているだけで、「子どもたちがお店屋さんごっこをしている」以上のことは何もわからない。このような事態は、フィールド研究の初期には起こりがちである。その場の様子を見ても、いったい何に注目すればよいのかさっぱりわからない。そこで、記録Aのように、発した言葉など目立った動きをメモしてみる。しかし、後で読み返しても何の意味も見出せず、文の羅列に終わってしまうこともある。つまり、フィールドの様子を見ているものの、ほとんど見えていないのである。

　また、フィールドに長く通えば、その日のみフィールドに入って見ただけではわからない背景的な情報も手にできる。たとえば、この事例に次のような情報を加えてみよう。これは「新学期が始まって間もない5月の出来事で、アヤはこの4月から入園してきた子である。入園後まだ1ヵ月ほどしか経っていないうえに、アヤはなかなか保育者のそばから離れられず、他の子と一緒に遊ぶことがあまりなかった」という情報である。このことを知っているか否かでは、見え方がまったく違ってくる。もし知っていれば、上述したアヤのためらいに、いち早く気づき、より納得がいくのではないだろうか。つまり、その場の様子が一層くっきりと見えてくるのである。

　慣れてくれば次第に、焦点化して見ている場の様子だけではなく、他の場ではどのようなやりとりが展開されているのかについても把握しようとするようになる。「把握しようとする」というよりも、自然に周りの動きが気になって「目がいく」といった方が適切である。しかし、研究の初期には、目を向けて見ている小さな一区画で起こっていることを追うのに精一杯で、見ていてもその意味がわからない、見えないことも多いだろう。このように、見ることと

「見える」ことは異なり、見ているからといって「見えている」とは限らないのである。

3．見ようとすれば見えるようになるのか？

3-1．研究テーマとフィールドの全体像

フィールドに入る際にすでに、見ようとするもの、つまり、研究テーマが決まっている場合もあるかもしれないが、そうではないことも多い。フィールドに通ううちに、おもしろいと感じ、深く追求してみたい、見てみたいものが生まれてくることもある。いずれにしろ、決まった研究テーマをもとに、フィールドの実践を見ようとすることが始まる。

研究テーマに関するものについては、次第に事例や解釈が積み重なり、少しずつ様子が見えてくるだろう。しかし、注意しなければならないのは、フィールドで起こっていることは、研究テーマに関するものだけではないということである。フィールドでは多種多様なことが日々変化しながら起こっており、研究テーマに関するものはその中のごく小さな点にすぎないのである。そして、その小さな点は、フィールドで起こるさまざまな出来事と必ず連動している。フィールドの全体像を把握したうえで、自分が見ようとしているものは、そのどこに位置づき、どう関連しているかを捉えなければ、その真の姿は見えてこない。フィールドの全体像を把握していくことが必要なのである。つまり、研究テーマを通して見えるものと、フィールドの全体像の双方が相互に影響しあって理解が深まり、さまざまなことが見えるようになっていくのである。

3-2．研究テーマに対する省察

研究テーマは、一度立ててしまえばそれで終わりではない。私たちがフィールドに居つづける限り、そこで起こっていることを見て、感じ、考える。本当にこの研究テーマは妥当なのか、フィールドの様子をうまく捉えているのだろうか、自分の解釈は間違っていないだろうかなど、研究を進めていく過程は試行錯誤の連続であり、不安もつきまとう。しかし、それは避けては通れない必要な過程である。

一度決めた研究テーマにしがみつくばかりでは、かえって見えるものも見え

なくなってしまう可能性がある。それどころか、見えないものを見えると錯覚してしまうこともあり得る。それでは机上の空論にすぎない。フィールドに根ざしていない研究テーマではまったく意味がないのである。

そこで、行き詰まりそうになったときには、フィールドでよく見聞きすると同時に、さまざまな人の意見を聞くことも重要である。自分では気づかない問題点や新たな視点を指摘されたり、自分の解釈の妥当性を確認したり、このまま進んでよいのだと励まされたりする。研究テーマは常に成立し得るのかという省察の繰り返しによって支えられ、そこからまたフィールドを見ようとすることへとつながっていくのである。

3-3. 研究者の立場とフィールドの特徴

同じフィールドに入り、同じものを見ても、その人の立場次第で見え方が異なってくる。たとえば、先の事例においても、保育経験がある人なら、子どもたちのやりとりより、その場にいた保育者の動きが気になり、自分の経験と照らし合わせながら、保育者の直接的、間接的な働きかけについてもっと詳細な記述をするかもしれない。

次の野坂によるケース「日常をサバイヴするジェンダー実践 —— かつて〈女子中学生〉だった私への共感」には、女子中学生が自分に話しかけてきた場面に対して、当時と現在の〈私〉が感じることに違いが生じるのは、〈私〉の立場や視点、経験など、〈私〉を取り巻くさまざまな条件が変化したためであること、そして、そもそもその場面は、当時の〈私〉自身、まさに〈そのときの私〉であったからこそ生じたものであることが明示されている。

また、そのフィールドの特徴も、見えてくるものに大きく影響を与える。同じ「幼稚園」というフィールドであっても、それぞれの幼稚園において人的構成、物理的環境、保育の方法や内容などは大きく異なる。その幼稚園で起こっていることは、すべての幼稚園で起こるとは限らない。もちろん、フィールドが異なっても共通して見えてくるものもあるが、独自の特徴を持つ、そのフィールドだからこそ見えてきたものもあるはずである。

立場の異なる者が、それぞれ背景の異なるフィールドに入れば、見えてくるものは自ずと異なる。それ自体にまったく問題はない。重要なのは、そのフィールドで見えてきたことを語るうえで、自分がどのような立場で、どのような特徴を持つフィールドに入り、それらとどのように関連しつつ見えてきたのかということを明確に把握することである。

3-4. どんどん見えるようになっていく？

　フィールドに通うにつれて、フィールドの人々との信頼関係も生まれ、最初は見えなかったものも見えるようになっていく。そうしてフィールドに居つづければ、見えるものが多くなり、フィールドのこともますますよく見えるようになっていく……のだろうか。

　先に述べた事例に戻ってみよう。アヤはお客さんとして遊びに参加したという事実があるが、たとえば、なぜアヤは他の場ではなく、ミサキの所へやってきたのだろうか？　お店屋さんごっこに興味があったからかもしれないし、たまたま近くを通りかかっただけかもしれないが、そこにミサキがいて一緒に遊びたいと思ったからかもしれない。あるいは、そもそもミサキらはお店屋さんごっこを自分たちで始めたのか、保育者が場を構成して始めたのか？　このようにひとつの遊び場面をとってみても、子どもたちの仲間関係や、保育者の働きかけ、環境構成など、さまざまな要因が複雑に絡みあっている。

　そういった多種多様な要因を考慮しつつ、どのような切り口からその場面を捉え、解釈していくのかを判断していかなければならない。その判断は、場面にまつわる要因が多く見えれば見えるほど難しくなり、何か切り口さえあれば、フィールドで起こっていることを理解できるわけではない。そんなに一筋縄でいけるほど単純なものではないという実感はわきつつも、それならどうすればよいのか五里霧中となってしまうのである。

　フィールドにおける時間と経験を積めば、右肩上がりにフィールドの様子がどんどん見えるようになっていくわけではない。さまざまなことが見えるようになった結果、そこから何をどう切り出して理解していけばよいのかわからなくなり、かえってフィールドのことが見えなくなるという事態に陥ることもある。そこでまたフィールドの実践を見ることに立ち戻り、思考し、解釈の糸口を模索しつづけていく。その過程を経て新たな切り口を手にしたとき、フィールドの様子がより鮮やかな輪郭をもって見えてくることだろう。

4. フィールドの実践に共振する

　フィールドにおける研究は、フィールドに通い、ただ見るだけでは意味がない。重要なのは、フィールドで起こっていることと、まずじっくり向きあい、

とにかくよく見て、聞いて、フィールドの全体像を把握すること（サトウ，2001；田中，2005）である。

　ある程度フィールドの概要を理解していることは、フィールドで活動するうえで有益にはたらくこともあるだろう。しかし、すでに持っている自分の考えや問題意識にとらわれすぎてしまうと、現実のフィールドの姿が見えなくなってしまうこともあり得る。たとえば、本来はそのフィールド独特の珍しい事柄であっても、見慣れてしまって見逃してしまうなど、ベテランにはかえって見えず、初心者だからこそ見えるものもある（伊藤，2005）。

　フィールドの外で思考することも必要であるが、まずその場で起こっていることを見て、その場にいて感じたことについて考察することを忘れてはならない。それらの考察や疑問点などは、フィールドの人々にフィードバックし、折々に意見交換の機会を設けることも重要である。

　フィールドに身を置き、見聞きし、参加した結果、見えてくるものは、研究テーマと直接関係ないものも無数にある。もっと素朴におもしろい、ひきつけられる、嬉しいと感じることも多いし、反対にストレスを感じることや、つらい経験もあるかもしれない。つまり、フィールドで起こっていることやフィールドの人々に対して喜んだり、笑ったり、泣いたり、悩んだりするといった、見る側の情動を含む「フィールドの実践に共振する」ことが起こる。

　ここで言う「フィールドの実践に共振する」とは、いわゆる一般的に、フィールドで起こっていることを見てよいと思うとか、わかるようになるというだけではない。研究内容や立場がどうあれ、研究者自身まるごとフィールドに巻き込まれ、フィールドで起こっていることについてさまざまなことを感じ、考え、自らがそこで生かされていくという意味で考えたい。

　先の事例は、筆者がフィールドの実践に共振した事例でもある。アヤが近くにいることに気づき、ミサキが「お客さま」と保育者に伝える。そのときの保育者の働きかけは、「一緒に遊ぶ？」ではなく、「はい、いらっしゃいませ」（波線下線部）であった。もしそのときのアヤに、直接的に「一緒に遊ぶ？」と声をかけても、本当は遊びたいのに断ってしまう可能性も高かったのではないだろうか。そこで「いらっしゃいませ」と言って、保育者が暗黙的にお店屋さんごっこに誘うことで、アヤも遊びにすっと入り、お客さんとして買い物を開始することができた。しかも、その「いらっしゃいませ」という働きかけ方が、何とも自然で巧みだった。保育者自身は"店員"として手を休めることなく、アヤがお客さんになることに何ら不思議はない、当然だといった雰囲気で声をかけ、その流れに筆者はえもいわれぬ心地よさを感じた。

文字にすれば何気ないひと言であり、簡単そうな振る舞いに思える。しかし、頭でわかっていることと、実際に行動に移せることとは別問題である。声の調子から身のこなし、タイミングまで含めて、保育者の絶妙な働きかけに感嘆した。そして、なかなか友だちと遊べなかったアヤが、ミサキらと一緒に遊ぶことができたと嬉しくなった。それはまさに、フィールドの実践への共振が起こった瞬間であった。そのときには研究テーマも何も関係ない。その感覚を文字に表すのは難しいが、その場の様子を見て記録する研究者という立場を忘れて、その場にふっと身も心もすいよせられるとでも言えるだろうか。またそれによって、その場の様子が頭でわかるだけではなく、ある種の情動や身体的感覚を伴いつつ、生き生きとした実感をもって一瞬にして腑に落ちている。

　次の野坂のケースでも、観察開始当初に感じていた漠然とした不安について、「その不安を生みだす雰囲気こそが、中学生（と私）にとってのジェンダー実践」であると気づき、「調査者である私自身の感覚・実感こそが、フィールドで生きるうえで切り離せないもの」であると述べられている。現場の実践に共振したことで、「あれは何だったのか」と後で振り返るきっかけになり、ジェンダーに関する新たな見方が生まれ、ジェンダーの様相が見えることへつながっていったのである。

　あるいはもっと単純に、研究テーマには関係なく、共振することによってフィールドの魅力にとりつかれ、さらに見たいと思い、見ようとすることへとつながっていくことも多いだろう。つまり、見ること、見えること、共振することが複雑かつダイナミックに絡みあいながら、研究が進んでいくのである。

　どのようなフィールドに、どのような立場で入るにせよ、すべてのフィールド研究に共通して重要なのは、五感を鋭敏に働かせ、よく見聞きし、感じ、熟考すると同時に、フィールドで起こっていることや、フィールドに生きる人々に共振することである。もちろん、共振するだけで研究が成り立つわけではない。そこから一歩踏み出して客観的に考察し、理論化を試みることも必要である。しかし、共振することは、フィールドで見て、見ようとし、見えてくる過程において重要な鍵を握っている。フィールドの実践に共振することのないフィールド研究は存在しえないのである。

【文献】

伊藤哲司（2005）.「五感を使って観察する」伊藤哲司・能智正博・田中共子（編）『動きながら識る、かかわりながら考える ── 心理学における質的研究の実践』ナカニシヤ出版, pp.65-76.

サトウタツヤ（2001）.「フィールドのプロセス」尾見康博・伊藤哲司（編）『心理学に

おけるフィールド研究の現場』北大路書房，pp.18-33.
田中共子（2005）．「質的研究　はじめの一歩」伊藤哲司・能智正博・田中共子（編）『動きながら識る、かかわりながら考える ── 心理学における質的研究の実践』ナカニシヤ出版，pp.9-19.

【ケース】日常をサバイヴするジェンダー実践
―― かつて〈女子中学生〉だった私への共感 ――

野坂祐子

1．はじめに
── 「オネエサン」から「オバサン」に交差する視線の中で

「先生（＝調査者）、横田先生（＝担任・仮名）、好きなの？」
「（担任は）独身だよー。セクハラなのー」
「気をつけてくださいねー」

　20代前半の大学院生だった私が、中学校でのフィールドワークを開始した初日のこと。1学期の始業式を終えて3年生の教室に戻り、担任による私の紹介を黙って聞いていた生徒たち。休み時間を待ち構えたかのように私のもとに駆け寄ってきた3人の女子生徒は、興奮した口調で話しかけてきた。独身の男性担任のことを「好きなの？」と質問しながら、私の答えを待つでもなく、口々に言葉をつないでいく生徒たち。その勢いに圧倒されながらも、当時の私が感じていたのは、懐かしさとほほえましさ、そして「わかる、わかる」という、かつて女子中学生として生きてきた自分自身の感覚であった。
　フィールドに身を置いてほんの数時間、しかも初めて言葉を交わした生徒のことを、本当の意味で「わかる」はずなどない。実際、彼女たちが初対面の私に対してこうした話題を持ちかけた意味について、そのときはじっくり考える余裕もなかった。それにもかかわらず、「わかる」という実感を抱いたのは、彼女たちと私が〈女子同士〉であるという立場の共通性や、〈女子としての経験〉に基づく恋愛テーマへの馴染み感、言葉では担任のセクハラを訴えながらも「本気ではなさそう」という〈女子の行動〉への解釈によるものであった。

しかし、30代後半になった今の私は、この場面をどう感じるだろうか。女子生徒の言動に対して「わかる、わかる」という気持ちはあるけれど、同時に、「女子中学生を相手に仕事をするのは大変だなぁ」と、女子生徒よりもむしろ担任への共感を抱くかもしれない。また、女子生徒から「セクハラなのー」と言われたなら、たとえそれが冗談めかした言い方であったとしても、もしかしたら本当に深刻なセクシュアルハラスメントがあるのかもしれない、という可能性を捨て切らないだろう。さらに、目の前にいる3人の女子生徒との会話に没頭することなく、何気なく周囲を見渡しながら他の生徒の様子を観察するに違いない。「初対面の相手にいきなりこんな話題をしてくる3人は、クラスの中でどう思われているのだろう」と考えながら。
　この〈私〉の違いはどうして生まれるのだろうか。私の年齢や社会的立場の変化、それに伴う外見や雰囲気の変化は、通俗的に言えば「オネエサン」から「オバサン」への移行であり、中学生よりも担任教師に対する親和性が生み出される。中学生にとってみても、「オバサン」もしくは「教師に近い大人」への関心は、年齢差以上の心理的抵抗感を生むかもしれない。また、私自身の臨床経験によって、観察の中に心理臨床的なアセスメントの視点が入りやすくなったことも影響しているだろう。さらに、研究実践を重ねたことで、ものごとに対して簡単に「わかる」とは感じられなくなり、不用意に「わかる」と言えなくなった面もあろう。こうした〈私〉のさまざまな変化は、私自身の感性や能力の成長とも言えるし、同時に、感性の鈍化や型にはまったつまらなさと言うこともできる。あのときあの場で得られた感触ややりとりは、今はもう得ることはできないのだ。
　そもそも、もし今、同じような場面に身を置いたりとしても、女子中学生との間でこうしたやりとり自体が生じない可能性が高い。それは、いわゆる一期一会、同じ場面など二度と生じないという現実的な現象的理解によるものではなく、現在の私と女子中学生との間に確実につくられる溝や距離感によるものである。かつて、大学院生だった私と中学3年生の間には、7歳という歳の近さだけではなく、「この話題は許されるはず、楽しいはず、わかってくれるはず」という女子生徒の期待と、「こういう話題って好きだよなぁ、楽しそうだなぁ、わかるなぁ」という私の共感が、とても近いところにあった。共感というより、もっと反射的で即時的な感覚の共有。言うなれば共振しあう関係の中で、この会話は生まれている。つまり、女子生徒と私との間でその話題が共有されるはずという暗黙的な期待によって、あの話題は選択され、そして成立した。まさに、双方向的な暗黙の期待によって成り立つ共振的なディスコースで

あったのだ。

 そして、この暗黙的期待には、調査者である私自身の人生経験が投影されている。それが、かつて〈女子中学生〉であった私の立場・経験・思いである。その場、そのとき（here and now）の相互作用によって生み出されたやりとりは、私自身の過去や経験（there and then）のうえにある。彼女たちとの〈here and now〉のやりとりは、私の〈there and then〉と絡みあい、つながりながら、存在していた。

 過去（then）と今（now）をつなぐ時間の歴史と、私の経験（there）と彼女たちとのかかわり（here）が交わった時間性の中で、当時の私がどのように実践としてのジェンダーを捉えていったのか、野坂（2000）をもとに整理していきたい。

2．フィールドをサバイヴする調査者

2-1．フィールドに身を置くということ

 公立中学校において始業式から卒業式までの1年間にわたる参与観察を開始して最初の数ヶ月間は、戸惑いと不安の日々であり、私にとって調査行為は苦痛なものでしかなかった。調査とは名ばかりで、自分でも何をしているのかわからないというありさま。観察といっても、目の前でとめどなく展開する出来事を把握するのは容易ではなく、自分では何を観ているのか、何を記録しているのかもわかっていない状態だった。見えるのは、ありがちな〈中学校の風景〉でしかなく、魅惑的な儀式が行われるわけでもなければ、衝撃的な出来事が起こるわけでもない。なんとなくダルい態度で登校してきては、いつものグループで固まりながら他愛もないおしゃべりにふける生徒たち。授業中、身を固くしながら発言を避けていた生徒たちが、一気に口を開く休み時間。楽しげな昼休みのムードの中で、グループ間で交わしあう視線や囁き声がもたらす緊張感。どれもが、私が数年前に経験したものであり、何の変哲もない出来事に見えた。違うのは、私がその中の一員ではないということだ。私が何者であるのか、という問いは、生徒たちから投げかけられるだけでなく、私が常に自分に向けていた問題であった。

 教室の片隅で静かにビデオを撮影し、目立たないようにノートをとり、生徒からの声かけにも最低限の返答しかしなかった私は、明らかに「場違い」な存

在であった。調査者として、そうせざるを得ないと思う一方で、所在のなさによる孤立感に苛まれる日々であった。今、思うと、「教室の中でひとりぼっち」という当時の私が感じていた孤立感や焦りは、フィールドに馴染めない不適応感だけではなく、教室という場で孤立することの〈つらさ〉でもあったのかもしれない。「この場にいても、いいのだろうか」という自問は、調査者としての所在のなさだけではなく、中学3年生の生徒たちの思いとも共鳴していたかもしれない。日常を生き抜くこと、つまりサバイヴすることは、調査者にとってのみならず、中学生にとっての至上命題でもあるのだ。私が調査中になかなか生徒たちとの関係に踏み込むことができず、積極的にかかわっていくことへの躊躇や遠慮があったのは、調査者としての未熟さのみならず、かつて〈中学生〉だった私が中学校という場をサバイヴすることの再現的な体験であったのかもしれない。

　私の初期のフィールド記録には、男子の言動がほとんど記録されていない。調査中に私に話しかけてくるのはもっぱら女子であったので、自然と女子の会話記録が増えていった。それはあまりに〈自然〉なことで、意識すらしない行動選択であった。男子のアニメやゲームの話題よりも、女子の噂話やファッションの話題の方が、私にとっては理解がしやすいものだったからだ。しかし、それだけではなく、クラスの中で男子と話すのは、「なんとなく気まずい」ことだった。相手の男子は緊張するようであるし、私もなんだか遠慮してしまう。なぜなら、私と男子のやりとりが、クラスの女子たちにずっと注目されているのを感じてしまうからだ。

　男子と話すときに感じるこの窮屈感は、私が初めて体験する感覚ではなかった。「私が男子と話すと、女子が冷たい視線を向けてくる」という感覚は、かつて〈女子中学生〉だった私にとって、容易に実感できるものであった。フィールドにおける男女の振る舞いに関する暗黙的なルール、それこそがジェンダーの実践の様相であり、フィールドをサバイヴする方略となる。私はそのルールに当然のように追従しながら、教室というフィールドをサバイヴするのに必死であった。

　そのときの私には、そのルールはあまりにも自明的すぎて、フィールドの重要な〈ルール〉としては見えていなかったのだ。

2-2．ジェンダーの再生産としての研究

　調査開始時の私の研究テーマは、暗黙的なジェンダーに関するルールやコー

ドを見つけるというものだった。参与観察によって、日常に潜むジェンダーのさまざまな要素を取り出そうと考えていた。従来の「隠れたカリキュラム（hidden curriculum）」の研究にとどまらない内容にしたいと思いつつも、実際には、男女生徒の際立った行動特徴の差異を見つけようとしたり、教師の生徒呼称の男女差や回数をカウントしたりしていた。従来の研究とは違う視点で観察したいと望みながらも、既存の調査結果を参照したものの見方を脱することができずにいた（事例）。

【事例】運動会（10月初旬）（※男子名には下線付、名前はすべて仮名）
　「3年生男子200メートル走」のアナウンスが入ると、女子は一斉にフィールド沿いに集まって座る。

三浦：ねー、みんな、ノリーって叫んでね。絶対だよ。
女子数名：ノリー、ノリー　（大声で声援をおくる）
鶴見：じゃあ、次、タクトね。
三浦：（タクトが正面を走るのに合わせて）いっせーの、せ！
女子数名：（手を叩きながら、タクトの名前を連呼する）
六郷：超カッコいいー。女はやっぱり応援だよね、男を応援するっていう。
〈メモ〉運動会は男子競技が「メイン」と表現され、「男子の応援を楽しむ女子」と「女子へのからかいを繰り返す男子」の構造がはっきりしていた。男子中心の行事と、応援という女子文化。

　観察をしていた私には、このやりとりは固定化された男女のジェンダーイメージがまさに具現化されている場面として捉えられた。主役としての男子とそれを支える女子という性別役割、そしてこうした男女差別の構造が維持される中学校の運営上の問題。まさに、ジェンダーを問題化するにふさわしい、いわばシャッターチャンスのような場面と感じたのである。
　しかし、はたして本当にそうと言いきれるのだろうか。性別役割が具現化されたやりとりとしてのみ解釈されうる場面なのだろうか。事例1を見直すと、はしゃいで応援する三浦さんと鶴見さんの振る舞いから「女子は応援を楽しむ」と解釈しているが、三浦さんと仲の悪い女子は一緒に応援をしておらず、必ずしも女子一般の行動とは言いきれないことがわかる。また、男子の応援をしている女子の様子を見ると、三浦さんと六郷さんは自分が関心を寄せている男子に対してだけ目立つ応援をしていたが、鶴見さんは一人ひとりに声をかけ

ており、応援の仕方も人によって異なる。調査者が、「女子は〜である」と安易に括ってしまうことは、彼女たちの行動の記述ではなく、私自身の捉え方の記述にほかならない。つまり、私自身のジェンダーイメージが記録によって具現化され、私がジェンダーを再生産していたのだ。

応援をする行為も、女子が男子を励まし称える行為としてだけでは捉えられない。運動会というハレの日の儀式やゲーム、パフォーマンス、同性同士の連帯感、男子個人に対して、あるいは男子全般に対するアプローチ、クラスや仲間意識など、いろいろな意味が含まれうる。「女子の三浦さんは」と捉えるのではなく、「三浦さんは……」と生徒の個別性に関心を寄せていくことで、三浦さんがどんなふうに「女子であること」を意識していたり、あるいは性別を気にしていなかったりという、ぎこちないながらも必死な振る舞いが見えてきた。調査者側のジェンダーの視点や解釈を外してみることで、逆に、生徒個人のジェンダーの様相が見えるようになっていったのである。

2-3．フィールドで共に生きる調査者

私自身のジェンダーの枠組みを外して、生徒がどんな人なのかを知ろうとすると、調査自体がとても楽しく感じられるようになった。それまでの私は「生徒というデータ」を探そうとしていたのだろう。私は「中立的でフィールドの邪魔をしない調査者」であろうとして、生徒にとって「他者」でありつづけていたのだった。しかし、生徒個人に向き合っていこうとすると、そこには生の人間関係が生じる。私自身も記録者として存在するのではなく、生徒と一緒に感じていく生身の私でいてもいいように思えてきた。

すると、私自身の感覚や体感も、フィールドを理解するための材料として活用されるようになる。それによって、観察を開始した当初に感じていた「私が男子と話すと、女子が冷たい」という漠然とした不安について、「その不安を生みだす雰囲気こそが、中学生（と私）にとってのジェンダー実践なのでは？」と気づいたのである。フィールドで交わされる視線や雰囲気こそが、こう振る舞うべきというジェンダーのルールを示しており、フィールドに生きる誰もがそのルールから逃れられない。つまり、調査者である私自身の感覚・実感こそが、フィールドで生きるうえで切り離せないものであり、フィールドのエスノメソッドだったのである。

フィールドでサバイヴするための方法やその手がかりは、調査者自身の感覚・実感に頼るところが大きい。彼女／彼らの視線は、そのフィールドの持つ

価値観や視点でもある。視線を向けられる私もまた、彼女／彼らの視線を理解しなければ、フィールドをサバイヴできないのである。

　「私が男子と話すと、女子が冷たい」——それこそが、このフィールドにおいて女子らの〈同胞〉に位置づけられる私への〈制裁〉であり、私の行動への〈関心〉であり、男子と話すという行為への〈羨望〉であり、さらに「冷たい視線を送る」ことで間接的に男子と関係を持つという〈実践〉なのである。それがフィールドの現実であり、ジェンダーの様相である。ジェンダーはものの見方や側面ではなく、生きていくことと切り離せない感情や考え方、振る舞いに絡まったものではないかという大きな仮説ができていった。

2-4．ジェンダーをサバイヴする女子中学生

　ジェンダーは研究の指標ではなく、人が生きるうえでの振る舞いそのものとして捉えられるのではないか。この仮説は、生徒と対面的に接していく中で、生徒の言動と標準化されたジェンダーの指標が一致しない面があることを見出すにつれ、より確信を強めていった。たとえば、彼女たちにとっての「女らしさ」を調べようと質問紙調査を行うと、ほとんどの女子は「そんなものは必要ない」と回答する。しかし、実際の彼女らの振る舞いを観ていくと、「女らしさ」が別の言葉に変えられたり、あるいは言い訳を伴ったりしながら、彼女たちなりの「女らしさ」が表現され、「女であること」への意識は持たれつづけるのである。質問紙で「女らしさなんて古い、気にしない」と答えつつ、一方で、「女らしさ」を利用したり、「女らしさ」から逃れられずにいたりする姿こそが、彼女たちのジェンダー実践なのである。

　そう考えていくと、フィールドで観たり感じたりするあらゆることが彼女らの実践であり、たくさんのジェンダー実践がなされていることが見えてくる。日常生活の何気ない会話ややりとりに、調査者は立ち止まり始める。「ブリッコ」という言葉も、彼女たちから発せられた言葉の1つである。「女らしさなんて気にしない」「男子の前でも女子の前でも、自分は変わらない」とわざわざ主張する彼女たちは、他の女子の「男子の前での態度」について「ブリッコ」だと指摘し、攻撃する。そのときは、必ず「自分はブリッコじゃないけど」と言い訳をするのを忘れない。異性の前での自己意識と他者意識、女らしさへの両価的な価値基準、同性間の関係性に見られるジェンダー構造。ジェンダーの規範や構造の中で生きていくことを自覚し始めた彼女たちは、「ブリッコ」という言葉を用いながら、ジェンダー構造に絡まれ、そして自分たちの

ジェンダーを構築するのである。
　彼女たちのそんな生きざまに注目したのは、私が抱いた彼女たちへの共振が影響している。それは、今その場で、中学生の彼女たちが私に語りかけるその言葉への共振であり、かつて〈女子中学生〉だった自分自身への共振であった。「ブリッコ」という言葉の重さは、それが現実的にいかに深刻な内容かということではなく、「あぁ、わかる」というリアリティの重さであった。フィールドにおける私の立ち振る舞いは、私自身の〈女であること〉の歴史や身体性と切り離すことができない（野坂, 2007）。かつて、「ブリッコ」と言われないように気をつけ、他の女子の「ブリッコ」を批判しながらもうらやんでいた私自身にとって、中学校時代を生きる彼女たちの生きにくさやたくましさは、〈他人事〉ではなかった。調査者という〈他人〉から離れたとき、〈他人事〉ではないジェンダーの実態が見えてきたのである。

3．おわりに ── フィールドにおける出会いの限界と可能性

　過去のフィールド記録を見直していると、男子の言動がほとんど記録されていないことや、担任教諭の語りや気持ちをあまり受けとめられていないなど、いろいろな「不備」に気づく。〈女子同士〉の共感に頼り、中学生時代を追体験するかのような大学院生の自分は、調査者としてのスキルの未熟さだけではなく、大人になりきれておらず、生徒たちに甘えていた状態と言える。フィールドノーツには、そんな自分自身の姿がフィールド記録に描き出されており、読み返すと情けなく恥ずかしい思いにとらわれる。当時の担任や他の教員には、ずいぶん危なっかしい学生だと思われていたことだろう。そんな未熟な私が1年間も教室に居つづけることを許されたのは、学校文化が本来持つ、育てる場としての機能のおかげだったのかもしれない。フィールドワークの最終日は彼らの卒業式だった。私にとっても、中学校を離れる気持ちが強くこみあげた思い出が残る日である。
　今、学校へフィールドワークに出かけると、男子生徒との方が話しやすいと感じることがある。私が男子に対して構えることがなくなったこともあるだろうし、中高生の彼らにとっても、「オバサン」の方が緊張せずに話せるのかもしれない。「先生」に対するのと同じような感覚で接してくるのかもしれない。小学校を訪問すると、話に夢中になった子どもが、私のことを「お母さん」と呼び間違えることがある。最初は驚いたが、よく考えてみれば、小学生の子ど

もにとって、すでに私は「お母さん」と同じくらいの世代なのだ。言い間違いに気づいて照れる子どもを見ながら、私に見せてくれる表情や態度、聞かせてくれる言葉は、いつの時期であれ、〈そのときの私〉に対するものなのだと気づかされる。〈そのときの私〉以外の私はあり得ないし、調査の協力者もまた〈そのときの私〉の前での彼らでしかないのだ。目の前の人と離れた〈私〉は存在せず、フィールドを共にする〈私たち〉は常に共振しながら、かかわりあっていくのである。

フィールドでの出会いは、常に〈here and now〉であるが、その背景にはお互いの体験の歴史と時間性〈there and then〉がある。限られた一面での出会いであると同時に、時間や空間を超えたつながりがある。人が生きる（サバイヴする）実践を記述する難しさと深みは、そこから生まれるように思われる。

【文献】

野坂祐子（2000）．「フィールドでサバイヴするジェンダー実践 —— 中学生の"エロ事例"とともに」*Inter-Field*, Vol.1, フィールド解釈研究会, 17-27.

野坂祐子（2007）．「フィールドワークにおけるジェンダー —— ジェンダーをともに生きる〈当事者〉として」宮内洋・今尾真弓（編）『あなたは当事者ではない ——〈当事者〉をめぐる質的心理学研究』北大路書房, pp.134-144.

4章　フィールドの狭間でもだえる自己
── 自己論から他者論、そして身体論へ ──

上淵　寿

　本章では、第一に、質的研究につきものの悩みが、対自的な側面と対他的な側面の両者で生じることを指摘する。第二に、対自、対他の二重性における感情の発生が、自己の自己性や他者（インフォーマントや研究参加者等）の他者性を、より浮き彫りにし、構成すると説く。最後に、上記の二重性をポジションから再解釈し、「もだえ」自体への否定的な意味づけを拒否する。

1．自己の二重性の問題

　質的な研究の途次、現場（フィールド）のまっただ中、あるいはどこか別の場所で一息いれるとき、自らを省みることがある。ただ自らを見直して、自己自身へのかかわりだけを意識するのではなく、他者とのかかわりによって、自己が変化することを経験するのも、よくあることだ。その両者の意味が、reflection（reflexion）という言葉に込められている。つまり、reflection は、「対自的」なかかわりと「対他的」なかかわりに根ざす言葉である。
　「反照」「反射」「再帰」「内省」「反省」「省察」のように "reflection" は、さまざまな意味を込めて訳すことができる。"reflection" に似た "reflective"（あるいは "reflexive"）だけを考えても、一冊の本が書けてしまうくらい、質的研究方法論では重要な言葉だ（Alvesson & Sköldberg, 2009）。
　さらに、reflectionと類縁の関係にあると思われる "reflexivity" を、エスノメソドロジーの立場の人たちは、「相互反映性」（山崎，1991）、「再帰性」あるいは「文脈状況再帰性」（佐野，1998）と訳す。

> エスノメソドロジーで言うreflexivityは、すべての（語りや記述の類の）説明がある事柄について語るだけではなく、あることを行ってしまう事実も意味する。記述や語りは世界の単なる表現ではなく、世界へのかかわりである。この種の（存在論的）

reflexivityは、単純に回避できない。一方、reflexivityは、方法論的な意味でも使う。研究者のバイアス、理論的な先入見、嗜好等への批判的な自己反省のプロセスが、このreflexivityである。この種の自己点検は、あらゆる種類の研究に役立つ。(Schwandt, 2007, p.260)

前者のreflexivityは、たとえば「相互反映性」と訳せる言葉である。後者は、単純な「反省」、「省察」と解してよいだろう。つまり、自己というものが持つ二重性という意味で、reflexivityを捉えることはできないか。すなわち、他者と対話する自己と、自己の中で対話をする自己である。

1-1. 自己の二重性の齟齬から生まれる「もだえ」と「もだえ」る中で生成する「自己」と「他者」

フィールドにいるとき、自らが自分に対して、あるいは他者に対して、どのような立場にあるのかを、改めて考えさせられるのは、なぜだろうか。

自分がそこにいるだけで何かをしてしまう（相互反映性）。それは、演じるというよりは、フーコー派の言説分析（談話分析）の立場（Willig, 2001）を借りるならば、主体や自己そのものを、作り出すような行為である。

たとえば、私は、その場での居心地の悪さを強く感じて、自分がその場に居るのではなく、他人からは自分は見えず、その気配すら感じられないかのように、振る舞ってしまうことがある。それは、居心地が悪く、多かれ少なかれ自尊感情を傷つけられた、「自己」の否定であり、抹消である。だが、自らの存在を「解離」しようにも、そこにあることで、自らの姿を消し去ることはできない（Lewis, 1995）。そして、恥の情動、感情が生まれる（反省）。もちろん、「逃げる」ことも、それなりの対処の仕方（coping behavior）である。しかし、いつも逃げ去ってばかりはいられない。

好井・桜井（2000）や好井・山田（2002）といった代表的なフィールドワークの書物をひもといても、多くのエスノグラフィーの中に、もだえ、悩むフィールドワーカーの自己像が語られている。そこで、展開されているのは、研究者が生きる日常と、そこで作り上げられる研究者自身である。

では、ここで言う自己とは何か。むしろ普段は気づかれない、明白ではない自己のあり方と別の自己との相克、違和感、自己と他者との齟齬、すなわち「もだえ」る状態があってこそ、はじめて明確な自己確認ができ、主体、すなわちより輪郭の明らかな自己が構築されるのではないか。あるいは他者が「異

人」として存在感をもって立ち現れるのではないか。すなわち、不明確な状況の中で自らを定位させる（位置づける）言葉、感情、態度が必要である。

　このような手探りのプロセスに耐えることによって、その間のさまざまな負の刻印を与えつづけるような出来事にもかかわらず、いやむしろ、それゆえに我々は存在している。これはキルケゴールの有名な「自己の定義」（「自己とは何であるか、自己とはひとつの関係、その関係それ自身に関係する関係である。あるいは、その関係において、その関係がそれ自身に関係するということ、そのことである。」Kierkegaard, 1849：再帰的な関係としての「自己」）を想起させる。

2．「研究者」としての私と「共同実践者」としての私

　本書に収録されている掘越によるケース「『役に立つ』ことにこだわる〈私〉へのこだわり」から読み取れるのは、少なくとも研究初期の時点での、「研究者」や自分自身に関する一定の考え方である。すなわち、「研究者」である「私」は、「自分なりの研究のリサーチクエスチョンを持ち、各ディシプリン固有の技法や技術を持って対象にかかわる者」である。ここで言うリサーチクエスチョンは、研究の「対象」（インフォーマントや研究参加者）の固有の関心や生き方とは独立である。その後、「研究者」という役割概念あるいは「カテゴリー」が辿った経緯は、掘越によるケースを読んでいただくとして、上記の「研究者」という役割意識が、掘越さんがフィールドに入ったとき、心中に去来したことは間違いないようだ。

　しかし、やがて「研究者」としての「私」に対して、もう１つの「私」の役割あるいは「ポジション」（positions）が登場する。それは、共に共通の目的、問題意識を持ち、実践を共に構築し、問題に対処し、解決していこうとする立場である。「共同実践者」の立場である。

3．ポジション

　本章での「ポジション」とは、ホール（Hall, 1990）が、「文化的アイデンティティ（cultural identity）」の定義に用いた言葉である。ホールによれば、文化的アイデンティティとは、「歴史と文化の言説の内部で創られるアイデンティフィケーションの地点、アイデンティフィケーションと縫合の地点」であ

る。「本質ではなく、1つの位置化（positioning）である」[1]。

この定義には、2つの重要な意味がある。第一に、アイデンティティが、歴史、文化の言説の多様な組み合わせの中で制度化したことだ、第二に、アイデンティティは安定しない。アイデンティティは、「歴史、文化、権力の継続的な『戯れ』に」従う。ゆえに、アイデンティティは、暫定的な位置取り（ポジショニング）であり、「変容や差異を通して自らを絶えず新たに生産し、再生産する」（Brooker, 1999）ものである。

ポジションやポジショニングを上記のように扱うなら、私たちは、「研究者」のポジションと「共同実践者」のポジションとの間に、それぞれ異なる文化、権力関係の網目の違いがあることわかるだろう。しかし、両者は、固定した実体として「あるもの」ではない。むしろ現象として「なるもの」であり、さらに未来に向かって「なろうとする」（アクチュアリティ）ものではないか。

3-1. モダニストとしての私たち

だが、ここで重要なのは、「位置取り」や文化的アイデンティティの変容がスムーズではないことだ。だからこそ、「もだえ」が生じるのである。対自、対他の関係から、ポジション移動が適切に行われ、ポストモダン的な自己を別に構成できるのならば、何も悩むことなどない。

むしろ、モダンな自己の残滓を引きずるからこそ、「もだえ」が生じるのである。たとえば一人前の「社会人」として振る舞うためには、「同一性」を注意深く扱う必要がある。そして一般には、複数の異なる自己のあり方を「地」に追いやり、「図」にはアイデンティティ（同一性）を確立した姿を浮かび上がらせようとする。

もう1つ重要なのは、位置取りの急激な変化、アイデンティティの劇的な変容、「変わり身の速さ」、「コウモリになること」を、容認しない社会のあり方があることも、指摘しておきたい。

ゆえに、研究のプロセスで「もだえ」が生じるならば、研究者は「もだえ」を解消しようとする。ゆえに、「もだえ」はむしろ解決すべき現象であり、「問題」として理解される。

したがって、質的研究の途上での「もだえ」は、質的研究ならではの重要な意味を持つが、結果的に社会的な功績を得るための通過儀礼のようにみなされてしまう。

3-2．ポジションの変容としての物語の終結と、終わらないもだえ

　以下の【ケース】で堀越さんは、観察者としての関与の変化や「役立つ」ことの難しさに悩み、さらにかかわりが難しかった子どもについて保育者と共に考え、その結果子どもが変わったことへの嬉しさを、率直に表現している。

　言い換えれば、研究者として設問を立てるという立場（ポジション）から、共同で実践を構築していこうという立場（ポジション）へと移行しようとしていることが、見てとれる。

　「もだえ」や「悩み」という感情は、このポジションの移動の間に生じる気持ちとして、捉えることができる。ポジションの移動は、たやすく完遂されることではない。それまでに受けてきた教育や指導、経験から構成してきた立場や理解をモニターしたり、別の視点で眺めたり、異なった立場を自らに突きつけてそれを納得するのは、難しいことに違いないからだ。それと同時に、研究者はフィールドの現実の問題にもぶつかっていく。ゆえに、もがき、いらだち、何とかしなくてはと、もだえるのである。

　質的研究におけるフィールドの生活者、実践者は、被験者や研究対象者ではなく、研究参加者や研究協力者として、語られる。その逆に、自らのポジションを動かしたフィールドワーカーは、生活者・実践者にとって、ただの「研究者」ではなく、共に実践を構築し、問題に対処し、解決していく参加者であり、協力者となっていく。

　だが、上述の話は、物語であり、ある意味でフィクションである。現実は、「これでおしまい」ではない。ハッピーエンドは、あくまでも「仮の打ち止め」である。「もだえ」そのものを解消すべき目標や、解消のための活動の契機とだけ見るのは、私たちがまだまだ「モダニスト」である証拠なのだろう。

4．ポジションから情動へ、身体へ

　最後に、ポジションの移動という視点は、ただの意識や役割の変更ではないことも、指摘しておきたい。

　既述のように、「もだえ」は自己のあり方に関する苦い感情である。感情は、心身の変容を促すことであり、変容そのものである。そして私たちがフィールドで普段経験する感情は「もだえ」だけではない。フィールドでは対他的なケ

アや愛の情動やさまざまな情動が渦巻くことを、私たちは知っている。それは、正の情動や、インフォーマント（研究参加者）に対する肯定的な情動ばかりではない。感情は、やはり自己と自己の間、自己と他者の間に生じるのである。

感情や情動は、「生物としての」身体から生じている。生物学的な機能主義的な立場に立脚して、マラテスタとウィルソン（Malatesta & Wilson, 1988）は、個別の情動（基本情動その他）が自己システムと対人システムの両者の機能を持つと、主張した。情動特有の表情や姿勢が他者へのメッセージ（対人システムの機能）だとすれば、主観的な情感は、今の自分の状態に対する自分からのシグナル（自己システムの機能）でもある（遠藤, 1996）。

この生物としての情動の発生プロセスとその役割に対する視座が、従来の「身体論」では、シャクターの古い理論への言及を除いて抜けていることが多い（例外のひとつとして、菅原, 2002）。いわば、外堀ばかりを埋めて、本丸を攻めないがごときである。

生物としての身体がフィールド実践での中でどのような意味を持つのか、それを追求するのは、とても大事ではないか。表層的な身体の変容・修飾・表現では、身体は「精神」や文化の道具にすぎない。しかし、身体が情動や感情を発生させ、それが表層的な表現だけではなく、人の認知や関係性に深く影響するのなら、それを考慮した身体論が必要である。会話分析等に見られる、人の行為そのものが、社会的意味を構築するという語りは、ややそれに近いが、ここでは触れるにとどめておく。

事例やエピソードにおける情動や感情の役割は、これからより子細に検討する必要があるだろう。

【謝辞】
　本稿について貴重なコメントを賜り、また菅原先生の書物を教えていただいた砂上史子さんに深く感謝します。

【注】
［1］　positioning は、「位置取り」と訳す方が、現在では一般的である。

【文献】
Alvesson, M. & Sköldberg, K. (2009). *Reflexive Methodology : New vistas for qualitative re-search*. 2nd Ed., London: Sage.
Brooker, P. (1999). *Cultural Theory: A glossary*. London : Arnold.（有元健・本橋哲也（訳）(2003).『文化理論用語集 — カルチュラル・スタディーズ+』新曜社.）
遠藤利彦 (1996).『喜怒哀楽の起源 — 情動の進化論・文化論』岩波書店.

Hall, S. (1990). Cultural identity and diaspora. In J. Rutherford (Ed.), *Identity, Community, Culture, Difference.* London: Lawrence & Wishert. (小笠原博毅（訳）(1998).「文化的アイデンティティとディアスポラ」『現代思想』26 (4), 90-1093.)

Kierkegaard, S. (1849). *Sygdommen til Doden.* (桝田啓三郎（訳）(1966).『死に至る病』世界の名著 40『キルケゴール』中央公論社.)

Lewis, M. (1985). *Shame : The exposed self.* Guilford Press.

Malatesta, C. & Wilson, A. (1988). Emotion cognition interaction in personality development : A discrete emotions, functionalist analysis. *British Journal of Social Psychology, 27,* 91-112.

佐野正彦 (1998).「逸脱論の潮流」西原和久・張江洋直・井出弘久・佐野正彦（編著）『現象学的社会学は何を問うのか』勁草書房, pp.257-289.

Schwandt, T. A. (2007). *The Sage Dictionary of Qualitative Inquiry.* 3rd Ed., London : Sage.

菅原和孝 (2002).『感情の猿＝人』弘文堂.

山崎敬一 (1991).「主体主義の彼方に―エスノメソドロジーとはなにか」西原和久（編著）『現象学的社会学の展開―A. シュッツ継承へむけて』青土社, pp.213-252.

好井裕明・桜井厚（編）(2000).『フィールドワークの経験』せりか書房.

好井裕明・山田富秋（編）(2002).『実践のフィールドワーク』せりか書房.

Willig, C. (2001). *Introducing Qualitative Research in Psychology : Adventures in theory and method.* Open University Press.

【ケース】「役に立つ」ことにこだわる〈私〉へのこだわり
── B幼稚園での動揺から ──

掘越紀香

1. はじめに

2001年10月、私はB幼稚園へフィールド・エントリーした。4月に大学教員となり、10月からゼミの学生2名とともに、卒論のための保育観察を始めたのである。その後、B幼稚園での観察は9年間にわたってお世話になり、週1回3、4名の学生とともに訪問して3歳児から5歳児の2クラスに入って自然観察を行い、フィールドノーツをつけたり、ビデオや写真の撮影をしたりして午前中を過ごした。

それ以前も複数の幼稚園で長期観察や短期観察、面接調査などを行ってきたが、B幼稚園での観察の当初は、まず「どんなときに観察者は子どもにかかわればよいのか」という「かかわるタイミング」への迷いがあった。まだ慣れていないために園文化がよくわからないことへの戸惑いがあり、観察者としての振る舞いを新たに構築していく過程だったと言える。また、大学院生から大学教員へと立場が変わり、観察の他に学生指導と保育支援という新たな役割が加わったため、その輻輳的な立場でフィールドへかかわることに対しても戸惑っていた。関連して、大学教員という立場によって、以前よりも「役に立つ」ことの責任をより意識するようになり、改めて「役に立つ」ことの難しさを痛切に感じるようになった。

　「役に立つ」ことについては、現在にいたるまで多少形を変えながら、私はこだわりつづけている。本ケースでは、B幼稚園でのフィールド・エントリー初期のある男児と保育者の事例から、「役に立つ」どころか何もできなかった〈私〉の動揺ぶりを提示する。そこから、フィールドとの関係づくりと「役に立つ」ことへこだわらずにはいられなかった〈私〉について考察し、さらに現在の〈私〉のこだわりについても触れていきたい。なお、「研究や観察する対象としての自分」を強く意識している場合、ここでは〈私〉と表記する。

2．「役に立つ」ことの難しさ

　大学教員としてB幼稚園にかかわるようになって、私はフィールドにおける自分の存在意義を問いかけ始めた。いったい私に何かの「役に立つ」ことができるのだろうか。フィールドでの自分の居場所を求める気持ちと、フィールドに何かしら「役に立ちたい」という願いは、〈私〉の中で切り離せなかった。

　フィールド・エントリーした翌年の5月のお帰りのとき、4歳男児H男が2週続けてかんしゃくを起こした場面に立ち会った。H男は体格の良い、自己主張的な面の強い3歳児からの進級児であった。

　【事例1】
　　H男は機嫌がよくない様子。お帰りで一人ひとりお便り帳を取りに来て名前を発表しているとき、H男が鞄を床に何度も叩きつけていたため、A保育者が「なんでそんなことするの？」と膝に座らせて真剣に話すと、H男は「俺を一番にしなかった！」と怒る。

A先生は静かに「Hくんの準備ができたら、いつでも呼ぼうと思って待ってるよ」と話す。H男がかごの中のお便り帳を取ろうとしたため「お名前言って」と言うと、「H男です！」と怒鳴り声で叫んで泣き顔になる。A保育者は「そんな怪獣みたいな声だと聞こえないよ、きれいな声でお話しして」と言うと、H男は「やだ」と泣き顔で答える。H男を膝に乗せたまま「じゃ、待てよう」と次の子どもの名前を呼ぶ。順番が後になるにしたがって、かんしゃくを起こす声が大きくなる。A保育者は何度か「Hくんはどうかな？」と尋ねるが、H男は怒って答えなかったり、叫んだりする。H男が途中で「ウオーッ！」とうなり、A保育者が「Hくん、言えるかな？」と覗き込むと、H男はお便り帳を見つめながら黙っている。A保育者が「じゃ、先生と一緒に言おう。H男です」と言うと、H男は不満そうだが小さな声で「H男です」と言う。A保育者は補助のB保育者に「そっち戻ります」と話すが、H男は元の席とは異なるところに座る。

　事例1は、お便り帳を1人ずつ取りに来てみんなの前で名前を発表する場面で、機嫌のよくないH男が鞄を床に叩きつけており、A保育者が名前を発表するように促しては、H男が反抗するというものだった。私はA保育者とH男のつらさを思い、保育の後「あのかんしゃくは何だったのだろう」という戸惑いを保育者と話して観察を終えた。

【事例2】
　1週間後のお帰りで、H男は支度がまったく進まず、制服を振り回したり、I男とじゃれあったりしている。A保育者が「幼稚園にお泊まりなのね」と言うと、H男はA保育者に「バーカ！」と言う。A保育者は真剣に「先生、Hくん大好きだけど、バーカなんか言うの、イヤだよ。帰るつもりなら、着替えなさい」と話して離れると、H男は泣き叫び、制服を脱ぎ捨て、床を叩いてわめきだす。他の子は席につき、普段は支度の遅いI男も真面目な顔で帰りの支度をする。副園長がきて、H男のそばに座って見守っている。

　途中から全体をB保育者に任せ、わめきつづけるH男のところへ戻ってきたA保育者は、H男を抱きしめ、静かに語りかける。H男は後ろに反ってうなっていたが、しばらく騒ぐと、ボーッとして静かになる。さようならした仲間がそばを通ると、H男は「うるさい！」と怒鳴るが、いなくなると3人の保育者に「（手紙を）畳んでよ！」と怒りながらも甘える。A保育者は「よし、畳んじゃう」とお手紙を折った後、「お外で待っているからね」と声をかけ、保護者への連絡で外へ行く。

　残ったH男は制服を着ながら「もう！何か難しい！（ボタンを）とめてよ！」と怒

鳴るが、副園長とB保育者に促されて「ヘヘヘッ」と笑ったり、「あーっ、もう！」となったりを繰り返す。途中から「シッコ、シッコ」と笑いながらボタンをとめ、最後は「さよなら、シッコ」と外へ出る。

　事例2では、再びH男とA保育者にとって大変な場面に立ち会って観察していることへの居心地の悪さを感じながら、A保育者の体当たり的なかかわりや、H男の感情の揺れの大きさ、目まぐるしく変化するH男のさまざまな姿（激しいかんしゃく、ボーッとする姿、保育者に甘える姿、最後におどける姿）に圧倒されていた。そして、続けてH男のかんしゃくを起こす場面に遭遇したからには、観察している立場として、保育支援者として、何か少しでも「役に立つ」ようなことを言わなくてはと思った。しかし、情けないことに、いったい何を言ったらよいのか私にはわからなかった。それまで、気づいたことや観察児の様子を話すことは何度もあったが、子どもの相談を受けたり、対応策を提案したりする機会はほとんどなかった。保育経験もなく、発達相談などの臨床経験もない私に、いったい何ができるのだろうか。私は焦り、動揺した。
　保育の後、疲れきった表情のA保育者から「先生、どうしたらいい？　他にどんな方法がある？」と尋ねられた。何か役に立つようなことを言いたい。私はH男とA保育者にとってつらい状況であることに共感しながら、A保育者がH男へのかかわりを工夫し、複数の保育者と一緒に対応しているのがよいと思うこと、H男にもA保育者の真剣な気持ちが伝わっていると思うこと、普段落ち着きのないI男が真面目な顔ですぐに支度したことを伝えることで精一杯だった。
　しかし、A保育者の問いに答えるような「役に立つ」コメントは言えなかった。私は自分の無力さと無知を思い知らされて落ち込んだ。大学へ戻り、私はすがるような気持ちで、保育経験のある保育研究者に、他にどんな対応が可能なのか、観察から何が言えるのかを相談した。そして、「どうしてもH男の状態がよくないときにかかわりがちになるので、よく遊んでいるときにも声をかけるようにしたらどうか？」、「制服を着ないで帰ることは難しいのか？」、「どんなときにかんしゃくが起きるのか？　みんなが集まるときに起こるなら、保育者の注意を自分だけに向けたいのではないか？」などの助言を受け、次の機会に保育者に伝えようと思っていた。
　6月になり、H男に変化が見られた。お帰りの着替えも、H男はもどかしそうにして不機嫌にはなるが、かんしゃくは起こさない。私は嬉しくなって、H男が気持ちを持ち直せるようになったことへの驚きをA保育者に話した。する

と、5月末に母親へH男の様子を伝え、絵本の読み聞かせを毎日続けるようにアドバイスし、相談を通してH男の母親との信頼関係ができたことを話してくれた。私は保護者の影響の大きさ、保護者と保育者との関係の影響の大きさ、絵本の読み聞かせの効果を改めて感じることができた。H男の変化も心から嬉しかった。

しかし一方で、次第に気持ちが沈み、大きく動揺しだした〈私〉がいた。それは、保育者やH男が一番つらい時期に、結局何の「役に立つ」こともできなかったという無力感によって、自分の存在意義が大きく揺らいだからである。私が「次の機会」と一歩引いたために、少なくともH男のかんしゃくが問題となって、保育者が悩んでいた時期は過ぎてしまったことを反省した。「次の機会」と引いたのは、保育支援者としての自信のなさに原因があり、保育支援者としての責任を積極的に果たそうとしなかった〈私〉が情けなくて、さらに大きく動揺したのである。

この経験は衝撃的で、改めて「役に立つ」ことの難しさを痛感し、今後保育支援者としてどのようにかかわっていけばいいのかを考えさせられた。保育支援の経験の浅い〈私〉が「役に立つ」ことはほとんどないのだろう。しかし、まずは保育支援者としての責任を自覚すること、逃げずに自分から一歩踏み出すことで、保育者と「共に考える」関係を築くことから始めようと思った。そして、将来的には、双方にとって「役に立つ」関係、より意味のある交流ができる関係へと成長してゆきたいと願ったのである。

3.「役に立つ」ことへの〈私〉のこだわり

なぜ〈私〉はこれほど「役に立つ」ことへこだわるのか。「役に立つ」ことへこだわりつづけることにどんな意味があるのだろうか。

「役に立つ」ことにこだわってしまうのは、私だけではない。保育や教育、臨床にたずさわる人はもちろんのこと、心理学や他の分野の人にとっても、「役に立ちたい」思いを抱くことは特別なことではない。たとえば、巡回発達相談と実践報告の研修を実施している藤崎（2002）は、実践報告のために保育者と事例検討をし直す準備作業が、「自分の相談活動の何が役立ったのか」というフィードバックを保育者から受けられる貴重な場だと述べ、臨床家も「役に立っている」ことを確認できる機会を求めていることがうかがわれる。何らかの「役に立ちたい」という思いは、自分がそのフィールドに存在することへ

の意味づけを求めていると同時に、やりがいを感じ、自己実現をめざすための原動力になっていると考えられる。

　しかし、必ずしも自分が「役に立つ」ことを実感できるとは限らず、「役に立つ」のかどうか自信を持てない場合も多い。宮崎（1998）は、優れた授業と出会い、優れた実践者とかかわる中で、『このような人たちに心理学は、あるいは私個人はいったい何を返すことができるのだろう』という絶望的な思いを持つことを禁じ得ない」と述べており、「自らをその絶望から解放するための努力」として、優れた実践が人間についての理解を広げる普遍的な意義を解明しているという。無藤（2007）は、実践現場にかかわろうとするとき、研究者としては何らかの意味で役立ちたいと思っているが、すぐに現場の問題を改善するわけにはいかないと述べている。さらに、研究者と実践者が協働する関係をつくるためにさまざまな視点から提言しているが、実際にはそう簡単にうまく機能しない難しさにも触れている。

　また、「役に立つ」と考えること自体がおこがましいとみなされることもあるだろう。高濱（2000）は、「研究者の興味や関心に基づいた研究では、そのデータが役立つかどうかは実践者の感じ方に依存」しているため、「研究者側の役立つだろうという判断は慎重にした方がよい」と述べている。「役に立つ」ことの難しさ、その不安や後ろめたさからも、「役に立つ」ことへの憧れが生じたり、逆に「役に立つ」ことを封印したりするのではないだろうか。

　では、「役に立つ」研究者とはどのような存在なのか。

　私の場合、何らかの「役に立ちたい」という思いに駆り立てられながらも、「役に立つ」観察者、「役に立つ」保育支援者の理想像は曖昧である。たとえば、今後の保育に生きるような示唆に富むコメントや提案ができること、相談されたときは一緒に考えながら問題を整理し、ポイントを押さえて答えることなど、現時点で理想とするかかわりはいくつかあるが、それがどのように対応できるのとよいのか、どの程度できることが「役に立つ」理想像となるのか、よくわからない。その理想像自体も状況や時間とともに変化していくものと考えられる。

　おそらく「役に立つ」理想像へはいつまでも到達できないからこそ、「自分に何ができるのか」を問いつづけ、少しでも「役に立ちたい」と願って思い悩み、何かしようと試みる姿勢が培われるのではないか。そうしてはじめて、理想像に到達できない自分、「役に立つ」ことができない未熟な自分を自覚し、それでもなお理想像へ近づこうとして「役に立つ」ことにこだわる〈私〉が誕生するのだろう。

さらに、「役に立つ」ことにこだわり悩みつづけることを、「役に立つ」ことのできない未熟な〈私〉がフィールドの中に存在するための免罪符としているのではないか。つまり、幼稚園というフィールドに居つづけるために、「役に立つ」理想像を必死に追い求めずにはいられない〈私〉が揺れていたのである。

4．「役に立てない」ことに動揺した〈私〉の変化

　保育支援者として何もできなかったという、「役に立てない」ことへの動揺は、数ヶ月後少し変化していた。それに気づくきっかけとなったのは、半年後の12月に再びH男の問題が生じたときのことである。

　H男はサッカーのような勝負のあるゲームになると、強引に自分の思い通りに進め、うまくいかないと激しい口調で怒るため、仲間が怖がるという状況が見られた。A保育者は、H男が仲間の気持ちに気づけるよう、個別にスキンシップをとりながらかかわっていた。H男の強い口調と態度に悩むA保育者からどうしたらよいか尋ねられたとき、私も一緒に悩んで、他の保育研究者や学生時代の指導教員に相談し、数日後に時間をとってA保育者と気づいたことや対応策について話しあった。具体的には、H男の認めてもらいたい気持ちの強さやH男なりの反省する姿、他の遊びの提案、対等な関係が経験できる場の提案などを伝えたが、必ずしも「役に立つ」内容ではなかったかもしれない。結論としては、これまでのとおり、H男には個別にスキンシップをとること、良いことは見逃さずにほめ、いけないことはその場で伝えること、強い口調は相手が怖いと伝えることを再確認して、その日の話しあいを終えた。

　1週間後の自由に絵本を読む場面で、H男は自分の読みたい本を仲間が読んでいるとき、仲間が読み終わるまでじっと待ち、自分の番になると別の仲間へ次に貸す約束をし、読み終わるとそのとおり絵本を届けてあげた場面に遭遇した。H男の仲間への優しい行動に、思わずA保育者と微笑みあった。保育の後、A保育者はH男の強い口調や態度がやはり気になることを語りつつも、生活面はずっとよくなったと肯定的な面を語っていた。それを聞いて、私は一緒に少し晴れやかな気分を味わっていた。

　12月の事例でも私は悩み、「役に立つ」ことが言えない〈私〉へのもどかしさを感じていたのだが、5月ほど衝撃的に動揺していない〈私〉に気がついた。無力感も5月より軽減していたのである。5月と12月では、いったい何が違ったのだろうか。それは、保育者とやりとりを積み重ねる中で関係性が形成され

てきたことや、5月は一歩も踏み込めず何もできなかったのに対し、12月は今の自分に可能な行動を起こして気づいたことや対応策を保育者に伝え、保育者と「共に考える」時間を多少持てたことが要因ではないか。自己満足かもしれない。しかし、このささやかな歓びが、「役に立つ」ことにこだわりながらフィールドに立ちつづける〈私〉の動機づけを高めたことも事実である。

5．「役に立つ」ことへのこだわりのサイクル

「役に立つ」ことへのこだわりについて整理すると、次の図4-1のようになる。

まず、「役に立ちたい」思いは、理想像から程遠い「役に立てない」〈私〉への気づきを促し、自分の存在意義を揺るがす動揺を引き起こす。そこで改めて、自分に何ができるのかを悩み、せめて少しでも「役に立ちたい」という願いを抱く、こだわりのサイクルが出来上がる。また、動揺することを通して、「役に立つ」ことへの期待を封印し、「役に立つ」と考えること自体がおこがましいとみなす矢印もある。

一方、「役に立ちたい」思いを抱き、何かしら行動した結果、状況に多少の改善が見られ、現時点である程度納得できた場合、「役に立てない」という無力感は軽減され、新たに「役に立ちたい」思いが生じるサイクルも回転する。

右のサイクルばかりが積み重なると、無力感やつらさが強まりすぎて、「役に立ちたい」思いまで萎えてしまう可能性がある。逆に、左のサイクルばかり

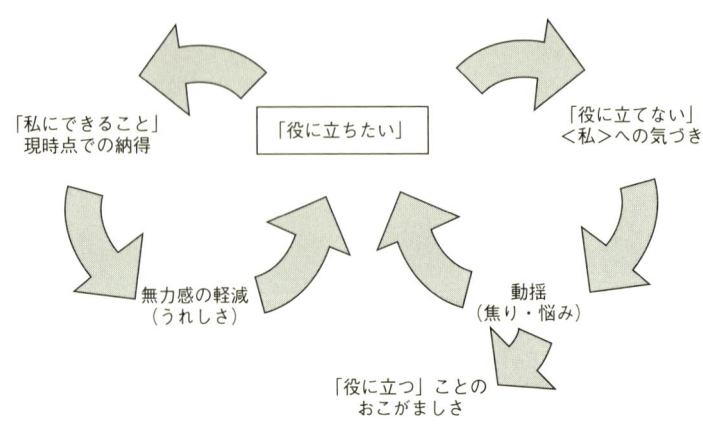

図4-1　「役に立つ」ことへのこだわりのサイクル

では、悩んで動揺する状況が生じにくく、「役に立つ」ことへこだわる必要性がなくなってしまう。それぞれのサイクルの回転頻度は異なるだろうが、両方のサイクルが揃うことによって互いが活性化する。これらのサイクルが回転しつづけることによって、「役に立つ」ことへのこだわりが生じ、「役に立ちたい」思いを抱く〈私〉が更新されると考えられる。つまり、「役に立つ」ことへこだわることによって、動揺しつつも理想像に少しでも近づけるよう努力し前進しようとするため、「役に立てない」未熟な〈私〉でもフィールドの中に存在できたのである。

6．現在の「役に立つ」ことにこだわる〈私〉

　ここまでが、B幼稚園にフィールド・エントリーをして1、2年の状況である。では、現在の〈私〉はどうだろうか。現在も「役に立つ」ことへのこだわりは存在する。しかし、以前のような必死に「役に立つ」ことへこだわる〈私〉はいない。あの必死さの理由を考えれば、「役に立つ」にはどうしたらよいかまったくわからなかったからこそ、「役に立つ」ことへの憧れが強かったのかもしれない。

　B幼稚園とのかかわりは、保育観察や大学の保育実習などを通して9年間にわたった。9年を経たB幼稚園での〈私〉は、たとえば、自分の援助やコメントがまずかった場合、「だめだな」と落ち込んで揺れることはあるが、自分なりに振り返って「もう少し改善しよう」「次は気をつけよう」と考え直し、「私にできること」をすることによって、比較的早く切り替えられるようになった。フィールドに立てば、何かできることを自然と探し、身体が動いたり、手が必要そうなところへ行って手伝ったりする。そのほか、幼稚園の園内研究会や研究協議会へ出席したり、行事や普段の保育の写真を撮ったり、事例や保育者へのインタビューを本に掲載したり、自分には対応できない事柄を専門の先生につないだりしてきた。

　当初は「役に立てない」ことに悩み、もだえ、「役に立つ」ことに憧れてこだわる〈私〉がいた。しかし、現在は「役に立てない」ことを自覚しつつも（もしかしたら「役に立つ」かどうかをあまり意識せず）、手の必要そうなことに対して「私にできること」をする。現在も「役に立てない」「私に何かできることはあるのか」と気持ちが揺れることはあるが、フィールドでの〈私〉の位置取りは以前より見えてきたと言えるだろう。

7. 結びにかえて ── 〈私〉へのこだわり

最後に、改めて「役に立つ」ことにこだわる〈私〉について考察したい。フィールドにかかわる年月の中で、「役に立つ」ことにこだわる〈私〉は変化してきた。好井（2006）は、「変貌する自分の姿を『快感』をもって受けとめ、詳細に読み解く」ことの大切さを述べている。ここでは、変貌する〈私〉そのものにこだわって読み解いていく。

「役に立つ」ことにこだわる〈私〉には、3つの様相があると考えられる（図4-2）。フィールドの中では、巻き込まれる〈私〉と客観視する〈私〉が、フィールドの外では離れて俯瞰する〈私〉が存在する。「役に立つ」ことへの

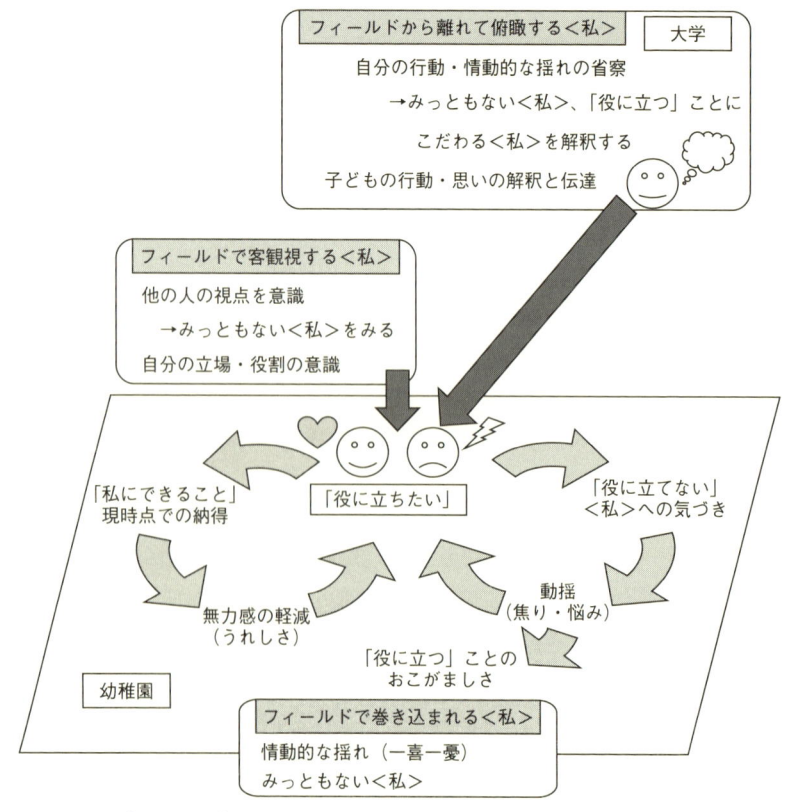

図4-2　「役に立つ」ことにこだわる〈私〉の3つの様相

こだわりのサイクルは、主にフィールドにいる〈私〉の中で回転している。フィールドで巻き込まれる〈私〉は、フィールドにかかわるときに一喜一憂し、情動的に揺れ動いている。たとえば、ある子どもの困った行動にかかわってうまく対応できなかったとき、焦ったり情けなさで落ち込んだりするみっともない〈私〉が存在する。フィールドで客観視する〈私〉は、そのみっともない〈私〉を見つめながら、他の人（保育者、子ども、学生）から見た自分を意識する。また、保育支援者や大学教員としての立場を意識して、フィールドで巻き込まれている〈私〉から冷静になろうと努め、子どもの行動や自分のかかわりについて解釈を試みるのである。

そして、大学へ戻った後、フィールドから離れて俯瞰する〈私〉は、子どもの行動や行動として表れた思いを改めて解釈し、必要に応じて保育者にも伝達する。さらに、自分が情動的に揺れ動いた理由や自分のかかわりを振り返り、「役に立つ」ことにこだわる〈私〉やみっともない〈私〉を俎上に載せて解釈するのである。この〈私〉をさらけ出して向き合い、丁寧に質的に解釈していく作業は、確かに恥ずかしさやつらさも伴う。しかし、意識していなかった〈私〉の思いや変貌した〈私〉に気づくことがあり、〈私〉を読み解くおもしろさが潜んでいるのである。

フィールド・エントリーした初期は、フィールドで巻き込まれる〈私〉の占める割合が大きく、フィールドで客観視する〈私〉もままならなかったが、現在はフィールドから離れて俯瞰する〈私〉の存在を以前よりも明確に意識できるようになった。それは、フィールドでの〈私〉の位置取りが見えてきたことと無関係ではないだろう。

しかし、フィールドから離れて俯瞰する〈私〉を意識できるようになったことや、フィールドでの位置取りが見えてきたことが望ましい状況なのかと言えば、必ずしもそう思わない。あの「必死」に「役に立つ」ことへこだわる姿勢こそ、フィールドに居つづけるためには必要なことだったように感じるのである。「役に立つ」ことにこだわる〈私〉へこだわるのは、〈私〉を解釈するおもしろさに惹かれるためでもあり、今後も「役に立つ」ことにこだわる〈私〉をしっかりと見届けて読み解いていきたい。

【謝辞】
　長期にわたる観察を受け入れ、事例の掲載を承諾してくださったB幼稚園のA先生を始めとする先生方と子どもたちに心より感謝申し上げます。

【文献】

藤崎春代 (2002).「巡回発達相談活動とタイアップさせた研修型コンサルテーション」東京発達相談研究会・浜谷直人（編著）『保育を支援する発達臨床コンサルテーション』ミネルヴァ書房, pp.165-178.

宮崎清孝 (1998).「『心理学』の立場に立つことが『教育実践』の立場に立つことである」佐伯胖・宮崎清孝・佐藤学・石黒広昭『心理学と教育実践の間で』東京大学出版会, pp.254-259.

無藤隆 (2007).『現場と学問のふれあうところ―教育実践の現場から立ち上がる心理学』新曜社.

高濱裕子 (2000).「掘越論文へのコメント ── 関係性と倫理基準とは？」*Inter-Field*, *1*, 57-58.

好井裕明 (2006).『『あたりまえ』を疑う社会学 ── 質的調査のセンス』光文社新書.

5章　「正義」の実践・実践の「正義」

野坂祐子

1. はじめに ── フィールドにおける「正義」の所在

　参与観察を基本とするフィールド研究では、調査者がひとりで悦に入る調査は許されない、と言っても過言ではないだろう。もちろん、調査者の知的好奇心や私的関心は、調査の動機や遂行と密接につながっている。しかし、フィールドに「お邪魔」し、一方的に「観察」し、当事者の声を「聞き取る」という調査行為は、フィールドの協力や負担のうえに成り立っている。その負担と引き換えに、調査が誰かあるいは何かの役に立つことを求められるのは当然であろうし、ましてや誰のためにもならないどころか、誰かあるいは何かの不利益につながる調査であれば、調査に協力したくないと思う人もいるはずだ。調査の目的や結論によっては、自分の言動がそれらの根拠とされることに、不満や怒りを感じることもあるだろう。ということは、フィールド調査者は、フィールドの「ためになる」、あるいは少なくとも害にならない調査をすることが求められていると言える。では、フィールドの「ためになる」というのはどういうことなのか。誰にとって、どんなふうに、いつ、ためになればよいのだろうか。ためになるかどうかは、誰が、いつ、判断するのだろうか。

　調査者がフィールドに何らかの利益をもたらすこと、あるいは害となることを避けることは、フィールド調査の「正義」にかかわる問題である。フィールドにとっての利益も「正義」につながる事柄である。フィールド調査における「正義」を考えることは、正義を実現する実践とは何か、実現されうる正義とは何かという、人々が生きる場が持つ課題を内包している。

　たとえば、ある地域や学校における差別をテーマとし、フィールドワークを行うとする。リサーチクエスチョンとしては、差別の実態や現状、差別が生じるメカニズムや維持されるシステム、差別の中でサバイヴする人々のありようなど、さまざまな観点が考えられる。調査者は、差別を生き延び、同時に差別

を生み出す人々の赤裸々な姿を描き出す。その中では差別者／被差別者の二項対立では説明しきれない、複合的な差別のありようが見えてくるだろう。ここではもはや、差別は善悪では論じきれない。しかし、調査者は、差別を「悪」と決めつけないまでも、「善」とは言えない、あるいは言わないのではないだろうか。

　なぜなら、差別という現象を読み解く前に、すでに調査者のスタンスは部分的に規定されているからだ。もし、調査者が差別を容認し、助長する立場に立つならば、そもそもそのフィールドへのエントリーは拒否されてしまうだろう。それはフィールドの正義と抵触する問題だからだ。研究そのものの倫理性も問われ、学会誌で論文を発表することもできないかもしれない。しかし、実際には、差別が問題化されているフィールドには、差別で「旨味」を得ている人たちもいる。つまり、フィールドにおいて「正義」が問題になるとき、そこには常に「不正義」がある。調査者は、フィールドにある「正義」と「不正義」の間をゆき交いながら、「正義」をめざして進むことになる。その過程は、フィールド調査が「正義化」されていく実践とも言える。

　「正義」をめざしながら、フィールドの「正義」に依り、「正義化」されていくフィールド調査。しかし、正義は一枚岩ではない。フィールドに生きる人々の立場の違いや価値観の相違、本音と建前という両義性によって生み出される多層的な正義を前に、一方で、一貫した正義を求め、求められるというフィールド調査の矛盾が存在する。正義の矛盾の中で、フィールド調査はいかに行われ、調査者はいかに正義化の実践をサバイヴしていくのだろうか。

2．正義の責任

2-1．フィールド調査という正義の実践

　保育や教育の場をフィールドにした調査では、調査者による観察記録がフィールドの人々と共有され、保育者や教師の子どもへのかかわりや学級運営を検討する材料として用いられる場合がある。観察記録というデータそのものがフィールドの人々に活用され、即時的な利益をもたらすことができる。データの内容がどのようなものであれ（むしろ問題を含むものならなおさら）、保育や教育の現場に役立てられるというメリットがある。そのため、調査者にとっての正義とは、「熱心に調査を行う」とか「現場と密な関係性を築く」、さらに

「現場の役に立つ」ために調査を行うという、調査者の〈善意〉の実践化を主としてきた。

しかし、観察記録を「フィールドの人々と共有」すると言っても、それはあくまで保育者や教師といった一部の人々に限定されたものである。「密な関係性を築く」ときに、まずはゲートキーパーである管理職や保育者・教師らとのつながり抜きには、フィールドへのエントリーすらできない。立場の違いはあれども、保育や教育をよりよいものにする者同士として協働している調査者と保育者・教師らの協働関係のもとでは、「保育や教育をよりよいものにする」という正義が共有され、その正義の実践がめざされる。たとえ、それが子ども本人や保護者の意志や意向を排除したうえで成立している正義だとしても。

こうした保育や教育の場における暗黙的な当事者排除の協働作業は、対象者の年齢に伴い意思表示ができるようになったり、対象者が当事者性を自覚したりすると、とたんに困難なものになる。対象者は、一方的に「観られる」ことや「記される」ことに異議申し立てをし、フィールド調査の不正義を問うだろう。あるフィールドでは正義であったことが、別のフィールドでは不正義となる事態が起こりうるのだ。

本来、当事者から不正義を問う声が出にくいフィールドにおいてこそ、調査者あるいは調査行為の正義について自問すべきである。子ども、言語を共有しない人、障がいを持つ人、マイノリティの人など、調査の正義が謳われやすいフィールドほど、実際には調査者の不正義がまかりとおってしまいかねない。その現状こそが、フィールドにおける正義の所在のリアリティを表していることに調査者は自覚的になる必要がある。

2-2. フィールド関係における政治性

フィールド調査を行う際、たとえフィールドの人々と平等な協働関係をめざしたとしても、調査自体の持つ政治性が存在する。たとえば、調査をすることで、「調べる人－調べられる人」という立場がつくられる。そうした固定的な権力関係を乗り越えるために、情報や知恵を持っているのは当事者であるという視点を持ち、調査者とインフォーマントの関係を「教えられる人－教える人」と捉える考えもあるだろう。しかし、当事者の持つ情報のすべてが「教えられ」たり、「教え」たりするものであるわけではない。一見、インフォーマントが情報提供の主体であるかのように見える関係でも、当事者の情報や知恵をデータとして取捨選択するのは調査者であり、情報の価値を方向づけるのは

調査者なのである。

　こうした調査者と対象者の立場の違いは、両者の関係性の問題にとどまらず、正義という権力をめぐるパワーゲームに発展しうる。情報の選択権を持つ調査者に対し、対象者は情報開示を調整することで対抗する。調査者と対象者は「観る人－観られる人」と「観せてもらう人－観せてあげる人」との立場性（ポジショナリティ）を移行させながら、関係性を構築し、変容させていく。つまり、調査者と対象者の協働作業とは、同じ目的を共有した実践とは限らず、むしろ立場性を探りあう政治的過程と言える。両者のパワーバランスによって、調査者が対象者に迎合したり、対象者が調査に搾取されたりすることも生じうる。フィールドにおける対等な関係性と、迎合や搾取といった倫理的な問題は、善悪に二分されるものではなく、一線上に並ぶ事象として捉えるべきである。

2-3. 問題化する責任

　フィールド調査によってフィールドにある「問題」を明らかにすることは、調査を実施する意義や必要性につながり、調査自体が正当化される実践にもなる。潜在化された問題を顕在化し、問題を問題化していく実践は、フィールドに対する理解を深めるだけでなく、フィールドに必要とされる支援や政策を要請するアクションにもなる。

　しかし、フィールドの問題を浮かび上がらせる責任や権限は、誰にあるのだろうか。問題が問題化されずにきた背景には、その問題が気づかれていなかっただけでなく、さまざまな事情や思惑があったがゆえであるかもしれない。エスノメソッドというフィールドの暗黙知を明らかにすることは、暗黙の了解事項として意図的もしくは無意識的に黙認されてきたフィールドのシステムを揺るがしうるものである。つまり、問題化するという正義の実践は、不問化させてきた不正義の実践を暴くことにもつながるのだ。不正義を暴く実践により、正義を具現化することもできる。だが、フィールドの問題はきわめて多層的であり、立場によって問題性は変わりうる。

　立場によって問題性が異なるということは、言い換えれば、問題性を示すことが発言者の立場性を明らかにするということでもある。たとえば、ダムや原発、軍用基地の建設をめぐるフィールドの問題性を示すことで、その地域に生きる人々が「賛成」か「反対」、あるいは「それ以外」の立ち位置をとることを周知させてしまう。個人の匿名性を守っても、発言者が存在しうるという事実を明らかにする権利は、はたして発言者以外に持ちうるのだろうか。

調査結果をどう公表するかについては、通常、フィールドエントリーの時点で対象者と約束を交わしたり、公表前の時点で再度確認をすることが多いと思われる。対象者の個人情報について許可のない公開（アウティング）をしないように、調査者は留意する必要がある。しかし、フィールド調査によって公開される情報は、語られた内容だけではない。調査者が知り得た情報や考えた解釈は、とき当事者の情報や解釈以上、あるいは以外のものを含む。

たとえば、2人の人が「いる」場面をどう記述するか。2人が「いる」というだけで、そこにはさまざまな事情や思惑がある。「AさんとBさんがいた」場面で、Aさんは「Bさんに会えた」と思い、Bさんは「Aさんに遭った」と捉えているかもしれない。あるいは、AさんとBさんは共に「逢えた」と感じているかもしれない。フィールド調査が進む過程で、AさんとBさんの水面下の確執もしくはつながりが徐々に明らかになってくる。見えなかった事実が見えてくることは、フィールド調査の意義であり醍醐味でもある。しかし、見えてしまった事実は、当事者にとっては見られたくない事実、相手や周囲に知られたくない事実である場合もあろう。

調査者が去っても、人々はフィールドに生きつづける。調査者がフィールドに入り込むことによる影響だけではなく、調査が終わってからフィールドに影響が及ぶこともある。しかし、現実的には、調査者がフィールドに関与できる期間は限られている。調査者による問題化の過程について、調査者自身が問題化していくことが求められているかもしれない。

3．正義の声 ── 語られた言葉の重さと書ける言葉の軽さ

3-1．声の存在

フィールドには、さまざまな声が存在する。声を大にして語られるものや囁き声、日常の会話、主張、宣言。どの声も語り手の存在を示すものだが、同時に、語られない声の存在がある。宮地（2007）は、医療人類学の立場から、戦争や犯罪被害など凄惨なトラウマは「言葉にならない」ものであり、語られない声とともに当事者の存在がかき消されてしまう様相を記述している。不在という存在に気づかない限り、声なき声が聴かれることはない。フィールドには、語られる声と語られない声がある。

しかし、それらの声の重さを記述することは容易ではない。語られた声の重

さに対し、書ける言葉のなんと軽いことか。ようやく語られた声の重さは、言葉に表された意味以上に、たくさんの歴史や背景を負っている。語ることすらできない現実は、だからこそ、書き記していくべきことなのかもしれない。しかし、誰にそれを書く権利があるのだろうか。フィールド調査者は、いったい、どんな立場で、何のために、それを書き記す資格があるのだろうか。

　フィールド調査者に問われるこうした立場性について、宮地は次のように述べている。

> ポジショナリティが問われているとき、そこでは発話内容の『正しさ』が問われているのでは必ずしもないということは、認識しておくべきことである。たとえ正しいことであり、当事者が自分でも認めていたり、進んで語っていることだとしても、それを他人から言われるということは、まったく違う感情をもたらす。（宮地, 2007, p.141）

　他者に指摘される痛みや恥、戸惑い、理不尽さなど、自分自身のことが他者に語られる・記されることは、何らかの感情が伴うものである。ましてや、調査者による解釈が付与された記述は、当事者にとってもはや〈現実〉ではない。フィールド調査によって記されたことは、新たな現実であり、それによってさらにフィールドの現実がつくられていくのである。

3-2. 葛藤しつづける声と立場性

　野坂（2003）では、当事者の声を聞き、当事者の利益に還元する調査をめざすHIV陽性者支援の民間団体のスタッフと研究者へのインタビュー調査から、研究者の立ち位置の問題は、現場に対して、あるいは当事者に対して、対照的に位置づけられるものではなく、自分自身に対していかに立ちうるかという自己を問う過程であることを示した。それぞれの立場から語られた研究のあり方は、自分の姿勢の示し方であり、研究という協働作業におけるさまざまな視線の中で葛藤しつづける姿であった。

　たとえば、団体の代表者であるスタッフは、研究自体の位置づけとして、次のように断言した。

> 誰のための研究なのかがまずポイント。研究者がディグリー（学位）をとるための研究ではありません。研究者は受益者へのサービス、つまり研究職という専門職を

サービスとして提供する。

　こうした団体側の意向は、活動の中でも言語化されており、調査に関与する研究者や大学院生は、当事者の視点を取り入れることの必要性や重要性を理解しつつも、求められる視点を模索し、戸惑いを感じることもある。団体へ調査協力を願い出たある大学院生は、次のように語った。

　　「当事者にとって為になる研究だったら、やってもいいよ」ということだったので、なるほど、と思いました。でも、当事者に役に立つ研究というのがよくわからない気持ちもある。なんとなく、団体の人たちからは、具体的に現実問題を解決できるのか、という視点を求められている気がする。そこが当事者にとって役に立つということなのかな。

　インタビューの中では、「研究者」や「団体の人たち」、「当事者」という立場性を表す言葉が用いられ、語ることによって立場の違いがつくられたり、自らのアイデンティティを語る過程ともなっていたりした。なかでも、セクシュアリティは強い当事者性として認識され、語られた。ある研究者は、自らの実践について次のように述べた。

　　自分のアイデンティティはゲイなので、当事者という意味で、（HIVの問題は）自分の問題。でも、自分の問題としてどっぷりつかりたくない。当事者でいることのせめぎあいがある。当事者であると同時に研究者だし、MSM（Men who have Sex with Men）であると同時にケア提供者。このバランスの折り合いはついている。常に客観的でありたい。コミュニティに巻き込まれないようにしたい。研究者としての視点で現場に身を置くことがまず第一と思っている。

　問題に対する当事者性を持ちながら、だからこそ生じうる立場性の「せめぎあい」を抱えていることがわかる。アイデンティティという個人の参与性と、コミュニティという集団への関与は、単純なつながりを持つものではなく、意識的に調整されながら、「現場に身を置く」ことを可能にしていく。
　こうした研究者の立ち位置の〈もだえ〉は、もちろんセクシュアリティやHIV陽性であるなどの当事者性の強さによって生じるものではない。どんな立場であれ、自分の立場性を考えることなしにフィールド調査を行うことはできない。その〈もだえ〉の意義を語る研究者もいた。

ゲイじゃない人がゲイの研究しちゃいけないかっていうと、そうじゃない。それがダメかどうかの問題じゃなくて、それは実は非常に微妙な問題を孕むものだという意識を持たないと。自分の位置取りの問題。ポジショナリティの問題は、ずっと突きつけられる問題じゃない？　研究者がどこに立つか。どこからモノを言うかっていうところで。そんなに簡単に「対象」って設定できないし。じゃあ、自分はどこの位置に立つか。「女性」ってあたりで絡んでいたり、立ちどころがわからない。どこから言っていいのか、わからなくなる。どこからモノを言うか。その自分が揺れるとキビシイじゃない？　モノを書くのとか言うのって。そのへん、みんな悩んでいるし、いい苦しみだと思うし。

　このインタビューを実施してから数年が経ち、団体にとっての研究の意味や役割も、ずいぶん変化している。団体の規模が大きくなり、研究活動も蓄積されてきたという実績に加え、研究活動に対する社会的な要請が高まってきたことなどによって、団体のさまざまな活動の中でも研究活動の比重が大きくなっている。また、研究に関与する人や立場も多種多様になってきた。当事者主体の研究であるという方向性は変わらないが、研究そのものの日常化・一般化や、さまざまな立場の「あいのり」によって、スタッフ／研究者という二分化された立場性では、自分や他者を捉えられなくなってきている。そこではまた新たな立場性の葛藤が生まれているのだろう。
　誰にとっての、何のための研究であるのか。また、自分はどの立場からモノを言うのか。この問いには、おそらく終わりがない。それを問いつづけることによってしか、立場性を明らかにすることはできないからである。

4．おわりに ── 「正義」を問うことの、その先へ

　フィールド調査の「正義」は、「正義／不正義」に二極化されるものではなく、関係性や文脈性をふまえて考えていくべき多層的なものだと考えることができる。また、誰にとって、いつ、それが正義たりうるかどうかは異なることから、フィールドにおける正義は常態的なものではなく、動態的なものだと言える。
　一方で、調査者は、正義をめざす思いや熱意、願望、評価、判断、価値観などによって、しばしばフィールドおよびフィールド調査の正義を自明視してしまうことがある。フィールドの一部の正義を、全体の正義に変質させてしまう

危険性について、調査者は常に留意していくべきであろう。

　次ページの森下によるケース「学習を〈促す/妨げる〉デザイン —— 地域の日本語教室を例にして」では、3つの日本語教室の観察から、教師側の教育実践における「正義」を問い直している。「教師は常に教えなければならない」とか「学習は項目化され効率よく学習者の頭に入れなければならない」などといった教師側の思い込みや固定概念に基づく教育実践を「〈正義〉の実践」と捉え、はたしてそうした実践がもたらす学習や学習者への影響について考察している。森下は、教師側の持つ暗黙的な「正義」が、学習環境のデザインというかたちで立ち現れている現象を明らかにし、創られたデザインの中でどのような学習が生じているのかに注目していく。そこで示されているのは、「正義」そのものの理論的な是非の問題ではなく、教師側の「正義」がいかに学習を促し、あるいは/同時に、妨げるのかという実践の現実的な課題である。正義について問いつづけてくことは、実践における課題に向き合いつづけることにもつながる。そうした継続的な模索が「実践の正義」であると森下は述べる。

　実践の正義を問いつづけることは、フィールドにかかわる調査者や実践者に課せられた命題である。では、具体的にどうしていくべきか。調査者が、フィールドにおける一般的な倫理や正義について、ただ自覚的になるだけでは十分ではない。調査者の内省は、調査者を成長させるかもしれないが、対象者は調査者の成長の糧として存在するわけではない。内省が不正義の免罪符になるのは、避けるべきことだろう。

　フィールドワークの過程をできるだけ開かれたものにし、常に対象者やフィールドからの応答性を得ることも考えられる。フィールドの当事者たちと開かれた対話を維持することは、正義の問題を調査者が抱え込むのではなく、正義の問題を共有化する実践になりうるかもしれない。しかし、それでも調査がある時点で〈成果〉を出す必要のある性質上、限界のある対話にならざるを得ない。また、対象者から同意の得られた記録あるいは事例しか公表しないことは、インフォームドコンセントの観点からは正義となるが、一部の事実を隠ぺいする不正義にもなりうる。

　常に限界がつきまとうフィールドの正義こそ、正義のリアリティと考えられる。フィールドに生きる調査者として、フィールドの正義と向き合いつづけていくことが求められていよう。

【文献】

野坂祐子 (2003).「視点と関係の狭間でもだえ続けていくこと —— HIV／AIDSサポート団体における『研究』という経験の状況的生成を通して」*Inter-Field*, Vol.3, フィールド解釈研究会, p.17-29.

宮地尚子 (2007).『環状島＝トラウマの地政学』みすず書房.

【ケース】学習を〈促す／妨げる〉デザイン
—— 地域の日本語教室を例にして ——

森下雅子

1．はじめに

　本稿では、日本語学習という実践を〈促す／妨げる〉デザインとは何かということを「学習環境のデザイン」の観点から検証する。ここでは、解題の「〈正義〉の実践」を、一般的に教授者が持っている思い込みや固定観念に基づいた教育実践とする。この場合の〈正義〉とは、たとえば教師は常に教えなければならない、学習は項目化され効率よく学習者の頭へ入れなければならない、などである。そして「実践の〈正義〉」を、そのような「〈正義〉の実践」を問い直す作業として捉えようと思う。これは前者に対するアンチテーゼを含むものであり、本章の提言でもある。

　「出入国管理統計年報」によると、2011年末現在の在留外国人数は203万8159人である。震災後減少したものの、日本の総人口の1.60％を「外国人」が占めているということになる。おそらくこの約204万人という数字は、多くの読者の方々の予想を上回っているのではないだろうか。私たちの周囲には、一般に考えられている以上の外国人が在住し、日本の経済を裏で支えてくれている。

　しかしながら、大部分の外国人労働者には学校機関で日本語を学ぶ時間的・経済的余裕がないのが実情である。そのため、全国各地でボランティアによる日本語の支援活動が展開されている。これらの活動は、外国人が日本社会で生活するためにきわめて重要な営みである。筆者はこのような12の日本語教室で、1998年より2007年までの約9年間、フィールドワークを行ってきた。

5章　「正義」の実践・実践の「正義」

　日本語教室の中には、メンバーが皆、生き生きと楽しそうに活動し、継続率が日本語学習者もボランティアも高い教室もあれば、逆に閉塞感を感じ、双方とも短期でやめてしまう割合が高い教室もある。本来、外国人のために善意でつくられた組織が、外国人のためになっていないだけでなく、逆に疎外感を与えるようなケースもある。つまり、これまで教授者の間で「正義」とされてきたことが、逆に学習者の学びの「創発性」[1]を損なわせてしまうことがある。それはなぜなのか。いったい何がそれぞれの教室で異なるのか。これが本稿の基本的な問題意識である。

　それを明らかにするために、まず本稿では2節で筆者の日本語学習観と学習環境のデザインという概念について確認し、次に3節では、学習の場における空間や道具のデザインの重要性について、先行研究をふまえながら論じる。そして4～6節では、3つの日本語教室――日本語教室A、日本語教室B、日本語教室Cの空間のデザインの事例を取り上げ、学習の場の空間や道具などの構造的リソース[2]がどうデザインされ、そこでメンバーはどのように実践に参加しているかを分析する。最後に7節では、学習を〈促す／妨げる〉デザインとはどのようなものかということを考えたい。

2．学習環境のデザインとは

　筆者は「日本語」とは非母語話者のみが学ぶものではなく、母語話者と双方で共に創造していく「共生日本語」[3]（岡崎，2007：295）と理解する。そして、「学習」を教科書にあるような予め設定されている学習項目の習得を超え、言語を用いる実践や社会－道具的なネットワークを組織化したり、それに参加したりすることを含むものであると捉える[4]。このような筆者の日本語学習観を確認したうえで、本稿の重要なキーワードである「学習環境のデザイン」という概念について説明したい。

　学習環境のデザインを考えることは、従来の「教授法」をデザインすることとはまったく異なる。状況的学習論の提唱者であるレイヴとウェンガー（Lave & Wenger, 1991, p.97）は、学習に対する2つの観点を提示している。1つは、「教育のカリキュラム」、もう1つは「学習のカリキュラム」である。「教育のカリキュラム」は、教育する側によって望ましい実践への処方箋というかたちで準備された諸項目から構成されている。一方、「学習のカリキュラム」は、学習者が学習において何にどのように影響を受け、何を利用しているかに焦点

を当て、学習者の日常のリソースを問題化する。

　ソーヤー（2006, pp.30-31）は、それを以下のように整理している。「教育のカリキュラム」は、正しい実践はかくあるべきというように、教える側が学習者に習得を要求する項目から構成されている。この観点に従ったものが「教授法のデザイン」である。通常の教授法の議論では、この「教育のカリキュラム」が主として扱われる。一方、「学習のカリキュラム」とは、学習者の視点から見た日常的実践における学習のリソースが置かれている場での関係論的・動的な学習を扱う。この観点に従ったのが「学習環境のデザイン」である。

　「学習環境のデザイン」は、学習者がアクセスできるリソースを空間的、社会的にデザインする（再配置する）という動詞的な意味も持つが、それにとどまらず、人、もの、知識へのアクセスを容易にしたり、時として妨げたりするような制度的構築物や社会的ネットワークのあり方という名詞的な意味もある。後者の意味は「計画・案」ではない。環境、すなわち物理的・社会的な構成物の布置（configuration）のありようを言い、人々が実践を行ううえでのリソースとなるものである。したがって、今日教育学で一般的に使用される意味（＝下図を描く）よりも広義な、学習環境の根底（下）にあって顕在化されにくい意味の連関を指す。本稿が特に考察の焦点に定めるのは、この後者の名詞的意味でのデザインである。

　「学習環境のデザイン」を問題にする本稿は、実際のフィールドにおける「さまざまなリソースやその配置のデザイン」を明らかにし、その知見から「学習者がアクセスできるリソースの空間的、社会的デザイン」を考える。しかしながら、筆者は「教授法」自体を批判しているわけではない。教授者の視点のみで予め学習の内容や場のあり方を決めてしまうという従来の教育のあり方へのアンチテーゼとして、自らの立場を位置づけているのだということを確認しておきたい。言い換えれば、学習者の視点を導入することで、従来の教授者中心の学習のあり方を再考し、そのうえで新たな参加のデザインを提案したいと考えるのである。

3．空間や道具のデザインの重要性

　状況的学習論によると、実践は空間のデザインによって社会的に組織化される。状況的学習論は、フィールドにおける学習を民族誌的な視点から立体的に示そうと試みる。たとえば、レイヴとウェンガー（1991）では、肉屋の徒弟が

隔離された部屋で肉にラップをかける作業をさせられている事例が紹介されている。この事例では、他の先輩たちが肉を加工する実践にアクセスして学習する機会が、空間のデザインによって制限され、そのことが学習をどう枠づけるかが示されている。

このような実践における空間のデザインは、各メンバーの実践へのアクセスのあり方を方向づけ、学習環境のデザインの重要な一部をなす。そればかりか、上野（2004, p.25）によれば、仕事場における空間のデザインは、分業や社会組織、制度を見えるかたちで具体的に表現したものと捉えることも可能だとしている。学習環境のデザインとは、単なる「モノ」の物理的配置ではなく、そのコミュニティの制度性が顕現する場でもあるのである。

学校教育においても同じことが言える。佐藤（1996, p.65）は、教室の空間や道具が、授業と学びを質的に規定していることを指摘している。黒板、教壇、教卓、椅子の配置によって、教室のコミュニケーションの関係と、その背後にある権力関係が、特徴的なかたちで示されるという。なぜならば、これらの備品がその配列に応じて、バラバラな知識やバラバラな人を秩序づけ構造化する装置として機能するからであり、その構造化する働きが権力のひとつの形として具体化したものだというのである。

対照的な例として、美馬・山内（2005, p.54）は「アトリエ的学習環境」を紹介している。彼らによれば、通常の教室環境と異なる点は、学習者の作品制作過程が授業者や他の学習者に公開され、物理的なものだけではなく、そこでのインタラクションが共有される可能性に開かれていることだという。学生がキャンバスに向かって絵を描いている間を教員が回って歩き、各学生にコメントする。学生も周囲の自分の周りの同級生の作品を見ることができ、教員の同級生へのコメントも聞こえてくるので、知識の学生間での共有を可能にする。しかも、講評会などを行うことで、リフレクション（何を学び、何を試みたのかを学習者が言語化して反芻する過程）が起きると述べている。

このような学習空間を考える場合、当然、道具というリソースを軽視するわけにはいかない。ここで言う道具は、佐伯（1995, pp.68-69）の指摘するとおり、言葉や記号のような非物理的なものから、文字どおりの道具（器具・装置）も含まれ、特定の約束（ルール・制約）に従って使用されることが要求される。言うまでもなく、「教材」は学習の場で最も注目されるべき道具である。

美馬・山内（2005）は「必要な情報や物が適切なときに手に入る」ことを学習環境の要件にしている。しかし、地域の多くの日本語教室ではこのような情報や物が整った環境を望むことは難しい。そのため、どのような道具をリソー

スとして、いかなる活動を行うかに関する柔軟性、知恵が実践を大きく左右する。後述の事例の分析で見るように、現場では本来学習用ではない、ありあわせの道具や材料を臨機応変に活用しながら日々の実践を繰り広げており、まさにレヴィ＝ストロース（1976）の言う「ブリコラージュ（修繕・工作・やっつけ仕事）」が実践されている。

このように空間や道具の利用のされ方はさまざまに可能であり、そこで行われる実践への参加者によって、その都度相互反映的に達成されていく。このことは通常、直接意識の対象になることは少なく、いわゆる暗黙知の領域に属する種類の知識である。しかし、空間や道具のデザインが、活動自体を誘発する部分があるということも言い得る。そして、上述の上野や佐藤の研究に基づくならば、空間や道具のデザインは、学びのあり方を方向づける装置であるのと同時に、コミュニティとしての教室の志向性を特徴的なかたちで可視化するとも言えるだろう。

地域の日本語教室の場合、非常に多様であるがゆえに、上記であげた学校の教室の例には当てはまらない、伝統的一斉授業方式の発想を超えた空間や道具が多数存在する。そこで本章では、筆者がかかわった形態が大きく異なる3つのフィールドの事例をもとに、そこでの日本語学習の具体的なあり方を検討し、実践において学習環境が持つ意味を捉え直す。

4．日本語教室A

最初に日本語教室Aを取り上げる。これは国際交流協会が主催する、行政主導のグループである。そこでは「住民、また職場などで言葉の問題を抱えている人に、日本語の学習支援をする」ことを目的に、廃校となった学校や、公民館など、異なる3つの公的な場所で10クラスが活動している（森下，2003）。1つのクラスは、ボランティアである講師2〜4名、チューター2名[5]で運営され、ユニットを作り上げている。クラスは1年間継続することになっており、その間原則として外国人もボランティアも固定される。図5-1のように、1人の講師が黒板の前に立って授業をし、1〜2名のチューターが外国人のそばに座って、わからないところを教えたり、プリントやテスト類を配ったりなど授業のサポートを行っている。

それぞれのクラスが1つの部屋を占有できるため、静かな環境で勉強でき、絵教材や問題集、カセットデッキなどの教具も揃っている。地域の日本語教室

5章　「正義」の実践・実践の「正義」

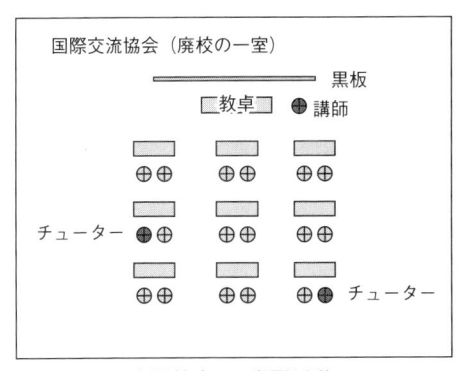

図5-1　日本語教室A　学習活動

としては学習環境が十分に整っており、学校と等質の空間として組織化されている。しかし、それぞれのクラスが異なる場所と曜日に活動しているため、普段顔を合わせることがなく、自分のクラス以外の活動から隔絶した状態にある。また、課外授業もまったく行われていない。そのため、異なるクラスの学習者やボランティアとの交流や情報交換がされにくい仕組みとなっている。

　また、この教室では『みんなの日本語』という文法積み上げ型の教科書を使用することが協会の決定で一律に定められており、講師には半期ごとにカリキュラムを協会に提出することも義務づけられている。クラス分けのためのプレイスメントテストも、5ページにわたる長いものである。そして講師は準備した教案に基づき、教科書にきちんと沿った文型練習を行いながら授業を進めるという、まさに日本語学校のような実践が行われている。

　これらの教科書・カリキュラム・プレイスメントテストなどの学校的な「道具」は、開校当初は協会側が一方的に設定したものであった。しかし、それらが日常的な活動の中でリソースとして利用されていくうちに、相互反映的に「教える／教えられる」といった学校的な非対称な参加のあり方が再構築されていることが観察される。

　筆者の参与観察では、教師養成講座で習った教授法そのままに、学習者のニーズや反応を見ずにパターン・プラクティスを繰り返している例が多く見られた。そのため、学習者も学ぶ意欲を失ってしまい、ほとんど出席者がいなくなるケースも少なくなかった。このように、空間や道具のあり方は、そのコミュニティのメンバーの参加のあり方と相互に関係する。一見、学習する環境として十全に見えるこの教室は、学習者には人や情報、学びたい内容などへのアクセスが限定されるデザインとなっており、それが創発的な学びを妨げてい

ることがわかる。

5．日本語教室B

2つ目の日本語教室Bは、日本語教室Aと異なり、ボランティアが自主的に運営している日本語教室である。「日本語を教えることで外国人が日本での生活がスムーズにいくようにお手伝いする」ことを目的とし、昼間にはレベルごとのグループ活動、夜間にはマン・ツー・マンの活動が行われている。教材はそれぞれのボランティアが準備しており、活動内容もボランティアに一任されている。

そのうち、夜間の教室では、図5-2のように公民館の食堂を利用しており、ボランティアと外国人がそれぞれペアになって座る。しかしながら、使うテーブルも座る位置もともに決められており、それが半年間固定されたまま続く。活動の形態がマン・ツー・マンということもあり、近くで顔を合わせる人が限られてしまい、他のテーブルの外国人やボランティアとの交流がほとんどない状態となっている。

座るテーブルがこのように固定されている理由は、お茶を入れるなどのいろいろな当番が、テーブルごとに決められているからである。筆者が日本語教室Aでボランティア研修を行った際、この弊害を指摘し、外国人の希望を伝えたが、変えるのは難しいとのことだった。

また、筆者はこの夜間教室の外国人9名にインタビューを行った（2005.3.16）。その結果、以下のような意見が見られた。
・他のテーブルの人と知りあう機会がない。定期的に席替えをしてほしい。
・テーブルに関係なく、みんなで話しあえるような時間がほしい。
・マン・ツー・マンの活動だけではなく、グループになって、1つのテーマについて話しあえるような時間がほしい。
・休憩時間に、いろいろな国のゲームや踊りをみんなで一緒にやりたい。

上記の意見は、明らかに、他の外国人やボランティアとの交流の乏しい、このシステムに対する不満だと考えられる。このように活動における空間のデザインが、メンバー同士の関係のあり方や情報へのアクセスのあり方に大きな影響を与えることが理解できる。

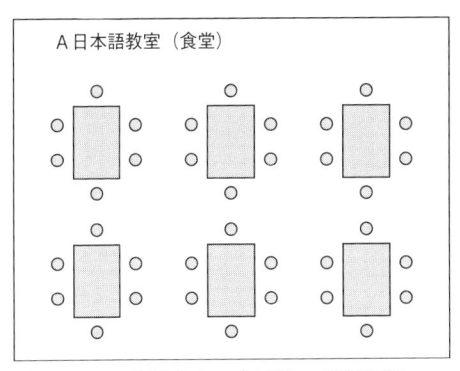

図5-2　日本語教室B（夜間）　学習活動

　さらにこの教室では、お茶当番だけでなくハイキングなどのイベントの企画・実行まで、すべてボランティアだけが行っている。前述の9名に対するインタビューでの発言（2005.3.16）には、「中国語を勉強したい人のために、先生としてではなく、中国語を教えたり、話をしたりするサロンのような場がほしい」「日本人が一方的に生活の相談などを受けるのではなく、日本語と中国語でみんなで話しあって解決する時間がほしい」といった要望も見られた。

　以上の内容から、学習者は日本語を勉強する場というだけではなく、他者の役に立てる自己実現の場であることを、日本語教室に求めていることが見てとれる。言い換えれば、ボランティアと学習者の「教える人／教えられる人」「支援する人／支援される人」という固定された役割分担を崩したいという、学習者側の強い意向が観察されるのである。

　日本語教室Bの夜間クラスでは、マン・ツー・マンの形式を採っているため、基本的にはボランティアがそれぞれの外国人のニーズにあった教材を準備している。しかしフィールド調査では、「どんな学習者でも天声人語しか使わない」など、学習者の希望やレベルに沿わない教材を一方的に使用し、学習者が離れてしまうというような例もいくつか見られた。こうした状況の中、2005年1月のミーティングでは、あるボランティアから一度学習者のニーズ調査を行うことが提案された。しかし、「先生なのになぜ生徒に評価されるのだ」というような反対意見が多く出され、結局取りやめになってしまった。

　以上のことから、日本語教室Bでは、ボランティア主導で空間の配置や教材、イベントの企画が決められてしまっており、学習者の意見やアイデアが吸い上げられる仕組みがないことがわかる。従来はこのようにすべてお膳立てすることが、教授者が為すべき仕事であるとされてきた。しかし、その役割意識や責

任感が、学習者を「お客さん」にしてしまい、逆に学びの創発性を妨げることがあることを認識しなければならないであろう。

6．日本語教室C

　日本語教室Cはボランティアが自主運営をしているグループであり、乳幼児を持つ外国人にも子ども連れでも学習ができる機会を提供することを目的としている。外国人［F（Foreigner）会員］も日本人［J（Japanese）会員］も１回100円の会費を払って参加することにより、お互い学びあう対等の関係をつくろうというのが教室のコンセプトである。現在、公民館と児童館を利用しながら、火曜日午前、木曜日午前２クラス、同午後１クラスの１週につき４つのクラスで活動中である。

　多くの日本語教室では、通常、学習者もボランティアも子ども同伴が禁じられており、日本語教室Cのように学習者もボランティアも子どもを連れて活動に参加できるというグループは少ない。公民館の方の活動では、日本語を学習する部屋とは別に和室が一室取ってあり、そこでF・J両会員の子どもを預かり、絵本の読み聞かせや、各国のゲームなどといった活動が行われている（子どもには保険をかけている）[6]。

　本章では、児童館で行われている「子ども同伴のクラス」に注目する。このクラスでは、児童館の子どもが遊ぶスペースに小さな机を出し、子どもを持つF会員とJ会員がマン・ツー・マンで日本語学習を行うという、非常に珍しい

写真　子どもといっしょクラス活動場面（日本語教室CのHPより）

形態で活動をしている。ボランティアも小さい子どもを持つ母親である人が多い。母親同士が学びあっている傍らで、双方の子どもたちは言葉が通じるか否かには関係なく、積み木をしたり、鬼ごっこをしたりして一緒に遊んでいることがごく日常的に観察される。

　このクラスでは、日常の場面を想定した「語彙リスト」（章末、参考資料１）を手がかりに、F会員とJ会員でスキット（作品）を作成するという活動を行っている。F会員は自分が言いたいことを伝えるために必要な語彙項目をJ会員に聞き出し、得られた情報を空欄に書き込んでいく。そして、最後にできたスキットをそれぞれ発表する。そのことにより、マン・ツー・マンで行っていた学習内容が、参加者全員に共有されるということが起きている。

　通常、子どもたちは親と離れたところにいるのだが、あるとき「子ども連れの友だちを見つける」という会話を勉強しているとき、F会員の子どもが母親にかまってもらいにやってきた。それを契機として「かわいいですね。何歳ですか？」「○○ちゃん、『こんにちは』は？」などといった新たな「スキット」が創発的に展開されていったのである。

　従来、日本語教育では静かで整った環境が必要だとされてきた。子どもは「学習」の足枷になるものとされ、たいていの日本語教室では子ども連れを禁止している。保育の制度があったとしても、学習している場とは別の部屋で預かることがほとんどというのが現状である。だが、親子が互いに目が届くところにいるという状況は、母親・子ども双方に安心感を与え、異なる国の子どもと遊ぶことは、子どもの情緒発達の面でも良い影響を与えるものと期待できる。

　児童館には日本語教室以外の他の利用者もおり、その子どもたちがまったく自由に走り回っているので騒々しくなりやすく、普通に考えれば学習に向いている環境とは言い難い。次項でも後述するが、学習のために準備された教材もプリントのみである。ところが、日本語教室Cではこの柔軟で一見無秩序に見える空間構成をリソースとして利用し、子どもを邪魔にするのではなく、逆に学習のきっかけとして活用していると見ることができる。

　また、日本語教室Cでは、上記のような学習空間の中で、他のメンバー、積み木など、部屋にある物を状況に応じてさまざまなかたちで利用しながら、外国人－日本人、母－子の学びを遂行している。

　ここで日本語教室Cのある事例について述べよう。日本語教室Cの木曜日午前クラスでは、日常の場面を想定した「語彙リスト」を手がかりに、F会員とJ会員でスキットを作成・発表するという活動を行っていることは前節で述べた。しかし、あるとき、「きちんとした教材」が必要だと考えたあるJ会員が、

見本となる「会話例」（章末、参考資料2）をプリントにし、それを使用して教えたことがあった（2003.9.22）。

　この実践はもちろん善意で行われたことであり、裏で多くの労力が費やされている。しかし、メンバーが同じなのにもかかわらず、この「会話例」の教材を使ったとたん、協働でスキットを作成する活動が、語彙や会話例そのものを覚える活動へと一変してしまった。つまり、「教材（学材）で学ぶ」から、「教材を学ぶ」実践になったと言える。

　「語彙リスト」を使用していたときには、漢字の筆記、母語、身ぶりなどを媒介にしながら、互いに何とか言いたいことを伝え、理解しようとしていた。作り上げられたスキットは、F会員の当座の必要性から生まれたものである。そのトピックの選択は、日本語教室の外に広がっているF会員の世界にリンクしている。F会員は「自らの言葉」を、J会員と協働で実現し、そのプロセスの中で、「教えるもの／教えられるもの」から「学びの創造に共にかかわるもの」に変容していく。

　しかし、受け身的に学ばれた「会話例」は、文化的実践には直接つながらず、日本語教室の世界に閉じたままだ。そこでは「教えるもの／教えられるもの」という非対称的な関係が強固に再生産されつづける。この図式とは異なる、他との協働で新しい意味を紡ぎだす日本語学習に必要なのは、既存の媒介物の意味や用い方をそのまま受け入れるのではなく、自分の意図に適合させて言葉を「アプロプリエーション（appropriation）」[7]することなのである。

　筆者の指摘により[8]、活動の性質が変容してしまったことに気づいた日本語教室Cのボランティアは、元のとおり「語彙リスト」を使用するようになった。不足しているものを補うために工夫を凝らし、さまざまなものをブリコラージュしながら、試行錯誤で日本語学習という実践を協働で行おうとする力こそ、地域の日本語教室のダイナミズムを形づくっていると解釈される。

　そしてそのことにより、佐藤（1996）の言う「居場所」としての学習空間── 快く生活し憩い交わり学びあう場所 ──が、そして「教えるもの／教えられるもの」を超えた「共生日本語」が実現していくのではないかと思われる。そうであれば、「必要な情報や物が適切なときに手に入る」環境とは、単純に、情報や道具が迅速に効率的に入手されるというのではなく、学びの協働の場が柔軟に自由に開かれていることを要件とするのではないだろうか。

7．日本語学習を促す学習環境とは

　ここまで、3つの日本語教室の空間と道具のデザイン、そしてそこでの活動のあり方を検討してきた。では、学習者の視点から見た望ましい教室とは、どのような価値を志向しているのだろうか。

　地域の日本語教室で学ぶ外国人にとって、教室に通うということは、単に日本語の文法や語彙を覚えるというような、いわゆる教科書の知識を身につけるためだけではない。異国の地に来て孤独になりがちな外国人には、教室が貴重な居場所であり、地域における既存のネットワークにつながる拠点となっているケースが多いのである。また、教室は、生活するうえで当人が今一番ほしい情報を気兼ねなく聞ける、「敷居の低い」場所でもある。実際、子どもが学校でもらってくるプリントや、携帯電話の説明書の内容について教えてほしいという学習者の要望をよく聞く。

　また、ボランティアの方でも、活動に参加してはじめて生きがいを感じたというケースもある。たとえば、日本語教室Cには小さな子どもがいる母親が多い。筆者が行ったボランティアに対するインタビューの中にも、「日本語教師に以前からなりたかったけれどあきらめていた。けれど、ボランティアをするようになって自分の世界が輝いた」（2003.9.15）という発言があった。学習者からも「日本語教室を心の支えにしてがんばれる」という声をよく聞く。このように、ボランティア・学習者という二分法を超えたところに、地域の実践の魅力があり、そこから「教えるもの／教えられるもの」という関係が流動的になっていくことが、創発性を生み出すのではないか考える。

　美馬・山内（2005, p.199）は、学習環境として空間を考える場合、以下の3点について考えておく必要があると述べている。第一に、参加者全員にとって居心地の良い空間であること、第二に、必要な情報や物が適切なときに手に入ること、第三に、仲間とのコミュニケーションが容易に行えることである。彼らによると、「居心地の良さ」は学習の基盤となる「私らしさ（Identity）」の発露と関係があり、活動の中で学習を誘発する際に情報や物が重要な役割を果たす。そして自分と違う文脈や状況と触れあうことが学習の背景を醸成させることになるという[9]。

　これらは地域の日本語教室にも当てはまるものである。日本語教室が外国人、日本人双方にとって「私らしさ」を披瀝できる居心地の良い場所であること、

学びのリソースに容易にアクセスできること、そして既存のネットワークにつながったり、自らのネットワークを広げたりすることができるデザインというものが学習環境として追求されるべきであろう。

　杉澤（2003, p.16）は、武蔵野市国際交流協会（MIA）で日本語を学ぶ中国帰国者の例を紹介している。この中国帰国者は高齢のため日本語の習得が進まない状態であったが、担当のボランティアの発案で「水墨画教室」の先生となったことにより、自己肯定感を高め、自らの居場所を見つけることができたという。また、「先生」として皆の前で話さなければならなくなったため、目を見張るほど日本語が上達した。そしてこれが契機となってMIAに「外国人企画事業」枠が設けられ、6年間に外国語会話交流教室などの53もの事業が行われたという。ボランティアが学習者の隠れた「声」に耳を傾けたことが、組織のあり方を変化させた一例だと言える。

　このように、コミュニティでの立ち位置（アイデンティティ）が変わると、日本語学習のあり方も変わってくる。それは他の参加者やコミュニティと交渉しながら「自分が自分になること」でもある。何かをしてもらう位置に置きつづけることは、そういうアイデンティティを与えつづけるということでもある。学習者を受動的な役割に押し込むのではなく、その人がいないと何かが進まないという点で責任ある役割を付与することは、日本語学習にも良い影響を与えることが期待できる。これはすなわち、教授者のパワーを見えるかたちで学習者に委譲することでもあるのだ。こうしたことが、これまでの日本語学習の場において、考慮されることが少なかったように思われる。

　以上、筆者が考える学びを促す学習環境の要件を大きくまとめると、

① 多くの人とコミュニケーションをとったり、さまざまな道具をリソースとしたりしながら、それぞれが自らの学びのネットワークを構築できる場
② 地域における諸コミュニティ間の結節点の1つとなり、かつ居場所としての機能を持つ場
③ ボランティアと学習者の「教える人／教えられる人」「支援する人／支援される人」という固定された役割分担を流動化し、双方がそれぞれの立場から「交渉」することができる場

ということになる。

　逆に言うと、上記の実現に参加者がアクセスしにくいデザインとなっている場が、学びを妨げる学習環境ということが言える。学習者それぞれのニーズを

把握し、なるべく希望に添った学習内容や環境を設定すること、そして自己実現の場を設けるなど、新しいシステムを随時取り入れる柔軟性が、現在の地域の日本語教室に最も求められていると考える。

8．まとめ

　以上、本章では、地域の日本語教室における日本語学習の場の空間や道具などの学習環境がどうデザインされているか、3つの日本語教室の事例で見てきた。その結果、テーブルの配置や座る位置のルール、互いへのアクセスのしやすさといった物理的な空間のデザインや、教材やカリキュラムといった道具のあり方は、日本語学習の創発性と大きなかかわりがあることが示唆された。
　これらを簡単にまとめると、表5-1のようになる。

　固定され、閉じた学習空間は、たとえ「教室」としては整っていても、互いのアクセスを妨げ、学びを阻害する。逆に、日本語教室Cのように雑然としたおよそ学びの場にふさわしくないように思える空間でも、そのことが居心地の

表5-1　3つの教室の違い

	学習空間	教材・教具	ネットワーク
教室A	10クラスが3つの異なる場所と曜日に活動。それぞれが1つの部屋を占有し、学校のような静かな空間。外国人もボランティアも一年間同じクラスに固定される。	協会が設定した『みんなの日本語』。整った教材・教具。カリキュラム・プレイスメントテストを準備。	他の活動と隔絶した状態にあるため、異なるクラスの人との交流がまったくない。
教室B	公民館の食堂でマン・ツー・マンによる活動が行われているが、使うテーブルも座る位置も決められており、それが半年間固定される。	それぞれのボランティアが準備。	他のテーブルの人との交流がほとんどない。
教室C	大人クラスはマン・ツー・マンで、1つの会議室で活動。その時、F・J両会員の子どもは別室で預かっている。子どもクラスでは大人と子どもが同じスペースで活動している。	基本的にJ会員が準備。児童館のクラスでは、「語彙リスト」を使用。	小さい子どもがいる母親も参加でき、子ども同士も国籍を超えて交流。和室や児童館はオープンスペースなので活動も自由。

良さやメンバー同士のネットワーキングにつながり、創発的な学びを誘発することが十分可能である。しかしその日本語教室Cの事例に見られたように、「会話例」教材を学ぶだけの協働性を欠き、ある種の〈正義〉を再生産しようとする実践になると、学習を促すものとはならなくなる。

　日本語学習とは、授業内で学ぶように意図された内容だけではなく、それを成立させる条件や付随するものごとの経験をも含む。

　本章では、① 多くの人とコミュニケーションをとったり、さまざまな道具をリソースとしたりしながら、それぞれが自らの学びのネットワークを構築できる場、② 地域における諸コミュニティ間の結節点の１つとなり、かつ居場所としての機能を持つ場、③ ボランティアと学習者の「教える人／教えられる人」「支援する人／支援される人」という固定された役割分担を流動化し、双方がそれぞれの立場から「交渉」することができる場、の３つを日本語学習を促す学習環境の要件として提示した。このような学習環境を実現するためには、沈黙を強いられている一人ひとりの学習者の「声」に親身に耳を傾け、柔軟に新しい考えを取り入れられるシステムづくりをすることが肝要であろう。

　もちろん、どのようなデザインが良いかは組織や状況によって異なり、一概に定式化することには無理があるであろう。しかし本章での主張は、空間や道具などの学習環境のデザインが、実践のあり方やインタラクションを方向づけ、日本語学習の創発性に影響を与える可能性があるということである。だからこそ、学習者をも含めたメンバーが、自分たちのめざす実践にあった学習環境のデザインを協働で模索していくことが必要なのだ。

　本章で提示したものの中には、あくまで筆者が考える〈正義〉にすぎないものも含まれよう。大切なのは、常に自分の実践はこれでいいのかと問い直し、より良い実践のあり方を模索しつづけることだ。その不断の努力こそが、「実践の正義」だと言えるのではないだろうか。

【注】
[１]　本稿では「創発性」を、「人や人工物などとの相互行為の中で、ボトムアップ的に新しい知や技術などが生み出されること」とする。
[２]　この場合の構造的リソースとは、空間のデザインや教材・教具、明示化されたもしくは暗黙のルール、参加者の意見・企画を吸い上げて取り込む仕組みなどである。日本語教室の日常的な実践は、これらのリソースを利用しながら行われている。もちろん、これらのリソースは、実践を全面的に決定するわけではない。しかしながら、実践のあり方やインタラクションを方向づけ、参加者の志向に影響を与えるものと考えられる。
[３]　「共生日本語」（岡崎, 2007）とは、母語を異にする者同士が言語面での共生

を実現するための言語をいう。「共生日本語」は多言語多文化社会において、受け入れ側の日本人と参入側の外国人を結ぶコミュニケーションの道具である。そして「共生日本語教育」では、日本語非母語話者だけではなく、母語話者をも学習者と捉える。ここでは外国人が日本語という言語を一方的に学ぶことではなく、双方の歩み寄りにより「共生日本語」を共に創造することが求められる。

［4］ レイヴとウェンガー（Lave & Wenger, 1991）は、「学習」を「実践へのコミュニティへの参加」、または「リソースへのアクセス」の組織化のあり方として分析している。本稿では、「学習」を① 知識・技術の習得、②場の理解、③アイデンティティの形成、④学びのネットワークの形成、のプロセスと定義する。

［5］ 「講師」とは、カリキュラムや教案を作り、責任を持って授業を担当するボランティアのことである。また、「チューター」とは、教室の準備や後片づけの手伝い、コピー、宿題の添削など、講師の補助をするボランティアである。講師になるためには、半年以上のチューターの経験＋日本語教師経験が必要である。このシステムが、ある種の「身分制度」として機能していることが、ボランティアが教授法を重視する土壌となっている。

［6］ このように子どもが同伴できる教室が少ないためか、木曜の午前・午後クラスを両方掛け持ちするF・J会員も多い。それだけ需要があることがわかる。

［7］ アプロプリエーションとは、「媒介的行為を自己の意思や思考に服従させること」を指す（西口，2005, p.19）。

［8］ 筆者は日本語教室Cでボランティアとして活動しながらも、調査者兼アドバイザーとしてかかわっていた。そのため、活動が終わった後で、気がついたことを互いに報告しあう時間を持った。

［9］ 佐伯（1995, p.48）は「学び」について、「学びがいのある世界を求めて少しずつ経験の世界をひろげていく自分探しの旅」であると述べている。本文で述べている「私らしさ」をさらに進めたかたちが、佐伯（1995）の「第二の自我」、そしてロジャーズの「on becoming a person（自分が自分になること）」（諸富，1997）であると言えるかもしれない。

【文献】

上野直樹（2004）.「日本語学習環境のデザイン ── 状況論的アプローチ」*AJALT*, 27号, 24-28.

稲垣忠彦・佐藤学（1996）.『授業研究入門』岩波書店.

岡崎眸（2007）.「共生日本語教育とはどんな日本語教育か」『共生日本語教育学』雄松堂出版, pp.273-308.

佐伯胖（1995）.『「学ぶ」ということの意味』岩波書店.

杉澤経子（2003）.「在住外国人向けの事業にみる地域ネットワーキング─プログラムコーディネータの立場から」『異文化間教育』18号, 14-20.

ソーヤーりえこ（2006）.「社会的実践としての学習 ── 状況的学習論概観」『文化と社会的状況 ── 実践、言語、人工物へのアクセスのデザイン』凡人社.

西口光一（編著）（2005）.『文化と歴史の中の学習と学習者 ── 日本語教育における社会文化的パースペクティブ』凡人社.

美馬のゆり・山内祐平（2005）.『「未来の学び」をデザインする ── 空間・活動・共同体』東京大学出版会.

森下雅子（2003）.「日本語ボランティアグループにおける参加のデザイン」『21世紀の日本事情』第5号, くろしお出版.

森下雅子（2005）.「日本語支援コミュニティにおける"アクセスの社会的組織化"── ゲートキーパーとしての行政担当者」『共生時代を生きる日本語教育 ── 言語学博士上野田鶴子先生古稀記念論集』凡人社，pp.293-310.

諸富祥彦（1997）.『カール・ロジャーズ入門 ── 自分が"自分"になるということ』コスモスライブラリー.

Lave, J. & Wenger, E.（1991）. *Situated Learning: Legitimate peripheral participation.* Cambridge University Press.（佐伯胖（訳）（1993）.『状況に埋め込まれた学習 ── 正統的周辺参加』産業図書.）

レヴィ＝ストロース／大橋保夫（訳）（1976）.『野生の思考』みすず書房.

5章　「正義」の実践・実践の「正義」

〈参考資料１〉

No1	make a friend with kids	子ども連れの友だちを見つける	
	～です。	Are you all right?	いいですか？
	そうです。		
	ちがいます。		
words	ことば		
hello	こんにちは	Japanese	日本語
nationality	（お）国	English	英語
where	どこ	by means with	で
Japan	日本	boy	男の子
Is that so.	そうですか	girl	女の子
	～ちゃん	years	歳
	～くん	months	ヵ月
	～さん		
age	（お）年		
how old	（お）いくつ		

〈参考資料２〉

How to say time & day, How to get information of child' goods	時間の言い方と子ども用品情報を得る
Lee：Excuse me. What time will Japanese class be over at?	李：すみません。日本語教室は何時までですか？
Jun：At 11:30. But this center is opened from 10 to 4.	ジュン：11時半までです。でも、ここは、10時から4時までです。
Lee：Excuse me. What is it?	李：すみません。それは、なんですか？
Jun：This is a leaflet of Shichi Go San.	ジュン：これは、七五三のパンフレットです。
Lee：Shichi Go San?	李：七五三？
Jun：This is a leaflet about seven, five and three year's old children's festival.	ジュン：七歳と五歳と三歳の子どものお祝いです。
Lee：Please show me it.	李：見せてください。
Jun：Sure. Here you are.	ジュン：いいですよ。どうぞ。

6章　語られる局所性

上淵　寿

　局所（local）とは、「全体の中のある限られた部分」を指す（松村，2012）。筆者は「局所性とは社会的実践」だと考える。ゆえに、局所性（locality）をある特定の現場が「恒常的」に備える特質とする考えを退ける。その代わりに、局所性は実践によって構成され維持される特性を持つ（すなわち局所化（localization）する）が、その「特性」を、他の現場との関係やそれら各々の現場を包括する全体との関係から浮かび上がったり沈降したりする事柄として、捉える。

　本章の主題は、局所性という特性、状況であるが、それに加えてある状況を「局所」として語るという行為自体をも取り上げる。ここで言う「局所」として語ることとは、ある現象や状況を、「誰か」が領域や現場を特性を有する状態として語ることを指す。

　局所として語ること、すなわち局所化を、さまざまな人々が、種々のかたちで行っている。研究者がある人々の生活状況や実践の局所性を生き生きと論じ語ったり、または、新聞やネットなどで、特定の人々の生活ぶりが取り上げられたり、子どもが、学校で抱えている悩みをカウンセラーに訴えたりすること、などを考えてみよう。すると、これらの例では、いずれも個人や集団の独特の実感から、さまざまなかたちで局所化が行われていることになる。

　以上のような観点から、局所性について吟味を試みる。

1．局所性と全体性

　局所（ローカル）の対語は全体（グローバル）だろう。すると、ローカルはグローバルという言葉があるゆえに意味を有すると考えられる。その反対に、グローバルはローカルという言葉があるゆえに正確な意義を持たされるのではないだろうか。

このような問題は、「解釈学的循環」（ディルタイ）という言葉によって知られている。

　　今、私が過去を回顧するとき、私にとってなお再現可能なことのうちでも、今私が眺める私の生の姿に対して1つの意義を持っていることだけが、私の生の連関の内に一つの位置を得るのである。生の意義深い部分は、他の意義深い諸部分に対する関連を、今のこの場所から得るのである。つまりそれは、生の意義深い諸契機の私の現時点での生の解明に対する諸関係によって規定されているある連関に属している。これらの意義連関こそが現在の体験を構成する。（平子，2000）。

この問題は、一般には全体と部分の相互規定性として語られることが多いので、そのような表現も以下に示しておこう。

　　しかしこうした解釈の過程で、大きな困難が待ち受けている。解釈は個々の言葉や、その言葉の結びつきから、ある作品の全体を理解すべきである、と同時に、個々の言葉を完全に理解するには、その前提としてすでに全体の理解がなければならない。個別が先か、全体が先かというこの循環は、個々の作品とその筆者の精神のありよう、また筆者の発展との関係においても繰り返されるし、さらに個々の作品とその作品の属する著述分野との関係においても立ち戻ってくる。このようにあらゆる解釈は、部分と全体の循環過程を延々と繰り返して、決して完結することはあり得ない。（伊賀，2010）。

解釈学的循環を考慮するならば、ローカル（局所）だけがあるような世界はいったいあるのだろうか。局所性だけが存在する時代（フーコーの『言語と物』（Foucault, 1967）を想起させる）が仮にあったとしても、現代にそれは当てはまりにくいだろう。ここで言いたいのは、局所的な事物や事象だけが世界の中で浮遊しているのではなく、局所性自体がさまざまなモノゴトの網の目として立ち現れるということである。

たとえば、「ある子どもがクラスの他の子どもとなかなか口を利けておらず、そのことで教師が悩んでいる」としよう。この状況をより詳細に見ると、実際には子どもはAさんとは「遊び」にかかわると思われる断片的な言葉のやりとりがあり、B君とは目を合わせたり合わせなかったりする。それらの具体的なエピソードの詳細を、この教師は見取ってはいる。だが、実感としては「口を利かない」と感じている。子どものこうした振る舞いについては、一部の教師

に伝えてはいるが、職員会議で特に取り上げて発言はしていない……このケースの局所性は、上記のような状況や関係のつなぎ目において立ち現れてくる。

さらに同僚に伝える、伝えないという意思決定は、その学校での教師同士の対人関係にかかわっており、「職員会議に（事例を）出すと何を言われるのか『怖い』」、「『ほう・れん・そう（報告・連絡・相談）』をするのが建前だが、クラスで問題が生じると、すぐ叱責が待っている。ただ、保護者には連絡帳などで軽く知らせておく必要があるか……」という教師の思いとつながっている。

この思いは、ここで終わってしまうわけではない。学校での多様な対人関係とかかわるだけでなく、このような思いの積み重ねがさらにその学校の地域社会での「位置取り」、国の政策や制度という、教育のより大きな全体性にもかかわってくるはずだ。

一方、より大きな全体性をもつとみなせる教育政策により「学校・家庭・地域社会の連携」は求められている。そこで、教師は保護者とかかわっていくという志向性を当然視することになる。一方、教師間の連携を持つことの重要性も、教育現場や学校教育学で指摘されている（森田・吉田，2011）。だが、政策上では、他の機関や親との連携に比べると、教師間の連携はまだそれほど声高に唱えられているわけではない。そのために、悩みを同僚や上司と分かちあうことに積極的にはならない可能性もある。

ゆえに、局所性は多様な関係性の日常的な再生産というプロセスの中で、アクシデントとも言うべきイベントや情感の生起として、間主観的に生じるのである。しかも重要なのは、1つひとつの局所性の積み上げが全体性を保証しており、全体性が局所性を保証し強固にしていることである。

しかし、このような循環を積極的に視野に入れ実践する心理学研究は比較的少ないように見える。どうしても、個人のエピソードの記述や了解とその心理学理論からの解釈に力点が置かれるためであろう。もちろん解釈学的循環は、少なくともディルタイの解釈によれば、解決すべき「問題」であった。だが、「特別」に見えたり思えたりする出来事に遭遇したとき、それがより大きな文脈のどこに位置づくのかを考えることによって、新たな視座を得ることもできる。ゆえに、私たちは局所性と全体性との往還を繰り返す必要があるのではないか。

2．個別性・一般性

　局所とは、「全体の中のある限られた部分」を指すが、局所的なモノゴトは個別性（特殊性）を帯びている。ゆえに、局所性はそれ自体が正負どちらの意味においても、価値や魅力を持つ。局所性の外部から来た者は、そこで語られていることや語られているモノゴト自体の新鮮さや深みに共鳴し、それらに触れることで得られる驚きや悲しみや喜びといった感情は、より強いものになる。
　一方、個別性を持つモノゴトから多少の性質を省いて、より多くの人が共有している知識に同化しやすくし、より抽象的な言葉遣いに変えて、よりさまざまなモノゴトに当てはまるようにすることを「一般化」と呼ぶ。
　一般化は、モノゴトを当事者以外の他人にもわかりやすくする。たとえば、「ある子どもが他の子どもとなかなか口を利けておらず、そのことで教師が悩んでいる」という状況や、日々その状況の中でこの子どもが抱いている感情や困難さは、「孤立児」等という一般的な問題とされることで、他人もその子どもを理解したり、そういう状況について語ったりすることができるようになる。このように、「一般化」は、当事者以外がその状況や実践に含まれる情感や独自性を理解できるようにする。また他の人も困難の解消へ向けて働きかけができるようにする。たとえば、「その子どもが他の子どもの遊びに参入するために、一言声をかける（プロンプトを投げかける）」ことができる。これは、医師が診断基準（共通言語）に則って下した診断名によって治療が始まることにも譬えることができる。
　しかし、一般化には短所も存在する。一般化によって、その事象の持つ個別性 ── その独自の価値や意味 ── が失われるという問題が生じることがある。
　一般化によって個別性（局所性）から、「個別・具体的な文脈の」削除、「実感・感覚の無効化」がなされ、「それぞれの主体が置かれた状況に含まれる個別・具体的な要素が、一般化により捨象されることで、その問題に関する議論を、当事者にとっての必然性や実感から乖離させてしまう」（本書1章参照）。
　たとえば、「子どもが学校で変わったあだなで呼ばれる」という出来事は、「いじめ」といった言葉で脱局所化（一般化）されることがある。「いじめ」という脱局所化の方向づけは、その現象を「ある子どもの行為が、他の子どもの人権を侵害している」という「一般的な」命題に置き換える。その一方で、「いじめ」という脱局所化は、たとえば「子どもは本来純粋であり、逸脱行為

をしないものだ」等の「特定の」子ども観、社会観から議論を立ち上げがちとなる。ゆえに、当事者である子どもから違和をもたれるような議論の展開がなされる可能性がある。

しかし、個別性（局所性）は単純な一般性との対比だけでは十分語れない部分もある。そこで、次節では「共同体」という視点から局所性を眺めてみる。

3．局所と共同体

共同体とは、「地域社会を分析、記述する用語として規範的かつ積極的意味を込めて用いられた社会学的概念」（加藤，2006）を指す。現在ではさまざまな集団を共同体と呼ぶ。学級、ネットワーク上でコミュニケートする集団、もちろん、町や村の集落も、共同体である。

しかし、どのような共同体も、単独では存在しない。教育や保育の現場を考える際にも、その現場は学校や保育所等の共同体、場所の特性、それを取り巻く地域の他の施設、周辺住民の意識、より大きな政治社会経済のあり方の中に現場は置かれているが、私たちはその現場を所与のモノとして、それを取り巻くより大きな共同体については考えないことがままある。つまり、しばしば共同体の多様な網の目の全体への意識が失われてしまうということはないだろうか。現場はそれだけ孤立して存在するのではない。だがそうした共同体の網の目については語らずとも、我々は目の前にある、あるいは自分が実際にかかわっている活動や行為を理解し、語ることができる。だが、それはモノゴトの一面の正鵠を射ているにすぎず、実際のモノゴトの多様な面を見逃す可能性を増やしているのかもしれない。

たとえば、ある小学校に観察者として入ったAさんのメモに、「C君は、黒板の『めあて』を見て、『こんなのうそ。意味がない』と大声で言った」と書いてあったとしよう。このような記述は日本の学校文化をまったく知らない人には、どう読めるだろうか。「黒板」って何？「めあて」って何？「めあては、黒板のどこに書かれていたの？」「何が書かれていたの？」「そもそも学校はどんな構造をしているの？　その中のどこに黒板はあるの？　なぜその位置に黒板はあるの？」それに加えて、もちろん、「なぜうそと言ったの？」といった、多くの疑問が浮かぶことだろう。

このような疑問からわかるように、上記の観察記述だけで探求が閉じてしまう場合、「学校文化」ばかりでなく、観察の現場そのものの特異性、局所性す

ら見えなくなる可能性がある。

　すなわち、モノゴトや人の立場を深く理解するためには、自分の立ち位置の認識や現場の置かれている、より広い社会との接点を考える必要があるのではないだろうか。つまり、局所性を成り立たしめている大きな要因に、共同体の性質が不可分にかかわかかわっているということだ。

　人と人とが大きな文脈の中で関わることなくして、局所性は生まれるだろうか。むしろ、それぞれの人が属する共同体と共同体同士の衝突、融和、協調という活動から、局所性は生まれるのではないだろうか。あるいは、あたり前と思っていた共同体での生活に何らかの違和がもたらされることによって異変が起きるからこそ、私たちは自分たちのオリジナリティ、局所性に気づき、それを語ることになるのではないだろうか。こうして、共同体、社会的状況の中での自分の位置、フィールドの位置が重要になってくる（もちろん、共同体、社会自体が変化することも念頭に入れる必要があることは間違いない）。

　クリプキ（Kripke, 1982）はウィトゲンシュタインの『哲学的探求』（Wittgenstein, 1953）を解釈する中で、次のような有名な考えを述べた。すなわち、概念や命題が意味を持つのは、現実の共同体の合意においてである、というものである。言い換えれば、言葉は共同体における実践（慣習）においてのみ意味を持つのであり、言葉単独で意味を持つものではない、ということである。

　ここから、特定のエピソードや実践が意味を獲得するには、それ自体の奇妙さや不思議さ、見えだけでは十分ではなく、そのフィールド自体がどのような共同体あるいは共同体の一部なのかを理解する必要がある、と言うことができる（もっとも最近では、クリプキの解釈はウィトゲンシュタインの誤読だという説（奥, 1991）が有力である）。

　ゆえに、局所性を語るには、共同体における実践、慣習からの意味づけが非常に重要だと考えられる。

4．おわりに

　本稿で語りたかったことはただ1つ、局所性はきわめて相対的な概念であり、あくまでも全体性との対概念としてみる必要があるということである。だが、フィールド研究において局所性は魅力的な概念でもある。この2つの面をどううまくつなげていけばよいか、さらに検討を重ねたい。

【文献】

Foucault, M. (1966). *Les mots et les choses*. Editions Gallimard.（渡辺一民・佐々木明（訳）(1974).『言葉と物』新潮社.）

平子友長（2000）.「解釈学の批判的継承へむけて」『一橋大学研究年報 社会学研究』38, 131-210.

伊賀光屋（2009）.「解釈学的現象学の方法」『新潟大学教育学部研究紀要』1, 151-178.

加藤周一（編）(2006).『世界大百科事典第2版』平凡社.

Kripke, S. (1982). *Wittgenstein on Rules and Private Language: An elementary exposition*. Harvard University Press.（黒崎宏（訳）(1983).『ウィトゲンシュタインのパラドックス —— 規則・私的言語・他人の心』産業図書.）

松村明（編）(2012).『大辞林』三省堂.

森田裕子・吉田俊和（2011）.「教師間の連携を構成する要因の検討 —— 養護教諭を対象とした面接調査から」『名古屋大学発達教育科学研究科紀要』58, 83-92.

奥雅博（1991）.『思索のアルバム —— 後期ウィトゲンシュタインをめぐって』勁草書房.

Wittgenstein, L. (1953). *Philosophical Investigations*. Blackwell.（藤本隆志（訳）(1976).『哲学的探求』大修館書店.）

【ケース】子どもといる私のアクチュアリティ[1]と発現する局所性との間で

古賀松香

---

1. フィールド研究における局所性の問題

　フィールド研究は、人が生きる現場に根ざした研究であると言われる（山本, 2004）。そのフィールド研究が根ざしている現場には、それぞれに「その現場らしさ」という局所性（locality）が存在する。たとえば、保育における子どもの泣きをテーマとしたフィールド研究を行う場合、そもそもその泣きがどういう現場で起こる現象なのか、という局所性の影響を考えなければならない。「泣きたくなっちゃったのね。好きなだけ泣いていいよ」と泣きの理由を問わず受けとめる場なのか、「どうしたの？　なんで泣いているの？」と泣きの原因を追求し解決しようとする場なのか、「泣かないの！」と泣きを否定する場なのか。その現場にある局所性が、泣きという行為に対してはもちろんのこと、行為に対する解釈にも、さらに具体的対応にまでも影響を及ぼす。すべての行

為はその現場の局所性のうえに成り立っていると言える。つまり、フィールド研究は、現場の局所性に根ざしているのである。

　しかし、その局所性は、普段は言語化されない。そこにあるその現場らしさは、私たちの五感を通して感知されるものである。では、その感知される局所性とは、現場に不変的に存在し、言語によって明確化できるものなのだろうか。ここではこの局所性について、ある養護学校[2]における私の体験と記録から具体的に考えてみたい。

　なお、私はその養護学校に一人の保育者として存在していた。いわゆる「プロの異人」(佐藤, 1992) としてフィールドワーカーが現場に入るのとは明らかに異なっていたことを明記しておきたい。榎沢 (2004) は、「保育世界の現実を明らかにするには、その世界に沈殿し前述語的[3]に生きられている意味の海の中に、研究者自身が身を沈め、その世界の人びとと同じように、沈殿している意味を前述語的に生きられるようになることが必要である」(p.41) と述べている。私は観察者の目を持った調査者としてフィールドやそこで生きる人々を理解しようとしていたのではなく、自ら現場の保育者となることで、子どもや保育について自分の身体的感覚を通した直接体験の中で考えたいと思っていた。そのため、一人の保育者として現場に浸り込み、保育者の身体的感覚や直観的な理解などの中で生きていた。その現場の局所性の中にどっぷり浸って生きていたのである。

　では、私が実践者として現場に浸り込んでいく過程で、感知される局所性がどのように浮かび上がってくるかを見ていくことにする。

2．感知される局所性の変化

　人はある現場に初めて入ったとき、そこにある独特の空気を感じる。知らない現場でのこの種の体感は、過去の経験的知識と無自覚的に比較され、違和感として立ち上がる。それはその現場を知らないがゆえに感じられる局所性である。

2-1．衝撃的な局所性の発現
　　　——実習初日：1994年4月25日　そこらじゅう違和感だらけ

　私は大学4年のとき、念願だったある養護学校での実習を行えることになり、

週1日のペースで1年間通った。実習初日の朝、私は週番の常勤スタッフ（保育者）に説明を受けた。保育方針を少し説明され、学校全体を見て回り、担当クラスのスタッフに紹介される。担当クラスに入ってからは、まだ子どもたちがいない部屋で、クラスの子どもの説明を受ける。発作のある子どもやその対応などが少し説明された後、「それではどうぞご自由に」とばかりにスタッフはどこかへ行ってしまう。事前の知識はあった。壁にぎっしりとマジックで書かれている文字や絵は、ここでは落書きではなく子どもたちの表現と捉えられることも、訓練など何ひとつしないことも、学校なのに教育でなく「保育をする」ということも。しかし、それらがまさに現実の行為として展開し、子どもと大人との間で紡ぎだされていく意味を、当時の私はまだ知らなかった。目の前にある現実は、見たこともない現実であり、現場にいる人間の中で自分だけが知らない歴史あるあたり前の現実なのである。自分がどこにいて誰とどのように過ごせばいいかなど、誰も教えてはくれない。私は「新しい実習生」という肩書きだけで、何の役割もなく、一人の私として存在しなくてはならない。私は、未知と不安と違和感の中に、自信なく所在なくそこにいることになった。

　この日の私にとって、この養護学校の局所性とはどのようなものであっただろうか。実習日誌を見てみよう。

【実習日誌の記録】
　　トモヤくんがお母さんと来る。(A)私は自分の位置はどこがいいのか考えながら周りで立ったり座ったりする。トモヤくんが私に対して違和感のようなものを感じているように思った。でもその場で座って話を聞いていて、お母さんがとてもよくトモヤくんを見ていてそのときそのときを大切に受け入れているように見え、すごいなぁと思った。(B)以前見学した施設では、まだ自分の子どもが障がいを持って生まれてきたということを受け入れられないというお母さん方もいて、親も子も苦しいのではないかなと思ったことがあった。ここではそれがないように見える。

　記録の下線部（A）を読むと、この現場での身の振る舞い方がわからず、自分がここにいることへの身体的な違和感が読み取れる。そして、下線部（B）では、トモヤくんと母親のやりとりを、過去に一度見学した障がい児通園施設での親子と比較して見ている。どちらも一場面を切り取った印象でしかなく、実際にそこで生きている人がどう感じているのか、この養護学校の他の親子はどうかなどまったく知らないのだが、無意識的に他の現場と比較をし、差異化することによって感じられる局所性が私の中で浮かび上がっていることがわか

る。そして、「この現場ではそれがあたり前」かのような極端な一般化をしている。

　しかし、記録には、初日の衝撃のうち、かろうじて言語化できたもののみが書かれている。当時の記憶を呼び起こすと、「身の振る舞い方がわからない」というレベルの違和感とは異なる違和感が存在した。この日の私は、「ビデオで見たあの養護学校」にいて、目の前で展開される身の振る舞いの「意味」がさっぱりわからなかったのである。これが当然だというようにそこにある子どもたちの動き、ゆったりとした大人たち、言葉、笑い、1つひとつに違和感を覚えた。なぜこの子はここでホースをくねくねと躍らせながら水を撒いているの？　そばにいる大人は何を考えてそこに立っているの？　なぜあの子は車いすを押してもらってぐるぐるとホールを回っているの？　ゆっくり車いすを押している大人は何を考えていて、いつまでそうやって押すの？

　次々と現実の行為が自分の周りで展開していくが、その行為の意味がわからないままに過ぎ去っては次が目の前に迫る。とても言語化などできない茫漠とした困惑の中で、とにかく必死に子どもに付いてまわる。ここにはあたり前のことなんて何ひとつないと感じられるのに、すべての行為がこうでしかあり得ないというようにそこにある。現場にあるどっしりとした意味不明の行為に圧倒されながら、やっとその一日を過ごしたのである。

　このように現場に入った初日というのは、言語化など到底不可能な衝撃と困惑の混沌の中に投げ込まれる。現場で起こる1つひとつの行為には、歴史的に築き上げられ醸成された暗黙の意味があるのだが、行為の意味を理解するにはその現場の歴史に身をもって浸り込んでいくことが必要になる。現場の行為にある無数の暗黙の意味は、共にふれあい、行為の中で身体的に共有することで、感知されるものだからである。

　この実習日誌においても、初日に感知される局所性は、そのほとんどが意味不明のまま衝撃と困惑の中に取り残され、言語化されていない。しかし、無数の意味不明の行為を何とか理解しようともがく中で、過去の体験的知識と比較できる部分が意味づけられている。その結果、感知された局所性の一部が言語化され、一面的で極端な局所性が形成されていることが見てとれる。

2-2．実践を意味づける場に参加する

　この養護学校では、子どもたちが帰った後、毎日クラスごとのミーティングを行う。そこでは保育に参加した全員が、それぞれ今日の一日を子どもとどの

ように過ごし何を感じたかなどを語る。つまり、ミーティングは、考えるより先に身体が動くという保育時間のことを、立ち止まり振り返って考え、意味づけをする場である。保育とミーティングが1つの循環をなし、繰り返されるのがこの養護学校の実践の特徴であり、局所性を形成する大きな要素と言える。

実習生はミーティングに参加してはじめて、それぞれの保育者が何を感じ、何を考えて子どもと過ごしていたのかを知ることになる。この現場での子どもの見方、意味づけの仕方を、他者の語りを通して知る。語り手としての自分は、ただ起こった現象を言語化するしかできないのだが、すべての語りが丁寧に受けとめられる。スタッフの語り合いが子どもの内面や明日のかかわりの構想へと展開する中で、自分の行為は現場に認められ、間接的に意味づけられ、現場の歴史の中に取り込まれていく。初日は、ただただ衝撃と圧倒の中で終わったが、次第にミーティングというスタッフが集まる場にも緊張しなくなり、そこでの語り口にも慣れ始める。

保育とミーティングの反復の中で、私は、少しずつ暗黙のこの現場での振る舞い方と考え方に馴染んでいった。そういった現場に身体が馴染んでいく過程で、意味づけできない混沌とした行為の断片は、この現場らしい意味づけの中に取り込まれていく。他の現場との比較でやっと言語化されていた局所性は、実践の中で体現されるものへと少しずつ変化していく。

2-3. 局所性の無自覚的な取り込み
　　―― 1ヵ月半後：1994年6月5日　この現場らしく動く

この日の記録は、行為の記録とテーマ別の考察部分とに初めて分かれている。行為を羅列するだけでなく、無数の行為の中で重要なポイントを考えることができるようになってきている。この重要なポイントというのは、まさしくこの現場にある子どもの捉え方に倣ったものである。

【実習日誌の記録】ユキくんと過ごすようになって7週目
　車いすを見つけて乗り、私が押すというのが始まる。今日はお庭がにぎやかだったのもあるが、(C) 車いすに乗って動くこと自体を楽しんでいる普段と違って、合間に加藤先生とのコミュニケーションを楽しむかたちで乗っていた。それから車いすに乗ったまま玄関まで行く。すると車いすで玄関の一段下のところまで下りたのが嬉しかったらしく、何度か上ったり下りたりして遊ぶうちに私と笑いあうようになる。

【考察】人の話

　今日、何度も「あ、話をちゃんときいているな」と感じた。(D)以前は、(E)岩田先生らが彼としっかり向かい合って「ユキくん、今から○○へ行ってくるから」と話すときには『きいている』という感じがしたけれど、私がなんとなくしゃべっていることを『きいている』とはあまり感じなかった。(F)今日は、私の話の「インプレッサがなぜ（駐車場に）ないのか」「カッちゃんのお帰りはいつか」ということから「BMWが止まっている」ということまで、しっかり彼なりの反応を示してくれた。

　この記録では、現場感覚とでも言えるようなものが獲得されてきているのがわかる。たとえば、下線部（C）（D）（F）では、先週までのユキくんの姿と今日のユキくんの姿との比較、そして下線部（E）では岩田先生との関係の中で見られるユキくんの姿と、私といるときのユキくんの姿の比較がなされている。子どもと過ごした時間軸の獲得、他のスタッフと自分との比較という現場の中での感覚を頼りに動き、考えている。

　この時点では、他の現場との比較は埋没している。私はこの現場らしい意味づけを無自覚的に取り込み、この現場らしく動いて考えている。初日には、なぜ車いすに乗ってぐるぐる回っているのかわからなかった私が、ユキくんが普段は「車いすに乗ること自体を楽しんでいる」と意味づけし、その姿と今日の様子を比較し、今日の車いすの活動を差異化して意味づけている。この車いすの意味づけには、この現場の局所性が強く感じられる。

　しかしそれは、記録を読み理解するときに他の現場との比較がなされてはじめて感じられるのである。当時の実践者としての私は、その局所性を無自覚的に記録しているにすぎない。この現場らしく振る舞い、さらにその振る舞いを振り返りこの現場らしく意味づけることはできても、「なぜそのように振る舞うのか」「なぜそのような意味づけをするのか」という問いはない。「なぜ今車いすを押すの？」と尋ねられても「彼が乗ったから。そして、ここではそんなとき後ろから押して歩くのがあたり前だから」としか答えられないだろう。つまり、ここにある私の行為も意味づけも、無自覚的になされたにすぎないのである。暗黙的な局所性を身体的に、そして無自覚的に獲得している段階と言える。

2-4．思考に入り込む局所性
── 3年後：1997年10月26日　この現場らしく考える

　1年間の実習を終えた後、縁あって非常勤スタッフとして週に数日通うようになった。実習生からスタッフへと立場を変えて、ますますこの現場に浸り込んでいく。その中で、次第に「この現場だからこうする」という暗黙のうちの動きではなく、「なぜそうするのか」を問うようになっていった。なお、これ以降の記録は、私が自分のために書いた記録であり、誰かに何かを伝えるために書いたものではない。

【記録】
　保育室に入るとしばらくしてケンの母が「『しずかなおはなし』読んでもらう？」と言うので、私は本を取りに行く。私がケンに「本読む？」と言うと母が場所を空ける。マットに寝転び『しずかなおはなし』を読む。実はケンが来てから絵本の棚を見たものの、(G)「ケンには絵本」と私が決めていてはケンの選択ではなくなると思い、やめたのだった。
　一通り読む。ケンは最後の方、少し身体を動かし嬉しそうにする。読んだ後絵本のお話を真似て「ケンくんの身体を丸めて……」などと言うと喜ぶ。
　私は寝転んだまま肘をついて「次はどうしようかー。いろいろあるよー。お庭に出てもいいし、あ、お庭は今日うるさいな。あ、裏庭が新しくなったんだよ、行ってみる？」と言うと、ケンが右手を上げる。私は確認のために「裏庭に行く？」と言うともう一度右手を上げたので田原（スタッフ）とケンを車イスに乗せて裏庭に出る。

　ケンには全身にかなりの麻痺があり、母親が付きっ切りの毎日を送っていた。この日の前の記録に次のような記述がある。

【記録】
　ケンの表現がかすかなものであり、記号的なもの（手をあげるとか、目をつぶるとか）であることが多いから、その母の「助言」の必要な面もあるが、(H)そこを探っていく過程の関係性を生み出すようにしたい。

　下線部（G）（H）にこの現場の保育方針とでも呼べるような局所性が現れている。なぜケンと絵本を読むのかというところから問い直し、ケンが望む一日

をつくりたいと、ケンに問いかけ、意志を確かめながら動いていることが記録からわかる。そして、そのことを意識的に記録している。見ようみまねで動いていた時期は終わり、身体的・無自覚的に獲得した局所性を、自分の保育の指針として意識的に考えて動いている。

2-5．局所性の深化
── 5年後：1999年12月20日　この現場でのあり方を問い直す

私は、すっかり居心地の良くなってしまった現場の中で、実践を繰り返す日々にいた。この頃、私のことを頼りに遠方から通ってくるミサという女の子がいた。私が養護学校に来る日にあわせてミサは新幹線通学をした。私はミサの来る日は、ほとんどの時間をミサと過ごし、ミサのことは私が一番よくわかっていると思っていた。そんなとき、ある事件が起こる。

【記録】
　　ミサ、11時過ぎに登校。自分で描いたというセーラームーンとセーラー何とかを切り抜き、その2体が手をつなぐ形にセロハンテープで留めて家から持ってくる。(中略)
　　サンタさんからのプレゼントなどがあった後、保育室に戻ると、セーラームーンの手、セーラー何とか首が切れている。それを見てミサが激しく怒る。「誰がここに置いたの？」と怒鳴る。田中と私が「誰が置いたのかは見ていなかった」と言うと、「先生なんだからわかるでしょう！？」と言って泣く。「誰がここに置いたの！？」と言って泣きつづけるミサに田中は「残念だったよね」「わざとじゃなくて、たまたま誰かが通りかかってやぶれちゃったんだと思うよ」などと言葉をかける。私は「この子（セーラームーンの製作物）を治療してくるね」と言い、ミサから見えないところでセロハンテープでつなぎ保育室へ帰る。

【私について】
　　ミサが保育室で怒り始めたとき、その怒りの状態を何とか修復したいと思って動いていた。が、言葉としてはミサの気持ちを立て直すようなことを何も言えず、行為として（破損した製作物を）修理する。しかしそのとき、ミサの尋常でない怒りと悲しみを前にして、私はミサの気持ちを本当にわかっているのだろうかと思う。ミサのセーラームーンはミサ自身でミサの気持ちが全部込められていて、それが誰かに壊されたという彼女の気持ちを本当にわかっているのだろうか。(中略)本当にその子に

寄り添うというのはその子の気持ちを「こういうことなんだよね」と言葉で返して心の表面をなでるようなことではない。自分の身を切り裂かれたような想いを心で感じることなんだろうと思う。

　私は激しく怒るミサから離れて、破れてしまったセーラームーンを見たとき、その痛ましさにハッとする。そして、ミサのことをわかっているつもりで何もわかっていなかったのではないかと打ちのめされるのである（詳しくは古賀, 2000, 2001）。私は自分の行為にこの現場らしい意味づけをしていたが、ミサのあまりに激しい怒りを前にしてその意味づけが崩壊する。私はそれまで、子どもが行為や物を通して表してくる何とは知れない思いを大切に受けとめ、かかわってきたつもりだった。しかし、1つひとつの私の行為は、本当に子どもの思いを大切に受けとめたかかわりだったのか。その現場らしく動き、その現場らしく考えていた私が、その現場らしさを成り立たせている行為1つひとつの意味を問い直すようになった。それは、私だけでなく周囲の大人の行為が、子どもにとって本当に意味を成しているのか、という根源的な問いへとつながっていった。
　私はこの日以来、スタッフをつかまえては、「今日のあの子とのこと」を話し、その意味を共に考えた。また校内で研究会を開き、それぞれの保育を捉え直す場をつくった。その中で、この現場らしい行為や考え方そのものを「子どもにとってどのような意味を成しているのか」と問い直し続ける姿勢が、この現場の局所性をかたちづくる中心的要素として浮かび上がるに至ったのである。

　ここまで、私がある養護学校という現場に入り、かかわりを深めていく記録を時系列で辿ってきた。子どもといる私のアクチュアリティは、ミーティングや記録を通してリアリティとして捉え直す繰り返しの中でその質が変化し、同時に感知され実践される局所性も質的に変化していった。しかし、局所性の変化は、現場とのかかわりの深さによって生じるだけではない。語るという行為の中でも、また局所性の変化は生じる。

3．語りの中で変化する局所性

　保育実践について語るという行為は、無自覚的で身体的な感覚を自覚的に認識下へおく作業である。そして、個人的な体験を他者と共通理解できる記号

（言語）へと変換し、他者と共有しようとすることである。その語りの中で、保育実践という体験は、どのように変化せざるを得ないのだろうか。

まず、言語を使用するということには、必然的に一般化が伴う。たとえば、自分が実際に見た生々しい子どもの表情を「いたずらっぽい楽しげな表情で」と言語化したとする。すると、その現場で起こった現象はまず語り手の言語的表現に変換され、聞き手に解釈される。つまり、聞き手が自分の経験的知識を参照して思い浮かべる「いたずらっぽい楽しげな表情」に現実の子どもの表情は変換されるのである。このように、語るという行為は、現場の一回性・固有性を持つ現象を多くの人に理解可能なものにするために、多くの人の持つであろう知識・経験を前提とした言語的表現に変換する（無藤，1997）。

また体験はどこからどこまでと境界線を引くことのできない全体性を持つものである。しかし、その体験を言語化する際には、すべてを言語化することは不可能であるため、必然的に体験のある部分への焦点化が生じる。つまり、語りは常に一般化と焦点化を引き起こす。現場固有の豊かさを分厚い記述で語るにしても、その限界の中で提示される豊かさでしか存在しえない。

誰かに何かを伝えるための語りでは、何を語り、何を語らないか、という提示の境界線が明確にされる。その焦点化によって、その現場の局所性はどのように発現するのか。ここでも記録から考えてみたい。なお、タイチはこの記録の4月に入ったばかりの転入生である。

【記録】2000年4月18日

朝、タイチがトランポリンを跳んでいる。私はいきなりトランポリンに上がるわけにもいかず、タイチの言っている言葉を聞き返していると、母がタイチの好きなアニメの話をしてくれる。くるくる回りながら跳んでいるタイチの手をパッと触ると、タイチは一回転が終わってから止まり、私の方を向いて手を伸ばしてくる。私と両手をつないで跳ぶ。少しして、私もトランポリンの上に乗る。手をつないで跳んでいると嬉しそうにする。私の手を脇の方に持ってきて、タイチを半ば抱いてトランポリンを跳ぶような格好にする。2人でぐるぐる回りながら跳ぶ。一度私をタイチに対して背を向けて跳ばせるが、すぐタイチの方を向かせてくれる。

ミサが登校してきて、ホールの入り口から「こがせんせー」と呼ぶ。「ミサちゃん、早かったねー」などと話す。タイチに「ミサちゃん来たよ」と言うが、タイチの反応はわからない。跳ぶのをやめている。

顔・身体を向き合わせて再び跳び出す。ミサの親子がホールに入ってきて、私はまたそちらを見る。母に挨拶したりする。すると、タイチがグーで私の胸の真ん中をた

たく。私はハッとする。タイチに「ごめん、なんかちがった？」というようなことを言う。

　この事例を異なる対象に対して、異なる場面で語るとき、語りの内容は変化する。それは語りの対象と共有しているものが異なるうえ、語りの目的が変化するからである。そして、その語りで発現する局所性も変化する。では、たとえばミーティングで同僚に向けて語るとき、今日初めて来た実習生のいる場で語るとき、見学者に語るとき、どのように語りの内容は変化するだろうか。そして、語りに現れる局所性はどのように変化するだろうか。それぞれの場合を想定し、語りを実験的に構成してみることにする。

【語りA】タイチについてのミーティング ── 同僚に向けて語る場合
　朝来てからトランポリンを跳んでたんだけど、まだこっちがいきなりトランポリンに上がる気にはなれなくて、下でやりとりしながらくるくる回っているタイチくんの手をパッと触ったの。そしたら、こっちを向いて手を伸ばしてきて。で、手をつないで跳んで、それから私もトランポリンに上がって。一緒に手をつないで跳んでいるとすごく嬉しそうにするのね。私の手をこう脇の方に持っていって抱いたようなかたちで跳ばせたりとか、ぐるぐる回りながら跳んだり。こっちがしっかりタイチくんに気持ちを向けていると、自然にやりとりができるなぁって思った。で、そうしているとミサが登校してきたんだけど、「おはよう」とか言ってこっちの気持ちがパッとミサの方を向くじゃない。そうすると跳ぶのやめるのね。「ミサちゃん来たよ」とか言ってみるんだけど、その反応はねぇ、ちょっとよくわかんないなっていう感じで。で、私がミサのお母さんに「おはようございまーす」とか言ってたら、そのときにね、グーで私の胸の真ん中のところをトンってたたいたの。なんかこう「こっち向いてよ」っていうか。そういう気持ちをちゃんと伝えてきてくれるんだなぁって思って。こっちがしっかりタイチに気持ちを向けて付きあう時間が大切だなって。そういうことにすごく敏感な気がする。

　この語りに現れている局所性とは、どのようなものだろうか。
　まず、現象をなるべくそのまま語るというスタイルが挙げられる。この現場でのミーティングは、何らかの結論を生み出すことが目的ではなく、その日の体験を共有し、それぞれの行為や体験が子どもにとってどういう意味があるのかを共に考えることを目的としている。そこで、実際の体験をできるだけそのまま語る部分と、体験を通して感じられたタイチ像について語る部分とで語り

が構成される。記録と比較すると、実線部が語るうえで付加された部分であり、強調したい部分と言える。他の子どもとのやりとり経験と無自覚的に比較し、意味づけている部分である。

　また、どういう行為に注目し、意味づけるかにも局所性が現れる。この現場では、子どもが育つうえでまず大人との信頼関係を築くことや相手に自分の気持ちを自分なりに表現することが大切であると考えられている。これらの局所性を前提として、タイチが私の胸の真ん中をトンとたたいたこととその意味づけなどが語られる。

　一方、わからないことはわからないままに語られる。破線部の「ミサちゃん来たよ」ということに対するタイチの反応は「わからない」とするだけで、特にそれ以上は触れない。友だちへの関心の薄さなのか、遊びが中断されたことへの不満の表れなのか、大人の気持ちがパッと離れたことへの戸惑いなのか、よくわからないが、それはこれから共に生活していく中でいろいろな場面と重ね合わせて理解されるかもしれない部分として、わからないままに述べられる。しかし、少し気になることでもあるので、語りから省略はされない。つまり、わからないことを否定せずに共有し、その行為の意味を全員で考えることを重視するという局所性の発現と見ることができる。そして、母親のアニメの話のように、すでにクラスのスタッフの間で共有されているタイチの生活については省略されてしまう。

　このようなミーティングでの語りそのものが局所性を形成し、またこのような語りが繰り返されることで、局所性が非明示的に強化されていく。この同僚に向けての語りでは、語りの前提が共有されており、語る本人は現実に体験したことを体感とともに想起しながら言語化する。過去のことではあるが、自分が生きたアクチュアリティを呼び覚まし重ね合わせつつ語ることができる。

　それでは、ミーティングに初めて現場に入った実習生がいる場合は、この語りがどのように変化するだろうか。

【語りB】タイチについてのミーティング　初めてクラスに入った実習生がいる場合
　タイチくんは4月に他の養護学校から転入してきた子なんだけど、トランポリンが大好きなのね。今日も朝来てトランポリンを跳んでたんだけど、まだ私はそんなに親しくないからいきなりトランポリンに上がる気にはなれなくて、タイチくんの言っている言葉を聞き返したりしてたら、お母さんがタイチくんの好きなアニメの話をしてくれて。タイチくんはアニメが好きで、家にいるとずっとカートゥーンテレビをつけてるんだって。で、トランポリンを跳んでいるときもその好きなアニメのイメージの

中で跳んでるみたいで、よくアニメの話がでてくるの。で、下でやりとりしながらくるくる回っているタイチくんの手をパッと触ったら、こっちを向いて手を伸ばしてきて。（以下、語りA同様）

　この語りに現れる局所性とは、この養護学校における実習教育の局所性なのではないだろうか。たとえば、今日初めての実習生がいる場合には、実線部のようにタイチを理解するための基礎的な情報が付加され、語りAでは省略された二重線部の部分は省略されない。しかし、実習生という対象に対して、意図的に語られないものがある。たとえば、子どもの障がい名は語られない。その子どもの理解を深めるために、障がい名は不要だと考えているからである。また、何をどのように意味づけするかというような解説もなされない。それは「私は今日のかかわりの中でこう思った」ということであって、「あなたもこう意味づけしなさい」とか「これが絶対に正しい」ということではないからである。あくまで、「私はこの行為をこのように意味づけして明日の保育に向けてこう思う」ということの表明にとどめて押し付けない。この現場にかかわる一人ひとりがそれぞれに考えて実践する。その自由を保障する風土がこの現場にはあり、それが私の身に染み付いているからである。まさに身体化した局所性を実践していると言えるが、その風土について語りの中で具体的に説明されることはない。実習生がこの語りを聞いて、何を感じてどう動くか、ということは実習生に任されている。この「語られない」ということで発現する局所性は、実習生という対象を考えたときに、他の現場での実習教育との比較の中で浮かび上がるものである。

　では、タイチとの遊び場面を見ている見学者に対しては、どのような語りが想定されるだろうか。

【語りC】外部からの見学者に語る場合
　タイチくんはこの４月からの転入生なんですが、朝来るとまずトランポリンを跳びます。そこで自分が大好きな大人と一緒に跳んだり、大人と気持ちを合わせて跳ぶことで、落ち着いて一日のスタートをきります。トランポリンを好きな子どもは多く、そういう子どもにとってはトランポリンが大切な居場所となっています。彼の場合もそうです。跳んでいるときも彼なりのイメージの中で跳んでいます。アニメが好きなのですが、そのアニメの中の言葉を掛けあったり、大人の身体を動かしてみたりしながら何かをイメージしながら跳んでいたりします。まだ４月に入ったばかりで私たちとも新しい関係ですが、相手の気持ちに敏感で、相手がしっかり自分の方を向いてい

ないなと思うと、そのことにはパッと反応して、そのことを伝えてきてくれます。この学校では、そういう1つひとつのその子なりの表現を大事にしていきたいと思っています。そうすることで、自分のことをきちんと受けとめてもらえ、自分は周りに大切にされる存在なんだと子どもが感じ、人に信頼を寄せて生きていけるようになります。その育ちを支えることが、とても大切なことだと私たちは考えています。

　この語りは、現実の行為からかけ離れ、付加的な情報や解釈的で抽象的な内容がほとんどとなっていることがわかるだろう。見学者に短時間でこの現場のことを理解してもらうことが語りの目的となるので、子どもとのやりとりをたとえば「朝トランポリンを跳ぶ」という大雑把な捉えで語り、人間関係や子どもの気持ちに焦点化し、この現場での意味づけが多く付け加えられる。初めて現場を見た人は、実習初日の私のように、目の前にある行為の意味がわからない。そこで、目の前にある行為の「なぜ」を解きほぐすように語りが構成される。なぜ子どもがトランポリンを跳んでいるのか。一緒にいる大人は何を意図して跳んでいるのか。どのようなやりとりがなされ、そのやりとりには教育的に見てどのような意味があると考えているのか。この現場についての理解をその場で構築するために、現実の行為の数々はまとめられ、そぎ落とされる。いきなりトランポリンに上がれないと感じたり、タイチに胸をトンとたたかれてハッとした私のアクチュアリティは、この語りにはすでにない。ここにある局所性は、他の現場で朝からトランポリンを跳びつづけることがないだろうことや、教え導かれる存在としての子ども像といったものと、暗黙のうちに比較され発現する。このように語るとき、実践者には他の現場との差異化による局所性が強く意識され、アクチュアリティは賦活化されない。

　語りという行為に現れる局所性は、その語りの対象と語る目的によって変化する。つまり、語りの対象と共有していることが少なくなればなるほど、付加的な情報、意味づけが増え、語りが抽象化、物語化し、実践者はアクチュアリティとの乖離を強く感じるようになる。一般化が進み、語りの焦点はより大きな範囲に当てられる。実践者が感知している現場の豊かさからかけ離れ、この現場をうまく語れないもどかしさが強く感じられるのである。

4．研究者に求められる局所性に対する2つの認識

　フィールド研究は、現場の局所性に根ざしている。しかし、これまで述べてきたように、局所性は不変的存在ではない。その現場にいる個人内において感知される局所性は変化するし、また、語ることで発現する局所性は語りの対象と目的によって変化する。したがって、研究においては、その現場にどう位置づいた人にとっての局所性なのか、誰に何を伝えるために発現した局所性なのか、という2つの点を研究者は認識しておくべきであろう。たとえば、2節で取り上げた記録は2種類あった。指導者に読まれることを前提とした実習記録と、自分のために書いた保育記録である。その2つの記録をもとに考えるとき、まずは現場に対する理解が十分であるかどうかということが、記録の意味を検証するうえで重要な問題となる。そして、それぞれの記録に何が書かれ、何が書かれなかったのか、それは何のためかということに留意したうえで考察を進めなくてはならない。

　フィールド研究で紡ぎだされる数々の行為の意味は、その現場らしさという局所性の中で紡ぎだされる意味である。そこで生きる人間の行為の本質を捉えるためには、その現場の局所性への理解と、語りの対象と目的への認識が必要不可欠なのである。

　では、研究上、現場の局所性はいかに扱われるべきなのだろうか。研究においては「私が考察によって明らかにしたことを論理的かつ納得的に提示するのに必要なかぎり、状況や背景を詳しく記述すればよいのである」（榎沢，2004，p.49）が、そのとき、研究が根ざしている現場固有の豊かさを語ることは、はたして可能なのか。読み手の理解形成をめざす中で、体験は一般的に比較可能なかたちへと落とし込まれる。そのどうしようもない限界の中でもだえながら、それでもどうにか生々しい体験を表現できるように、ありきたりの表現を超えて、新しく、慎重に言葉を選んで記述することが重要なのである。アクチュアリティを呼び覚まし身体的行為の感覚と対話することを通して、その現場固有の豊かさとは何か、誰に何を伝えるためにどのような言葉を用いるか、精緻な検討をする。そのもだえの中で紡ぎだされる言葉によって、現場で起こった一度きりの行為が読み手の中で新しく浮かび上がり、その意味の本質的理解へと近づくのである。

【注】
［1］ 木村（1994；1997）は、「リアリティ（実在性）」と「アクチュアリティ（現実性）」について次のように区別した。「リアリティ」とは、現実を構成する事物の存在に関して、これを認識し確認する立場から言われるものであり、その一方の「アクチュアリティ」は、現実に向かってはたらきかける行為のはたらきそのものに関して言われ、常に生成途上である進行形的な動きであるとしている。「アクチュアリティ」は、純粋に各自的・私的な営みとしての行為と結びついたものであることから、いかなる仕方でも客観的・公共的な知の対象とはなり得ないとされる。つまり、「アクチュアリティ」を認識し捉えようとすると、それはたちまち公共的な認識によって客観的に対象化され、ある共同体の共有規範としてその構成員の行動や判断に一定の拘束を与える「リアリティ」へと姿を変えることになる。
［2］ 現在は特別支援学校となっているが、ここでは当時の学校種で記す。
［3］ 経験に基づいて私たちは何らかの判断を行うが、言語的な判断（思考）がなされる以前の、感性的経験の水準のことである（榎沢，2004の用語解説より）。

【文献】
榎沢良彦（2004）．『生きられる保育空間 —— 子どもと保育者の空間体験の解明』学文社．
木村敏（1994）．『偶然性の精神病理』岩波書店，p.13．
木村敏（1997）．「リアリティとアクチュアリティ」中村雄二郎・木村敏（監修）『講座 生命2 ['97]』哲学書房，75-110．
古賀松香（2000）．「生々しい保育への転換」*Inter-Field*，Vol.1，100-104．
古賀松香（2001）．「関係が新しくひらかれるとき —— 危機的状況を超えて」『障害児教育学研究』第6巻第2号，62-69．
無藤隆（1997）．『協同するからだとことば —— 幼児の相互交渉の質的分析』金子書房，p.162．
佐藤郁哉（1992）．『ワードマップ フィールドワーク —— 書を持って街へ出よう』新曜社，p.39．
山本登志哉（2004）．「フィールドへの入り方」無藤隆・やまだようこ・南博文・麻生武・サトウタツヤ（編）『ワードマップ 質的心理学 —— 創造的に活用するコツ』新曜社，p.71．

第Ⅲ部　フィールドを味わいあう

7章　実践事例の記述と解釈の基盤

砂上史子

1．保育・教育の記録と解釈

　幼児教育・保育の領域では、形式はさまざまであれ、日々の実践を記録することが不可欠である。具体的なエピソードを記録することを通して、実践者は自分自身のかかわりを反省し、子どもについての理解を深め、次の実践を構想する。実践に参与する調査者（研究者）にとっても、記録は単に研究データとしてだけでなく、実践の理解が深まったり、それをフィードバックすることによって実践者の省察に寄与したりする資源となる。

　実践の記録は客観的事実の正確で詳細な把握であること以上に、「実践者（調査者）がその日の出来事や子どもの姿をどのようにとらえたか」という解釈を伴うことが重要である。この場合の「解釈」の必要性は、保育実践に即して言うと、特に次の2つの観点から指摘できる。

　1つは、子ども理解としての解釈である。子どもの興味・関心や、子どもの行為の背後にある心情を理解することは幼児期にふさわしい保育実践の基盤である（文部科学省,2010）。津守（1987）は、子どもの行為を子どもの内的世界の表現としてみることが、子どもの生活に参与し、子どもとかかわる保育実践における子どもの理解のあり方であるとしている。津守はこれを子どもの外部にたち客観的に理解しようとする「科学的理解」と対置して「人間学的理解」と呼んでいる。この「人間学的理解」をどの程度徹底するかにおいては若干の濃淡はあるにせよ、保育実践における子どもの行為の理解とは、現場に参与する者の解釈と切り離すことができない。

　もう1つは、実践の改善・評価のための解釈である。河邉（2005）は保育記録について「『どこで』『何をしていたか』で終わる記録ではなく、そこから読み取れる子どもの内面を記録しておくことで、子どもの内面の延長戦上の必要な経験を導き出すことができる」（p.66）と述べている。実践記録は、それを

もとに「適切な子ども理解」や「指導の改善」をめざすことが方向づけられている。したがって、それは必然的に子どもの姿や保育のかかわりを意味づけたり評価したりするという意味での解釈行為と一体となっている。現在、国際的にも乳幼児期の幼児教育・保育の重要性が認知され（OECD, 2006）、保育の質の向上のために、実践者による実践の振り返りや、外部の専門家も交えた話し合いがますます重要となっている。その作業の核となるのは、日々の実践の個別具体的場面での具体的な子どの姿や保育者のかかわりの記述と解釈である。

上述の2つの観点のうちいずれに力点を置くかは記録の目的によって異なるとしても、実践の記録とは必然的に解釈を伴うものであるといえる。

2．複数の人間による解釈と了解の形成

実践者がその専門性を高めるうえで、実践者個人で具体的な事例を振り返ったり、事例を通して実践のあり方を学んだりすることが有効であるだけでなく、複数の人間が事例を検討しあうこともまた有効である（森上, 1996）。「研究保育」、「研究授業」、「事例検討会」、「カンファレンス」など呼び名や形態はさまざまであるが、複数の人間が同じひとつの事例について議論をすることは、参加者が個々の解釈を開示し交流させることにつながる。

その際、同じひとつの事例に対して注目する箇所が異なったり、同じ子どもや実践者の行動に対して異なる解釈がなされたりすることは珍しくない。その「ズレ」に気づき、異なる解釈を提示しあい話しあうことを通して、実践者が自分の暗黙的な価値観や思考や行動の偏りに気づいたり、それらの幅を広げたりできる点に、複数の人間で事例を検討する意義がある。

したがって、具体的な事例をめぐる話しあいは、参加者が解釈の違いに出会うことと、解釈に対する了解を形成することの両面を含む過程となる。その際に、個々の解釈を成立させる背景、すなわち解釈者の「解釈基盤」を考慮することが、事例の解釈の妥当性や、話しあいを通しての参加者の自己省察や相互理解を深めることにつながり、ひいては議論の質を深めると考えられる。

3．解釈の違いに影響する立場

ある1つの実践場面に対して複数の人間の間で解釈が同じであったり異なっ

たりするというとき、個々の解釈に影響するものとは何だろうか？

事例に対する解釈の違いの背景には、解釈者の、事例に登場する子どもについての理解、関心の切り口（自己主張、自己抑制等）、保育や発達に関する専門的な知識などが指摘できる。さらに、それらの内容が引き出される（押し出される）背景には、解釈する側の経験（子どもや実践現場とのかかわり）やそれ以外の人生経験、信念や価値観も影響してくるだろう。たとえば、幼稚園や保育所等の集団保育施設において、3歳児同士の物の取り合いによるいざこざを見た場合、それを「問題場面」ととらえるか、人とのかかわりを育むための「葛藤体験」とみなすかは、これらの要因の絡み合いによって左右される。

次に、解釈は実践に対する立場によっても影響される。実践者であれば、子どものいざこざの解釈は、自分が保育者としてそれにどうかかわるか（かかわらないことも含めて）ということと一体である。それには詳細で具体的な子ども理解や、状況判断が入り込む。それら一連の具体的な場面に対応した思考や行動は、「実践的知能（practical intelligence）」（Sternberg, 2001）と深く関連し、「実践知」と呼ばれる。

また、実践者ではないが実践の現場に参与する立場もある。筆者自身を例に挙げると、筆者が保育実践の現場にかかわる立場には主に3つの種類がある。1つ目は「調査者」の立場で自分自身の研究的関心に沿って現場に入るものである。2つ目は、園内研究等、幼稚園や保育園が進めている研究の「助言者」の立場で、園内研究会等に講師として参加するものである。そして3つ目は、保育カウンセラーという立場で「臨床家」として幼稚園等で保護者の面談や教師とのコンサルテーションなどの援助を行うものである。これら3つの立場で実践現場に参与する際、行動としては保育場面を観察しその場で簡単な記録を取る、さらには保育者と保育について話しあう（情報交換を行う）という点では共通している。しかし、同じ場面を見ても、そこで何に注目し、どう解釈するかは立場によって異なってくる。

たとえば、前述の3歳児同士の物の取り合いによるいざこざをこれら3つの立場から見たと想像してみる。1つ目の「調査者」の立場では、もし自身の研究テーマが「いざこざ」に関するものであれば、子どもの心情に共感的なまなざし向けつつも、その原因や経緯を事実として記録することに注意が向き、事例を解釈する場合も事実に即した中立的な記述と解釈を心がけることになる。個別具体的な事例の解釈では、いざこざに関する先行研究やそれに先だって観察した他のいざこざの事例との関連も考慮されるだろう。

また2つ目の園内研究の「助言者」の立場では、その園の研究テーマ、その

日の保育の指導案に記述されたねらいと内容を前提に保育を見る。したがって、物の取り合いによるいざこざは、その日の保育全体の中のひとつのエピソードとして位置づけられる。子どもの心情やいざこざが起きた状況を察しつつ、その前提となる周囲の環境や保育の流れ、いざこざに関する保育者の子ども理解やかかわり方に焦点てて解釈を行う。この立場では、助言者の解釈が保育の評価として受け取られるため、何をどこまで言うべきか（実践者の感じ方、埋め止め方）も考慮する必要がある。

　3つ目の保育カウンセラーなどの「臨床家」の立場では、たとえば、園からの依頼が「3歳児クラスの保育者が友だちとの間でいざこざの多いA君を気にしているので、どう理解し、どうかかわったらよいか助言をほしい」という場合には、臨床発達心理学的な観点から子どもの行動を理解し解釈していくことになる。普段のA君の様子、いざこざが生じるのはどんなときが多いのか、いざこざでのA君の行動、A君に対する保育者のかかわりなどから、「A君の特徴と育ち」に焦点を当てアセスメントを行う。さらに、保育者がA君に対して「いざこざの多い子」など否定的な見方をしていないか、クラスの他の子が「A君は悪い子」と決めつけたりしていないか等、A君を取り巻く関係も理解する。その上で、今後の保育者のA君に対するかかわり方の示唆につながることを意図して、A君についての解釈が方向づけられる。

　つまり、実践の現場に参与しつつも、そこでの立場や発揮される（貢献が期待される）専門性によって、注目する視点や解釈は異なってくるといえる。

4．異なる実践現場の間での解釈の違い

　さらに、これらの実践現場の「内」に参与する立場の違いだけでなく、異なる実践現場の「間」の立場の違いも解釈の違いに影響を与えるだろう。「教育に携わる専門家」という意味では同じ立場であっても、小学校教諭や中学校教諭による保育の事例の解釈は、幼稚園教諭や保育士のそれとは異なる可能性がある。その1つの例として、幼児教育・保育と小学校教育の立場の違いが挙げられる。

　1990年代後半から「小1プロブレム」という言葉で、小学校1年生が学校の集団活動や授業形態にうまく適応できない事態が指摘されるようになった。このような事態をふまえ、幼稚園・保育所等から小学校への移行にあたって、幼児教育と小学校教育との連携が重要とされ、幼稚園と小学校をつなぐ研究や実

践が進められてきた（お茶の水女子大学，2006他）。文部科学省「幼児期の教育と小学校の円滑な接続のあり方に関する調査協力者会議」（2010）では、小学校入学時に幼児期の教育との接続を意識した「スタートカリキュラム」等の取組みを打ち出している。

　こうした状況の下、幼稚園・保育所等と小学校との連携が進む一方で、幼稚園教諭・保育士と小学校教諭の意識や観点の違いによる連携活動の難しさも指摘されている。たとえば、現行の幼稚園教育要領で幼稚園教育の基本とされる「環境を通しての教育」や「遊びを通しての総合的指導」、「幼児ひとりひとりの特性に応じた」実践（一般的に「自由保育」と呼ばれることが多い）は、一斉活動や座学形式の授業が多い小学校教諭の立場からすると、カリキュラムや教師の意図や指導性が見えにくいと感じられることもある（吉村，2001；渡辺，2001）。このことは、同一または類似の現象を言い表す場合に幼児教育・保育の領域では「発達」よりも「育ち」、「指導」よりも「援助」、「トラブル」よりも「いざこざ」の方が用いられるといった言葉遣いの問題に通底するものがある（浜口，2003）。したがって、これらの言葉遣いの背後にある子ども観、発達観、教育観に根差した幼児教育・保育の特質と小学校以上の学校教育とのギャップが示唆される。

　また、より大きな視点でとらえるならば、日本の幼児教育・保育は保育所保育指針および幼稚園教育要領によって規定されている。つまり、ナショナルカリキュラムという枠組みを前提としている否か、あるいはそれを対象化しているか否かよっても実践を見る視点やそこでの解釈は異なってくるだろう。それは、日本の教育・保育を取り巻くさまざまな社会状況とも密接に関連する。たとえば、1990年代に日本の幼稚園でフィールドワークを行い日本の幼児教育の特質を指摘したハロウェイ（Holloway, 2000/2004）の研究は、公立幼稚園の保育実践を幼稚園教育要領に忠実であるという側面と同時に、少子化による園児数の減少という状況においては、私立幼稚園に比して保護者のニーズに対して敏感さに欠ける側面があると指摘している。

　したがって、異なる実践現場の間で交わされる異なる解釈は、お互いの実践に対する「無知」や「誤解」として退けるべきではない。その「ズレ」を意識することで、それぞれの立場の解釈者が、自身の解釈を形成している暗黙の了解を意識化し、よりマクロな視点から、実践が依って立つ価値観や制度をみつめ直すきっかけにもなるからである。

　以上、保育実践を例に、解釈の違いを生み出す「解釈基盤」のひとつとして、

実践に対する立場の違いを中心に指摘した。しかし、このことが「立場が違うから解釈が違って当然」と納得することに終わるのであれば、実践事例の解釈を話しあうことは単に立場の違いを明確化することに終始してしまう可能性がある。そうならないための作業として、個別具体的な事例の記述と解釈を交わしあうことを通して、自他の解釈基盤を意識化しつつ、自分自身の解釈を再度振り返ることが必要になる。

そこで、本章では小学校の授業実践のビデオ映像の事例を題材に、事例の現場をよく知る調査者（市川）と、現場に関与せずビデオの場面のみ知る第三者（掘越）の2人の解釈を紹介する。これは、具体的な記述や解釈の中に埋め込まれた解釈基盤を読み取り、振り返る試みである。事例の解釈を行う調査者の市川と第三者の掘越は共にビデオ映像の授業の実践者ではないが、市川は事例の現場をよく知っており、相対的に授業の実践者に近い立場にある。

さらに、本章の最後では、本論考執筆者である砂上が2人の解釈の共通性と違いについてメタ解釈を行い、実践事例の解釈とその背後にある解釈基盤を関連づけて考察する。

【文献】

浜口順子（2003）．「保育実践者における『育ち』・『発達』両概念の使用状況およびイメージの比較」『日本家政学会誌』54 (10), 25-37（813-825）．

ハロウェイ，S. D. ／高橋登・南雅彦・砂上史子（訳）（2004）．『ヨウチエン ── 日本の幼児教育、その多様性と変化』北大路書房．(Holloway, S. D. (2000). *Contested Childhood : Diversity and change in Japanese preschools*. Routledge.)

河邉貴子（2005）．『遊びを中心とした保育 ── 保育記録から読み解く「援助」と「展開」』萌文書林．

文部科学省（2010）．「幼稚園教育資料第3集　幼児理解と評価」ぎょうせい．

文部科学省幼児期の教育と小学校の円滑な接続の在り方に関する調査協力者会議（2010）．「幼児期の教育と小学校の円滑な接続の在り方について（報告）」

森上史朗（1996）．「カンファレンスによって保育をひらく」『発達』No.68, Vol.17, 1-4, ミネルヴァ書房．

お茶の水女子大学附属幼稚園・小学校（2006）．『子どもの学びをつなぐ ── 幼稚園・小学校の教師で作った接続期のカリキュラム』東洋館出版．

OECD（2006）．*Starting Strong II : Early childhood education and care*. OECD.

スタンバーグ，R. J. ／松村暢隆・比留間太白（訳）（2001）．『思考スタイル ── 能力を生かすもの』新曜社．(Sternberg, R. J. (1997). *Thinking Styles*. Cambridge: Cambridge University Press.

津守真（1997）．『保育者の地平』ミネルヴァ書房．

渡辺英則（2001）．「第5章　保育内容・方法の原理」森上史朗（編）『新・保育講座①　保育原理』ミネルヴァ書房，pp.1-15.

吉村真理子（2001）．「第7章　人とのかかわりを育てる保育者の役割」森上史朗・吉

村真理子・後藤節美（編）『新・保育講座⑧　保育内容「人間関係」』ミネルヴァ書房，pp.163-182.

【ケース】小学5年生の小集団学習事例の記述と解釈の実践
―― 観察当事者として ――

市川洋子

1．はじめに

　今回、紹介する事例は、都内私立小学校の帰国子女学級（小学5年生、クラスは男子2名、女子4名の計6名で構成。海外の学校から5年生とき編入）で行われた総合学習の一場面である。

　子どもたちが通っていた小学校は、落ち着いた緑にお洒落なお店が点在した、閑静な住宅街の一角にあった。同じ敷地内には中学校、高校、大学の建物があり、広々とした芝生とベンチが並ぶ気持ちのいい空間が広がっていた。正門の真正面には大学があり、その奥が小学校であった。校内を歩いていると、紺と白を基調とした制服と帽子をかぶった小学生たちが楽しそうに歩いている姿とまじって、大学生の姿もよく見かけた。そのためであろうか、子どもたちは大学生にも慣れていて、当時、大学院生であった筆者が校内を歩いているのを見ても、それほど驚いてはいないように見えた。

　授業をしてくださったS先生とは、数年にわたる授業観察や共働研究を何度もご一緒させていただいた。S先生は、お手製の水色のエプロンをかけ、眼鏡の奥の目を細めてにっこり笑う、やわらかな雰囲気を持った、40歳前後の先生（男性）である。手先が大変器用で、家庭科の授業でのミシンさばきは思わず見とれてしまうほどであった。何事も淡々と丁寧にこなしていく姿が印象的で、ご自身の授業を外部の研究者、院生、学部生に公開しており、どんな意見にも熱心に耳を傾けつつ、授業改善や研究に取り組んでいらっしゃった。

　2004年4月下旬、そんなS先生から帰国子女学級を初めて受け持つことになったとうかがい、以下で紹介する総勢6名の帰国子女学級へお邪魔した。このときは「こんな研究をしたい」といった明確な意識はなかった。ただ、漠然と、その学級らしいと感じられるやりとりがどのように出来上がっていくのか

図7-1　大机での位置関係

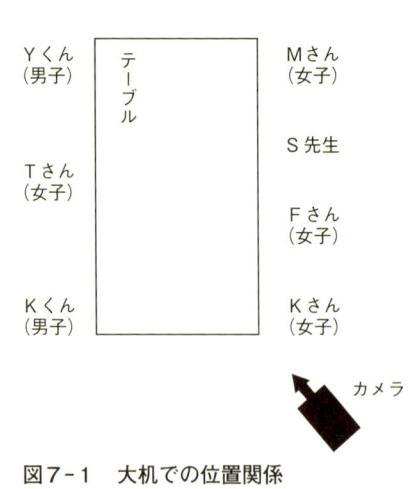

知りたいと考えていた。

2．取り上げた場面の決定プロセス

　撮影した授業は総合学習の時間である。今日の授業の流れの説明、図書室での個々人による調べ作業、学級全体での発表場面という順序で進んでいた。調べ作業のときも一斉場面のときも、撮影した当時は焦点を明確に決めて観察していなかったため、子どもたちみんなの様子がなるべく入るようにビデオカメラを設置し、必要に応じてメモをとっていた。調べ作業のときには、各々の子どもが調べている様子を順番に撮影した。
　「5分前後の場面を切り出し、その場面を異なるバックグラウンドを持つ観察者2名が記述と解釈を行い、それらを比較する」という本書の主旨のもと、90分の総合学習の授業の中から5分程度の場面を切り出した。撮影しているときも、後で授業を思い起こしたときも、学級全体のやりとりの印象としては、教師の指示等を守り、とてもおとなしく真面目に生徒が参加しているように感じられた。その中でYくんは他の生徒たちよりも元気よく頻繁に発言しており、とても目立っていた。S先生も少し気になる子どもとしてYくんの名前を挙げていたこともあり、今回は一斉場面での彼の様子を中心にビデオを編集し、も

う一人の解釈者に渡すこととした。具体的には、全体での発表場面でYくんが発表者の報告を聞いている場面と、それに続いてYくん自身が発表する場面とで計5分になるように編集した。

3．事例の記述と考察

3-1．事例の概要

2004年4月下旬の総合学習の授業。都内私立小学校5年生の帰国子女学級（学級の人数は男子2名、女子4名の合計6名であった）。この小学校に5年生から編入してきた生徒ばかりであり、普通学級の子どもたちのように日本語の読み書きがすらすらとできるというわけではまだなかった。

本授業が行われる前の週に、子どもたちは、学校の裏にある畑に行き、大豆の種を蒔いていた。そして今回の授業では、図書室に行き、90分を使い、大豆について教師が提示したテーマ（「大豆の育て方」「大豆の歴史」「大豆の食べ方」など）からひとり1つを選択し、本を調べてまとめ、最後に1人ずつ全員の前で発表を行った。

今回ここで取り上げたのは、Tさんが「大豆の歴史」、Yくんが「大豆の育て方」、Kくんが「大豆の食べ方」について発表している場面である。彼らは、図書館の一角で、図7-1のように大きな机を囲むようなかたちで椅子に座り、順に発表していった。

3-2．事例の記述

以下では、Yくんの様子を中心に編集した5分間の映像に対する、筆者なりの描写・記述を、3つの場面に分けて紹介する。

【場面1】Tさんの発表場面
　図書室にある小さな黒板には、「友だちが調べた大豆のこと」という文字が書かれている。先生と6人の子どもたちは、テーブルを囲むように座り、大豆について調べたことの報告を聞いている。半数の子どもたちが発表を終え、4人目の発表者であるTさんに順番が回った。彼女は背も高く、落ち着いた雰囲気を持つ女の子である。他の女子よりも少し低い声で「大豆の歴史について調べました」と発表を始めた。

発表前、Tさんは図書室の本を調べ、その文章を丹念に写していた。発表時は、彼女がプリントに写し取っていた文章をそのまま読み上げていた。しかし、すらすらと読み上げることはまだ難しいようで、ときどき言葉に詰まったり、息継ぎの箇所が不自然であったりもした。

　発表を聞いている子どもたちの様子を見ると、最初は顔を上げ、背筋を伸ばし、Tさんの方を向いて聞いていたが、発表時間が5分を過ぎた頃には、きっちりとしていた姿勢がやや崩れつつあった。Kくんは消しゴムの先についた汚れが気になったらしく、机の上で消しゴムをずっと動かしていた。Kさんは、Kくんが消しゴムを動かすのに邪魔にならないように筆箱を移動させ、そのまま筆箱の蓋を閉めたり開けたりを繰り返していた。2人とも、発表が途切れた瞬間にTさんの方を向いている様子から、発表を聞きつつ手を動かしているようではあった。Yくんは机にうつぶせになり、足をブランブランと動かしている。彼の体は机にべったりと密着させてグテーっと寝そべるわけではなく、体を丸くし、どこかソワソワしているように感じられた。疲れてうつぶせになったというよりも、教師から「だめだよ」と言ってもらうことを待っているかのようである。S先生はYくんのその様子に気づいたが、Tさんの発表の最中ということもあってか、じっと彼を見つめてうなずいただけであった。その後も、S先生は首を少し前に出し耳をTさんの方にそっと向けて、じっと聞き、理解しようとしていた。先生の両隣のFさんとMさんも背筋を弓なりに伸ばしつつ、Tさんの発表を見ていた。Tさんの発表の最後は以下のようなやりとりで締めくくられた。

Tさん：「……大豆は英語で、ソイ？」
教師：「ソイ（Tさんに聞こえるくらいの静かな声で）」
Tさん：「ソイビーンという。ソイビーンを日本語、で訳すと、しょ、しょうゆまめである。つまりしょうゆの原料として世界に伝わったのである。」
教師：「ソイビーンソースってみんないうよね、ね、ソイっていうのは、しょうゆ、しょうゆっていうのを向こうの人が聞いてソイってよぶように、いうようになったんですね。はい、これもよく調べてきました。はい」

【場面2】Yくんの発表場面
　場面1でのTさんの発表が終わるとほぼ同時にYくんは元気よく顔を上げた。そして、早く発表したくてたまらないといった表情を浮かべながら立ち上がり、次の発表者を決めるために仲良しのKくんとジャンケンを始めた。2人は笑顔で思いきり手をふりながらジャンケンをし、勝ったYくんが嬉しそうに発表をはじめた。しかしその嬉しそうな表情とは対照的に、Yくんの手元のプリントには大豆の育て方について数

7章　実践事例の記述と解釈の基盤

行しか実は書かれていなかった（彼は図書室で本を調べその内容を読んでいたものの、他の子どもとは対照的に、プリントには2、3行の文章しか写していなかったのである）。その理由については、はっきりとはわからない。

Yくん：「（発表の準備をしつつ、教師に満面の笑顔を向けながら）ぜんぜんかけなかった！」

教師：「（少しおどけた調子で）いいよぉ」

Yくん：「（元気よく）ぼくは大豆の育て方について調べました。（教師：静かにうなずきつつ「うん」）。2センチほど穴を掘ってそんなかに、2、3個ほどの種を植える。（教師：うん）。10日ほどたつと、ながくなる（プリントにはここまでの文章しか書かれていなかった）。あとなんだっけ、わすれたけど」

教師：「そのあと、書いてないとなぁ、だって」

Yくん：「（思い出したように）しょよ！！　初葉がひらいた頃、15センチ、あいだ、あいだ、かんで（教師：うん）、苗を、畑に、植える。」

教師：「でも苗の方法でしょ、きみのは。さっき先生も言ったけど、じかまきって直接畑に蒔いているから、苗じゃなくて種から蒔いているんだよね（この授業の前までに畑に大豆の種を直に蒔き、育てていた）」

Yくん：「大豆を、水につけるとふくらんで大きくなる。固くなるまえにとると枝豆が完成される」

教師：「そうだね、いつごろ、いつごろどうなるかがかいてあると、もっとよかったけどね、はい」

Yくん：「調べたけどのっていない」

　Yくんの発表はTさんとだいぶ異なっていた。Tさんは写した文字がうまく読めないときに教師が介入したものの、それ以外は自分の内容を読み上げ、教師が最後にコメントをするという流れであった。しかしYくんの場合、プリントにまとめていた数行の内容をまず読み上げた。だが、大豆の育て方の最初の部分しか述べられていなかったため、「そのあと書いてないとなぁ」と教師に言われる。するとYくんはプリントには書いてはいないが調べた本に書いてあった内容を思い出して言葉にしていったのである（「しょよ！！　初葉がひらいた頃、15センチ、あいだ、あいだ、かんで、苗を、畑に、植える」）。そして発言が一息ついたところで、教師は「でも苗の方法でしょ、きみのは」とコメントしている。その背景には、Yくんが調べ作業をしていたときに「今回、我々がやったのは直まきの方法だからそれも調べてみたら」と教師が伝えていたと

いう経緯がある。教師はこのコメントを通して「調べ作業のときにいったよね」というYくんへの確認と、苗植えと直まきの違いについても指摘した。教師のその発言に続き、さらにYくんは報告を続けた（「大豆を、水につけるとふくらんで大きくなる。固くなるまえにとると枝豆が完成される」）。

　このやりとりを見ると、Yくんの中で、直まきについて整理して理解されていない可能性が高いように思われた。教師は最後に「さらにいつごろどうなるかが書かれていればさらによかったね」と伝えている。「いつごろどうなるか」というのは、これから学校の裏の畑で先週に蒔いた大豆がどう変化し、それにどう対応していくのかといったことを考えていくときの指針なり参考になったのにという思いがあるのかもしれない。そしてYくんが「調べたけどのっていない」と教師に伝えたけれども、これに対して教師は特にコメントはせず、Yくんもそれ以上は何も言わなかった。Yくんが「調べたけどのっていない」という発言を繰り返さなかったのは、自分自身でもその発言に自信がなかったためのように思われた（実は、いつごろ大豆の苗がどういう状態になるかについてYくんが調べていた本には書かれていた）。

【場面３】Kくんの発表場面

　Yくんの発表が終わり、Yくんと仲良しのKくんの発表へ。Yくんが「ウゥーウー」とプロレスの入場ソングのような低いうなり声をあげ、それにKくんが加わった。まるで最後のメインイベントの始まりを演出する効果音のようであった。そしてKくんの発表。彼は「大豆の食べ方」について調べたことをプリントにぎっしり書き込んでいて、それを順に読み上げていった。これはYくん以外の子どもたちと同じ発表方法である。

> Kくん：「大豆の食べ方、で、調べました。（教師：はい）大豆は、枝豆、じんだもち、きなこ、豆腐、醤油、油、インク、納豆、甘納豆、ソース、おはぎ、もやし、おから、あれ、炒り豆、と、煮豆、と、あれ、しんにゅう、しんにゅう、しんにゅう？（教師：うん）になります。これより、いっぱい、もっと、あります。（教師：うん）、大豆の用途は、餌用１％、（教師：うん）、味噌、味噌とか醤油用４％、食品用15％と、油用が80％です（教師：うん）。大豆がなかったら、いっぱい、日本人の、食べ物は、すごく、すごく、なくなります」
>
> 教師：「いまみんな、ひととおりきいて、びっくりしたことない？」
>
> Kくん：「（数秒の沈黙の後）ない」
>
> 教師：「油が80％なんですよ」

Yくん：「80？（驚いた調子で）」
Kくん：「ってかいてあった」
教師：「とれたうちの8割が油、絞って油にしちゃって、食べ物に……」

　大豆の食べ方についての報告は子どもたちにとって理解しやすかったようで、みんなKくんの方を向いて熱心に聞いていた。そのせいだろうか、教師はKくんの発表の後「びっくりしたことはない？」と他の子どもたちに問いかけた。数秒の沈黙が流れ、それに耐えられなくなったのだろうか、発表者のKくんが「ない」と応答した。教師は「油が80％なんですよ！」と自分の驚きを生徒たちに伝えた。それに対して、Yくんは「80？」と驚いたような様子を見せた。もちろん、この発言だけでは彼の意図は明確にはわからない。しかし、教師の「油が80％なんですよ！」という発言を後押しするように驚いた調子で発言していた。Yくんの発言を受けてKくんは間違いを指摘されたと思ったのか「ってかいてあった」と本に書いてあったことを強調するような返答をした。その後に教師は、油が80％ということになぜ驚くのか、大豆は豆腐などの原材料というイメージがあるもののそのほとんどが油になってしまうことは意外だよねという話をした。

3-3. 事例考察「学級全体のやりとりの特徴
　　　── Yくんの参加に着目して」

　上記では、Tさん、Yくん、Kくんの3人の発表場面でのやりとりを、子どもたちの表情や身ぶりなども多少含めながら、記述してきた。考察では、子どもたちの言葉のやりとりに焦点を当てて、学級全体のやりとりとYくんの参加の特徴について考察を試みたい。

(1) やりとりの基本構造はIRF連鎖

　授業のやりとりの言葉だけに着目しても、子どもによって発言内容も異なり、さらに同じ子どもであっても同じ発言が同じように繰り返されることはない。そこで、まずは授業全体のやりとりの特徴をざっくりつかむため、一斉授業場面のやりとりに共通してみられるIRF連鎖という枠組みで、この事例のやりとりの整理を試みる。

　IRF連鎖というのは、授業のやりとりは教師からの問いかけや指示で開始され（Initiation）、学習者がそれに反応し（Response）、それを教師がフィード

バックする（Feedback）といった一連の流れを指していて、それぞれの頭文字をとってそう呼ばれる。今回の事例で言えば、教師が「各自が調べてまとめたことを発表してください」という指示をし（I）、それを受けて子どもたちが発表し（R）、その発表の仕方や内容がより適切なものになるように教師がフィードバックする（F）という流れがそれにあたる。Tさん、Yくん、Kくんの3人の発表場面でのやりとりは、個々の発話内容やその長さといった視点から見れば異なって見えるが、発話機能の視点で整理すると、共通した構造（IRF連鎖）があることがわかる。しかし、その機能を持つ発話を誰がどのように作り上げているのかといった点では、Yくんと他の2人の発表場面とでは次の2つの違いが見られた。

(2) Yくんの参加特徴
① 教師と共にRを作り上げる

3人の発表は、各自が調べた内容も、教師のコメントの内容もまったく同じではない。しかし、Yくん以外のTさんやKくんの発表では、彼らによってプリントに予め写されていたかなりの分量の文章が読み上げられた後、教師が発表の良かった点やうなずきを返し次の話題へ進めていた。しかし、Yくんの発表場面では様子が異なっていた。彼はプリントに写しておいたことをまずは読み上げ、教師からの「そのあと、書いてないとなぁ、だって」というフィードバックを受けて、さらに発表を続けていった。言い換えれば、Yくんの発表場面ではIRF連鎖が一巡して終わるわけではなく、教師の「発表してください」という指示のもとで（I）、Yが発表をして（R）、その発表についての教師のフィードバック（F）を受けて、さらに最初の発表（R）を拡張していくという流れになっていた。

② 友だちの発表（R）を一緒に盛り上げる

発表場面では、教師からの指示のもと、発表者が自分で調べたことを紹介し、他の子どもたちは教師からの促しがない限り一言もしゃべらないで聞くというのが基本であった。しかし、Yくんと仲の良いKくんの場面では違っていた。まず、Yくんがプロレスの入場ソングのような「ウゥー」という発表を盛り上げる効果音のような歌をうたい、それにKくんも同調し、そしてついに発表という流れになったのである。つまり、教師の指示や問いかけ（I）に応じて、Kくんが反応することを強く期待されている場面でも、Yくんは友人であるKくんの発表（R）を共につくるような発話を行っていた。

4．掘越による事例記述と解釈を読んで —— 違いが生じた理由とは？

　掘越の事例記述と解釈を読んで「同じビデオ映像を見ているはずなのにこんなに詳しく記述できるなんて……」と驚きを感じた。

　私が違いを一番強く感じたのは、掘越考察の「最後は笑顔を見せたYに対して、私はある種のたくましさとしなやかさを感じた」という箇所を読んだときである。この文章は私の中にすっと入り込んできた。私はYくんに対して「たくましさとしなやかさ」という比較的安定した特性を感じとってはいなかった。また、感じたとしても、読者にそれを伝えようとはあまり考えていなかったため、記述しなかったと思われる。それはなぜだろうか。

　一番の要因は、私の当時の関心が授業の談話構造の形成にあったことがあげられるだろう。私は、Yくんの言動を、学級独自の談話構造の一部をなしているものと捉えており、その構造から影響も受けつつ、同時にその構造を創り出してもいるものと考えていた。Yくんの育ちや成長をみとろうという視点は薄く、やはり最終的に明らかにしたかったのは、その学級らしいと感じる談話構造が形成されていくプロセスであった。そのため、掘越のまるでYくんの成長を見守るように温かで力強い解釈をすることはなかったと考えられる。

　次に、授業の談話構造の形成を明らかにしたいという思いから、授業における言葉のやりとりに焦点を当てて考察しようとしていたことが要因としてあげられるだろう。今回は5分間という短い場面の様子であったこともあり、Yくんについての言語的なやりとりの記述量が少なくなった。そのため、この記述をもとに私がYくんについての比較的安定した特性をつかもうとすると、これまでのYくんの姿や学級のやりとりを考えて、「こういう場合なら違うかもしれない」という反証例も同時に思い浮かび、迷いが生じた。対照的に、同じ5分の映像であっても、掘越記述では、言葉に加えて表情や視線、手足の動きまでが緻密に描かれ、記述の情報量が非常に豊かであった。言い換えれば、Yくんがどういうときにどうしているのかという異なる場面での様子を細やかに描くことを積み重ねていた。この切り取られた場面から解釈することによって、かえって、この場面をこえて比較的安定してみられるであろうYくんの「たくましさとしなやかさ」について掘越は感じていた。その違いが興味深かったのである。

【ケース】小学5年生の小集団学習事例の記述と解釈の実践
—— 第三者として ——

掘越紀香

1. 筆者の戸惑いとスタンス

　筆者は学生時代から幼稚園で保育観察を行っているが、小学校の授業場面を観察する経験は浅い。そのためだろうか、市川によるケースのビデオを初めて見たとき、その比較的静かな授業風景（大豆について調べたことの発表場面）を撮影した5分間が、スーッと流れていってしまった。幼稚園でのごっこ遊びでの盛り上がりやいざこざなど、ドラマチックな展開に慣れ親しんでいた筆者にとって、静かに展開していく授業風景に戸惑ったのである。

　もちろん、保育場面においても一生懸命つるつるの泥だんごを作る、泣いた後に1人で園庭の様子をじーっと眺めているなど、静かな時間が流れる場面はよく観察される。しかし、その静けさには一人ひとりの文脈があり、保育の背景がある。それらを考慮し、今までの保育観察の経験を駆使して、静かに展開する理由を推測して解釈することができる。今回は、与えられたビデオ映像、小学校5年生、帰国子女学級という限られた情報から、解釈を行うこととなり、その難しさを戸惑いというかたちで実感した。

　ここで、筆者はあえて間違いを恐れずに記述し、解釈していきたい。まず、ビデオのトランスクリプトは、通常保育場面で起こしている以上に、なるべく丁寧に記述するよう心がけた。また、解釈については、過大解釈や誤りもあるだろうが、ビデオから受けた印象や推測したことなどをあえて自由に記述することによって、調査者による記述との相違点や共通点が明らかになるだろう。なお、筆者は、調査者による内容を知らされずに事例の記述と解釈を行っている。この異なる2つの立場からの記述と解釈によって、さまざまな解釈の可能性の中から、1つのより納得できる解釈が選択されていくプロセスが示されると信じている。

2．授業の全般的な印象と教師の対応

　児童6人（女子4人、男子2人）が「友だちの調べた大豆のこと」について、1人ずつ発表している場面である。今後大豆を栽培する予定があるのだろうか。ビデオでは、女子T、男子Y、男子Kの順に発表している。

　まず感じたのは、帰国子女学級の授業ということである。YやKのように、日本語（特に漢字）を読む、書く、時には話すことの大変さがうかがえる児童もいた。それに対して、教師は、発表する児童が漢字の読みなどを間違っても、基本的には注意をしたり、修正をしたりすることはなかった。日本語を使って人前で発表することに抵抗感があると予想される児童が、みんなの前で発表すること自体に重きを置いているのかもしれない。教師は児童の発表に対して、基本的には認めたり、評価したりする声かけをしている。

　比較的上手に発表している女子Tのとき、教師はTの発表にときどきうなずきながら聞いているが、Tが自信なかったり詰まったりした場面、つまり「ソイ？……」や「しょ、醤油……」では、確認するように「ソイ」「まめ」と伝えている。また、帰国してまだ日も浅いように感じられる男子Kの発表では、大豆製品名をたくさん挙げるのを聞いて、教師は途中で少し笑いながらうなずいている。

　Kがおそらく豆乳のことを「しんにゅ、しん、しんにゅう？、になります」と曖昧そうに発表したときや、「大豆はなかったら、いっぱい日本人の、食べ物は、すごく、すごく無くなります」という文法的におかしな文章だったときも、修正することはなかった。むしろ、「今理由を聞いて、びっくりしたこと、ない？」と尋ね、発表した内容を重視して大豆の用途の数値を話題に取り上げ、みんなに確認している。

　ところが、男子Yに対する教師の対応は、他の児童とは異なっているように感じられた。あまり集中していない様子のYには、Tの発表最中に注意を促し、おそらくあまり調べた内容を書けていなかったことに対して、直接的には注意していないが、「そのあと、書いてないとな」「うーん、苗の方法でしょ？　君のね」「苗じゃなくって種なんだね」「いつごろどうなるかっていうのが書いてあると、もっとよかったけどね」と、Yの発表内容に注文をつけている。しかし、漢字の読み方が間違っていた場合（「15センチ、あいだ、あいだかくで」）は、Yも他の児童と同様に修正されることなく、教師はうなずきながら発表を受け

とめていた。これより、Yは教師にとって少し気になる存在であることが推察された。

3．児童へのまなざし（主に男子Yについて）

では、Yと他の児童の様子に目を向けたい。TやKの発表のとき、しっかり聞いている児童もいるが、発表者を見ていなかったり、飽きているように見えたりする児童が見られたのに対し、Yの発表のときは、少なくともビデオでわかる範囲では、みんながYを見て聞いているようだった。Yは何かと仲間から注目されている存在なのかもしれない。

また、Yは少し落ち着きない様子で、仲間の発表のときも下を向いており、教師から注意を受けている。Y自身の発表では、「ぜんぜん書けなかった」と恥ずかしそうに前置きをして、書けていないところを思い出しながら発表していたようである。

ここで、見方を変えてみよう。Yは「ぜんぜん書けなかった」にもかかわらず、「プリントを手に持って読む」という発表するスタイルは踏襲して、記憶している内容を発表している。さらに、わからなくなったとき、教師の方を頻繁に見たり、もう少し話そうとがんばっている様子を全身で表現したり、「何だっけ、あれ、忘れた」と正直に話して教師の声かけを待ったり、「あ、そうだ」と思い出して続きを発表したりしている。

Yはわからないなりに、発表場面を何とか切り抜けるスキルを身につけていると言えるのではないだろうか。Yはあっけらかんとしているようにも見えるが、発表直前はプリントにほとんど書けていないことを気にはしていたように感じられる。まず「ぜんぜん書けなかった」と断りを入れてから少し恥ずかしそうに発表し始め、途中で詰まり、思い出そうとしても出てこない、あるいは言うこと自体あまり整理されていないため、「何だっけ」と少し困っている。教師からの言葉かけや発表へのコメントはあまりポジティブではないものもあったので、Yは苦笑いするが、その発表の後、次の番のK（Yの友だちか？）と顔を見合わせて笑っている。不十分な発表であっても、発表の体裁は整えて、何とか終えて切り抜け、最後は笑顔を見せたYに対して、私はある種のたくましさとしなやかさを感じた。

また、Kの発表後の教師のコメントに対して、Yは「80（％）？」と反応よく聞き返している。意識的なものではないだろうが、何とか発表は切り抜けた

ものの、うまくはできなかった気まずさが残っているため、今はしっかりと聞いているということをアピールしたかったのかもしれない。とても子どもらしいYではあるが、学級の文化から外れそうになりながらもはみ出さないように奮闘している姿のように感じられたのである。

4．調査者市川の事例と解釈を読んで
── 「見つづける」ことと解釈妥当性

　市川記述を読んで感じたのは、事例の読み取りが比較的一致していたことへの安堵感と、豊富な情報が加わることでより解釈が深まるおもしろさだった。
　前者について、市川事例の背景がよくわからない分、できるだけ丁寧に見取るように心がけたが、適当な解釈ができているのかという不安が常にあった。十分な情報がないなか、ある解釈へと導かれたことで、詳細に事例を記述して読み取ることの意義に改めて気づかされた。一方で、かなりの量の事例から、適当な記述を選び出せないもどかしさも味わった。
　また、ビデオがYを中心に編集されていたこと、他の児童とは異なるYの発表の様子や教師の対応を見て、筆者も市川と同様、Yに着目した解釈と考察を行ったが、市川記述と比較することを通して、筆者自身の読み取りの傾向に気づくことができた。たとえば、Yが「全然書けなかった」と言って発表した場面の解釈において、市川は「早く発表したくてたまらないといった表情」「嬉しそうに発表をはじめた」など、Yの発表へのポジティブさに着目して記述している。一方、筆者は「照れ笑いをしながら」「断りを入れてから少し恥ずかしそうに発表し始め」「途中で詰まり」「少し困っている」のように、Yが発表を何とかやりくりしようと奮闘する様子に重きを置いて読み取る特徴が見られた。自分の興味関心が、解釈にも影響することがよく示されていた。
　後者については、市川記述の豊かな情報と解釈を読むことによって、事例がより理解しやすくなり、普段よりも〈情報〉〈事実〉〈解釈〉が一本につながる感覚を得た。たとえば、市川によって、YとKが仲良しであるという〈情報〉を与えられたことによって、筆者にはよくわからなかったKの発表前に聞こえた鼻歌の〈事実〉が、YによるKの「発表をもりあげるような効果音」であるとする市川の〈解釈〉が、より相応しいものとして納得できたのである。
　通常調査者として事例を解釈する場合、フィールドに入って「見る」ことによって少しずつ得られる〈事実〉と〈情報〉から〈解釈〉を生み出している。

その営みを積み重ね「見つづける」ことによって、いくつかの解釈からより相応しいと考えられる〈解釈〉を選択していくことになる。今回、調査者とも読者とも異なる、第三者としてビデオから捉えた〈事実〉と〈解釈〉に、調査者市川が「見つづける」ことから得た豊かな〈情報〉と〈解釈〉が一度に流れ込むことによって、〈解釈〉の深まりを端的に実感できたことは興味深かった。

今後もいくつかの可能な解釈から、より妥当な解釈を選択する場面に立ち会うだろう。そのためにも、フィールドで「見つづける」こと、〈事実〉を詳細に記述してみること、自分の解釈傾向を把握しつつ、自分も第三者もより納得のいく〈解釈〉へと更新しつづけることを目指したい。

【事例】

　帰国子女学級の授業風景。テーブルに教師、女子4名、男子2名が座っている。黒板には「友だちの調べた大豆のこと」と板書されている。テーブルの上には、筆箱とノート、プリント、バインダーが置いてある。なお、＊＊＊は聞き取れなかった箇所、アミ掛部分は発表者の発話を示す。

0'00	女子T：起立して、調べてきたプリントを読んで、発表している。
	女子T：「あぜまめは、あぜまめ、あぜまめっていうのは、えー田んぼ、のあぜ道で作る豆のこと」
	教師：両手を合わせて組んで肘をつき、女子Tの発表をときどきうなずきながら聞いている。
	男子K：手で鉛筆を持って、遊んでいる。
	男子Y：（女子Tの影であまり見えないが）机から少し離れて座り、下を向いて両足をパタパタ動かしている。あまり注意して聞いていない。
	女子K：画面が切れてあまり見えないが、女子Tを見て聞いている。
	女子F：女子Tを見て、話を聞いている。
	女子M：（教師の影であまり見えないが）女子Tの顔を見ている。
	教師：男子Yに顔を向け、小声で注意しジッと見つめて足の動きを制止させたあと、再び女子Tの方を見て聞いている。
	男子Y：教師を見て、足を動かすのはやめるが、再び下を向いて足を触ったりしている。
	女子T：「田植えのとき、あぜ道の、わきで、わきの、先で、穴をあけ、そこに大豆の種、カッコ豆を植えておけば、秋の稲刈りのとき、大豆も収穫できる。今ではあまり、作られないが、昔はよく作られていた」
0'30	教師：組んでいた指をくずし、うなずきながら、女子の話を聞いている。
	男子K：一人だけテーブルの上に両手を置き、鉛筆などを触っており、視線も指先に向いている。
	女子T：「で、東アジアで生まれた代表……は、小豆と、大豆。大豆は世界で最も多く作られている。カッコ、豆の中で最も多い。大豆の輸入量は、1940年から1996年度を見ると、どんどん増えている」
	男子K：消しゴムで机の上を消してみたりしながら、女子Tの方はチラッと見る程度。

7章　実践事例の記述と解釈の基盤

	女子K：筆箱を手に取って、あけてみる。
	女子F：じっと女子Tの顔をまっすぐ見て、話を聞いている。
1'00	女子T：「大豆の、先祖は、……あ、祖先は、中国の、北部から、朝鮮、半島、日本にかけて、自然に生えてくるツルマメという野草。日本には、2000年前に作られた。ヨーロッパには江戸時代に伝えたが、広まらなかった。アメリカには江戸時代の終わり頃、ペリーという人が伝えたという。（プリントをめくる）大豆は英語で、ソイ？……」
1'30	教師：「ソイ」
	女子T：「ソイビーンという。ソイビーンを日本語、で訳すと、しょ、醤油……豆である」
	教師：女子Tに合わせて「まめ」と口を動かす。
	女子T：「つまり、醤油の原料として、世界に伝わったのである」プリントから視線を上げ、教師を見て、ホッとした表情で座る。
	教師：女子KFの方を見て「うん、ソイビーンズソースって、みんな言いますよね」
	女子K：「ソイビーンズ」
	女子F：「うんうん」とうなずく。
	男子K：教師の方を見ている。
	男子Y：おでこをテーブルのへりにつけるようにしており、教師を見ていない。
2'00	教師：「ソイって言うのは、醤油、醤油って言うのを向こうの人が聞いて、ソイって言うようになったんですね。はい、これもよく調べてある。はい、次」と女子Kを見る。
	男子Y：体を起こして、教師の方を見る。
	女子K：「えっと」と立ち上がる。
	〈映像なし〉
	男子Y：男子Kを指さして、照れ笑いしながら立ち上がり、椅子をしまって「ぜんぜん書けなかった」と教師を見る。
	教師：うなずきながら「うん。読んで、しっかり」
	男子Y：姿勢良く立って、プリントを見ながら「ぼくは大豆の育て方について、調べました」
	教師：「うん、そして」
	男子Y：「2センチほど、穴を掘って、（ちょっと教師の方を見たあとプリントを見て）その中に、2、3個ほどの種を入れる」
	教師：男子Yが見たときに視線をそらすが、再び見つめて「うん」
	男子K・女子：男子Yの方を見て聞いている。
2'30	男子Y：プリントを見ながら「十日ほど、経つと、芽が、出る」と少したどたどしく言う。
	教師：「うん」
	男子Y：「……（7秒間沈黙）」プリント上で視線を左右に動かして見つめる。
	男子Y：プリントを見て何か言おうとするが、顔を上げて教師を見て「何だっけ、あれ、忘れた！」と照れ笑いしながら、足を軽く上げて少し姿勢を崩し、再びプリントを見る。
	教師：ちょっと笑顔になって「そのあと、書いてないとな。だって……」と言いかける。

	男子Y：教師の言葉を遮り、「そうだ、しよ、初葉が、開いた頃」とまっすぐ立つ。
	教師：男子Yを見て「ん？」
	男子K：身体を机に乗り出して、男子Yを見ている。
	男子Y：プリントを見ながら「15センチ、あいだ、あいだかくで」（自信なさそうに）
	教師：「うん」
3'00	男子Y：プリントを見ながら「苗を、……畑に、植える」
	教師：「うーん、苗の方法でしょ？　君のね」
	男子Y：教師を見て「うん」とうなずく。
	教師：「でも、さっき先生も言ってたけど、『直まき』って直接畑に蒔いてるから、苗じゃなくって種なんだね」と種を蒔く真似をしてみせる。
	男子Y：プリントを見つめて「大豆、を、……」
	教師：「うん」と言ったあと、少し首をかしげる。
	男子Y：プリントを見ながら「水につけると、ふくらんで大きくなる」と少し早口で言う。
	教師：「うん」
	男子K・女子：男子Yを見ている。
	男子Y：プリントを見て「か、かたくなる前にとると」
	男子Y：教師の顔を見ながら、椅子の背に手をかけて「枝豆が完成する」と結ぶ。
3'30	教師：少し視線を下ろして考えながら「うん、ま、そうだな。いつごろ、いつごろどうなるかっていうのが書いてあると、もっとよかったけどね」と男子Yを見て話す。
	男子Y：プリントを持ったまま、少し苦笑いして教師の顔を見ていたが、プリントを伏せて机に置いて座りながら「＊＊＊」と話す。
	教師：「はい」と言って、今度は男子Kの方に顔を向ける。
	男子Y：安心したのか、少し嬉しそうな顔をして男子Kの方を見る。
	男子K：（「んーんん、んーんーんー、んんんんー♪」と軽く鼻歌が聞こえる）立ち上がったときに床に落ちた鉛筆を拾って机の上に置き、両手でプリントを持って「大豆の食べ方、で調べました」と教師の方をチラッと見る。
	教師：男子Kの顔を見ていたが、「うん、はい」と視線を落として聞く。
	女子F：男子Kの方を見ながら聞いている。
	男子Y：机の上に腕を置き、手の上にあごを乗せている。男子Kの方は見ていないが、聞いている様子。
4'00	男子K：「大豆は、枝豆、じんだもち、きなこ、豆腐、醤油、油、インク、納豆、甘納豆、ソース、おは、はぎ、もやし、おから、あれ？　炒り豆、と、煮豆、と、あれ？しんにゅ、しん、（一瞬両腕を前方に伸ばし、プリントを持ち直して）しんにゅう？（豆乳か？）、になります」とプリントを見て読んでいる。
	教師：途中で少し笑いながら、男子Kの方を見て「うん」とうなずいて聞いている。
	男子Y：身体を起こして、肘をつき、指をくわえながら、聞いている様子。（男子Kの方は見ていない）
	女子K：男子Kを見たり、自分の手をいじったりして聞いている。
	女子F：男子Kの方を見ながら聞いている。

	男子K:「これよりいっぱい、もっとあります。大豆の用途は、えさ、えさ用1パーセント、味噌、醤油、味噌とか醤油用、4パーセント、食品、用15パーセントと、油用が80パーセントです」
	教師:左手を口元に当てながら男子Kの方を見て、数値のたびに「うん」とうなずいて聞いている。
4'30	男子K:プリントを左手で持ち、右手を机の上でときどき動かしながら「大豆はなかったら、いっぱい日本人の、食べ物は、すごく、すごく無くなります」と読み終わると、プリントを置き、教師の方を見る。
	教師:男子Kの方を見て「うん」とうなずいて聞いていたが、となりの女子Fの方を見て「今理由聞いて、びっくりしたこと、ない?」
	男子K:「ない」
	教師:教師の前の男子Yの方を向きながら「油が80パーセントなんですよ」
	男子Y:指をくわえながら、教師を見て「80?」
	男子K:一瞬両手を上に伸ばし「……て、書いてあった」と言いながら、椅子に座って教師を見る。
	女子T:「すごいね」とかすかにつぶやく。
	教師:女子Tや男子Kの方を見て「とれたうちの8割が油、絞って油にしちゃって、食べ物にするのに使ったりとか、実際に食べたりするのは2割しかない」と指を2本出す。
	女子K:身体を乗り出して「でも、それ、作った豆なんですよね?」
5'00	教師:「醤油と豆は日本の2割の***、うん、4パーセントって書いてあったよね?コメントではね?」と男子Kのプリントを指さして確認する。
	男子K:プリントを見ながら「うん」
	女子K:前の男子Kのプリントの方を見る。
	男子Y:指をくわえるのをやめる。
	教師:嬉しそうに笑って「聞いてなくっちゃ、そこー」と女子Kを見る。
	男子K:ホッとしたのか「はー」と息をつく。
	教師:教師のノートを見て「ということで、今日はちょっとそこまでにしましょう。時間なくなっちゃったから、ね」
5'10	男子Y:男子Kの方を見てニッコリ笑う。

【メタ解釈】小学5年生の小集団学習事例の記述と解釈の実践
── 2つのケース ──

砂上史子

1．知らないからこその詳細な記述

　本章の2つの【ケース】で取り上げた5分間の映像は、ある小学校の授業風景である。撮影者である市川の説明にある学校の特色私立小学校や地域性からすると、この授業風景は「小学校の授業風景」として一般的にイメージされるものとはいくぶん異なる。特に、帰国子女学級の児童6名の小集団学習という点が特徴的である。
　この授業風景に対する掘越のトランスクリプト（ビデオの映像を文字化したもの）は、「間違いを恐れずに」という言葉とは裏腹に、非常に丁寧で詳細である。撮影者である市川が「こんなに詳しく記述できるなんて……」と思うのもうなずける。その記述は、幼稚園などの保育を映像で記録し、分析してきた掘越ならではである。しかし同時に、「ドラマチックな展開」の保育場面を見慣れた掘越の「戸惑い」もその詳細さに貢献したのではないかと感じた。
　掘越は馴染がなく限られた情報しかない場面だからこそ、きるだけ客観的に中立的に、かつ水も漏らさぬように記述したのではないだろうか。その緻密な記述は「スーッと流れてしまう」5分間の映像から何かひっかかりを見つけようという格闘の跡のようにも感じられた。
　ここで興味深いのは、記述の量は掘越のトランスクリプトの方が多いにもかかわらず、読み手の頭の中にその風景が思い浮かぶのは市川の記述の方だということである。これは、掘越の記述の不備を言っているのではない。掘越自身が「市川記述の豊かな情報と解釈を読むことによって、事例がより理解しやすくなり、普段よりも〈情報〉〈事実〉〈解釈〉が一本につながる感覚を得た」と書いているように、市川の記述は事実（映像）が情報と解釈とつなげられていることによって、記述が立体的なのである。たとえば、最初の発表者のTさんについて「彼女は背も高く、いつも落ち着いた雰囲気を持つ女の子である」とあることで、後につづく「発表前、Tさんは図書室の本を調べ……（中略）……不自然であったりもした」という記述が、Tさんのことを実際に知らない

読み手にも、真面目で堅実であろう「Tさんらしさ」が感じられる記述となっている。

また、市川の記述は発表者ごとに記述の焦点を変えているので、遠近法の手法で描かれた絵画、もしくは登場人物に適宜ズームアップする映画のように焦点と背景がくっきりしている。それは、意識的であれ無意識的であれ、市川がある視点から映像の中の出来事を取捨選択していることを意味している。もちろん、そもそも何に注目して撮影するかということは、観察者やその映像を見る解釈者の観点や枠組みと密接に関連する。したがって、市川が撮影者であることを考えるとこれは当然とも言える。

言い換えると、掘越の記述は第三者であるがゆえに詳細でありつつもフレーム内に映ったすべての事柄を等価に記述しているという意味で平面的にならざるを得なかったが、市川の記述は現場をよく知る撮影者の観点が生かされた選択的で立体的なものになっているのである。

2．ビデオ映像の記述と解釈の妥当性

保育・教育実践のビデオ映像を用いて研究する場合の利点としては「情報量が多いこと」「臨場感があること」「繰り返しの視聴が可能であること」であり、留意点としては「現実が切り取られてしまうこと」「カメラの存在がその場に影響をあたえるかもしれないこと」「文字変換（トランスクリプション）が大変であること」（秋田，2005；砂上，2004；石黒，2001；大豆生田，1996）が指摘されている。これらのうち、利点の「情報量が多いこと」と留意点の「現実が切り取られてしまうこと」に注目するならば、ビデオは筆記による記録よりも多くの情報を含み、フレーム内のものをすべて映し出すと言えるが、それは裏返して言うとフレーム外のものは一切映し出さないということでもある。その意味で、ビデオは「さまざまな情報を含んだ複雑性と漠然性（曖昧性）」（秋田，2005：pp.185-186）も孕む。

これらビデオの特徴をふまえるならば、掘越と市川の記述の違いは、映像の記述記述と解釈の妥当性は情報量の多寡だけでなく、記述における観点の有無や、「情報」「事実」「解釈」という質の異なる記述の組み合わせなどの側面から検討されうることを示唆している。

3.「らしさ」を捉える枠組み

　撮影者の市川がYくんを中心にビデオを編集したこともあり、掘越も市川もYくんに注目し、彼の様子を詳しく記述し解釈している。市川は「S先生が少し気になる子どもとしてYくんの名前を挙げていた」という事前の情報からYくんに注目している。一方、掘越は「男児Yに対する教師の反応は、他の児童とは異なっているように感じられた」と述べ、教師のY君に対する具体的な対応から「Yは教師にとって少し気になる存在であることが推測された」と解釈している。「S先生にとってYくんが『少し気になる子ども』である」という点では両者の解釈は一致している。しかし、そのことを市川は撮影に臨む際にすでに観点として持ち、掘越は撮影された映像から解釈している。

　したがって、授業態度などからうかがえる「Yくんらしさ（Yくんの特徴）」は、市川の記述では、教師から得られた情報によって所与のものとして仮定されているのに対し、掘越の記述では教師（とその言葉を聞いた撮影者）のまなざしや対応との相互作用の結果から推測されている。

　また、市川は「その学級らしいと感じられるやりとりがどのように出来上がっていくのか知りたい」と調査の意図を述べているのに対し、掘越は「学級の文化から外れそうになりながら」と書いている。「Yくんらしさ」の捉え方とは対照的に、「学級らしさ（学級文化）」については、市川は児童と教師の相互作用から形成されるものと捉え、掘越さんはある程度安定した所与のものとして捉えていることがうかがえる。つまり、「Yくんらしさ」と「学級らしさ」の捉え方が市川と掘越とではちょうど裏表の関係にあると言える。

　このことは、記述や解釈の妥当性を超えて、子どもの特性や学級文化を安定したものと見るのか、相互作用の中で生成されるものと見るのかという、発達や教育の実践にかかわる大きな問いつながっている。市川と掘越がどの程度この問いに自覚的であったかはわからないが、具体的な記述と解釈の中に両者のより抽象的な発達観や教育観がすかし絵のように浮かび上がっていると考えられる。

4．解釈基盤の違い

　これまでに述べた観点の有無や差異を反映して、市川と堀越のYくんに対する記述と解釈は微妙に異なっている。堀越は授業中のYくんの姿を「たくましさとしなやかさ」や「子どもらしい」、「奮闘」という言葉で表現している。堀越の記述を読んだ市川が自分自身の記述を「Yくんの育ちや成長をみとろうという視点は薄く」と省みているように、堀越の記述はYくんの姿をその内面も含めて共感的に理解するものとなっている。一方の市川の記述は、教師とのやりとりの特徴に焦点を当てており、Yくんの発表や応答の仕方など行動に焦点を当てた中立的な記述となっている。

　これらの違いの背景として、両者が身を置く実践現場の専門性が指摘できるだろう。堀越の子どもを共感的に理解しようとする見方は、保育者の専門性として重視されている「カウンセリングマインド」（文部省,1993）に通じるものである。これは「一人ひとりの幼児の内面を理解し、信頼関係を築きつつ、発達に必要な経験を幼児自ら獲得していけるように援助する」姿勢である。長く保育実践の場に参与し、実践者と共に間近で子どもの育ちを見つめてきた経験から、堀越の記述と解釈基盤にはカウンセリングマインドがあると考えられる。一方の市川の記述と解釈は、「最終的に明らかにしたかったのは、その学級らしいと感じる談話構造が形成されていくプロセスであった」という調査意図のもとで、子どもと教師のやりとりに対する関心が色濃く反映しており、これも市川自身の研究者としての立場とその経験の積み重ねによるところが大きいと考えられる。つまり、保育実践と学校教育・授業実践のそれぞれのフィールドに対する関心や参与経験、具体的な調査意図や研究的関心が、両者のそれぞれの「解釈基盤」を構成していると考えられる。そして、これらの解釈基盤は、前節で指摘した子どもの特性や学級文化の捉え方とも関連しつつ、それぞれの記述と解釈に反映されていると言える。

5．まとめ ── 記述と解釈の内側と外側

　以上、市川と堀越の解釈をさらに解釈するという「メタ解釈」を試みた。このメタ解釈をさらに解釈するという「メタ・メタ解釈」も可能だろう。その中

では、このメタ解釈において、筆者が「保育」「ビデオ」「実践の中のやりとり」という点で掘越さん、市川さんと解釈基盤を共有する点が多いために、暗黙のうちに了解してしまい、見過ごしてしまっている事柄が指摘されるかもしれない。そのことによって、筆者が暗黙のうちに了解したり、見過ごしてしまったりしている事柄がさらに指摘できるかもしれない。

　たとえば、両者の記述に登場した「少し気になる子」や「育ち」という言葉は、その語感や使われ方も含め保育実践の現場寄りの用語である。もし、我々3人と異なる研究領域の人が今回の記述や解釈を読んだ場合、それらの言葉遣い自体に、ある特定の立場における視点や見方が染み込んでいると感じる可能性がある。その意味で、我々の記述と解釈はある種「内向きな」ものとなっていることも否定できないだろう。

　そして、その「内向き」な特徴は、市川、掘越が互いの記述と解釈に対して述べた記述の内容にも通じるのかもしれない。2人の感想は、その謙虚な人柄によるところが大きいとしても、対象を冷静に分析する批判的思考よりも自身を振り返る反省に終始している。事例の記述と解釈についての議論をより深めていく場合には、もっと批判的思考から互いの記述と解釈を検討しあう姿勢が必要と感じられなくもない。メタ解釈も含めた我々3名に対して「こんなに簡単にわかりあってしまっていいの？」という感想もあるだろう。

　したがって、このメタ解釈も含めた記述と解釈が、さらにその「外側」からの解釈にさらされることが必要になる。それが、実践の記述と解釈の理論を「わかる者同士の会話」から押し広げていく可能性をひらくと考えられるからである。解釈基盤を共有しない徹底した外側からの視点にさらされていくことは、記述と解釈をタフにし、そこで得られた気づきが内側の実践を評価し改善するための手立てにもつながっていくからである。

【文献】

石黒広昭 (2001).「フィールドリサーチにおけるAV機器」石黒広昭 (編)『AV機器をもってフィールドへ —— 保育・教育・社会的実践の理解と研究のために』新曜社, pp.1-25.

秋田喜代美 (2005).「コラム　フィールドへの参加とビデオを用いた研究」秋田喜代美・恒吉僚子・佐藤学 (編)『教育研究のメソドロジー』東京大学出版会.

宮内洋 (2004).「〈出来事〉の生成 —— 幼児同士の『トラブル』に見る説明の妥当性について」『質的心理学研究』3, 28-48.

大豆生田啓友 (1996).「保育実践研究におけるビデオ活用に関する試論」『保育の実践と研究』1 (2), 12-19.

文部省 (1993).「保育技術専門講座資料」

砂上史子 (2004).「ビデオによる観察」無藤隆・やまだようこ・南博文・麻生武・サトウタツヤ（編）『ワードマップ　質的心理学 —— 創造的に活用するコツ』新曜社, pp.140-147.

8章　質的研究を読むこと・読まれること

本山方子

　質的研究として公刊されるテクストをいかに書くか、という問題が、これまで繰り返し議論され指南されてきた一方で、産出されたテクストがどのように読まれるのか、ということについてはほとんど言及されていない。しかし、質的研究あるいは質的心理学では、フィールドにおける豊穣な意味生成をテクスト化するという過程が含まれており、この領域の特性や研究の交流を考えるには「読むこと」を問題化する必要があるだろう。私たちは、質的研究を読むことに、どのように関与しているのだろうか。

1. 書き手－読み手－フィールド協力者のテクストを媒介にした関係性

　質的研究のテクスト化は、それ自体だけに目的があるのではない。テクストの媒介的機能に着目すれば、テクスト化という作業では暗黙的明示的に「読み手」の存在が措定されている。つまり、誰かに読まれるためにテクストは紡ぎだされる。読み手とは、フィールドの協力者であったり、近未来の記述者自身であったり、研究者ネットワークの仲間などであったりする。
　書き手と読み手と研究協力者との間には、相互の直接的な関与の有無にかかわらず、テクストを媒介とした関係性が形成される。バフチン（1979/1926）は、話されたり書かれたりした言葉をめぐる、その三者間の関係に関して次のように述べている。

　　辞書の中に眠っているものではなく、現実に発言された（あるいは意味をもって書かれた）言葉はすべて、次の三者すなわち、語り手（作者）、聞き手（読者）、語られる誰か（主人公）の社会的相互作用の表現であり、産物である。言葉は社会的出来事であり、それは何か抽象的、言語学的な物として自足しているものではなく、孤立化

して取り出された話し手の主観的意識から心理学的に導き出されるものでもない。
（バフチン，1979/1926：訳書 p.239. 強調は原著者による）

　つまり、テクストは社会的出来事であり、書き手となる調査者、読み手、語られる研究協力者の社会的相互作用の表現であり、産物である。言い換えれば、質的研究のテクストをめぐっては、従来考えられてきた「書く」―「書かれる」だけではなく、「読む」―「読まれる」という関係性が射程に入ってくる。三者は「読まれるテクスト」に媒介される関係にあると言ってよい。調査者である書き手によって、研究協力者との相互作用について書かれたテクストは、第三者の読み手ばかりでなく、協力者自身にも、何年か後の書き手自身にも読まれるのである。
　ここで問題となるのは、テクストの読まれ方である。読みの過程において、読み手は、描かれる研究協力者やフィールドについて、見知らぬはずなのに共感的に受けとめたり、読み手間で了解可能性が生まれたりするということを経験することがある。あるいは反発するとしても、多くは、そのフィールドを「知っている」ことによるのではなく、記述の突飛さに違和感を持つことによる。読み手が研究協力者であれば、自らの経験と、他者の手によるテクストとの間に齟齬や同意を感じることもあろう。こうした事実をどう捉えたらよいだろうか。

2．読むことと解釈共同体

　そこで、まず、テクストに媒介される三者の関係を前提にしたときに、「読む」という事態はどのように捉えられるのか、検討してみたい。
　「読む」ことに関する文学理論において、かつては、構造主義的な立場からテクストの構造が分析され、「読者」については、チョムスキーの理論に基づき、個人的経験などコンテクストから切り離された「理想的読者」が想定されていた。しかし、近年では、「読む」という行為を能動的なものと捉え、積極的にテクストを生成する存在として「読者」をみなす「読者論」に力点が置かれるようになった（伊藤，1996）。
　このような理論的転回の中で、フィッシュ（Fish, 1980/1992）は、「解釈共同体がテクスト（および読者）を生成する」との考えを示し、「解釈共同体」について、次のように説明する。

> 解釈共同体は解釈戦略を共有する人々から成っている。テクストを読む（在来の意味で）ための戦略でなく、テクストを書くための、つまり、テクストの特性を構成しテクストに意図を付与するための戦略を共有する人々から成っている。言い換えれば、こういう戦略は読む行為に先立って存在し、したがって読まれるものの形を決定する。一般に考えられているのと違って、その逆ではない。(Fish, 1980, p.171. 訳は小林, 1992：p.186による)

　ここで、フィッシュは、テクストの意味を読者の個人内要因に解消してしまうのではなく、何らかの信念や解釈システムを共有する読者群を想定し、「読み」の力点を「解釈」においている。読者とは、解釈共同体における「素養ある読者」(informed reader) であり、テクストを構成する言語運用能力を持つ、解釈共同体のメンバーである。つまり、共同体の規範や慣習から制約を受ける点で、理想的読者のように抽象的な存在でも、まったく自由な読者でもない。テクストや意味は、孤立した個人から生まれるのではなく、解釈共同体の公的で慣習的な見解から生成される（Fish, 1980/1992）。

　このことは、読者 対 テクスト、主観 対 客観という単純な二分法を退けることにもつながっている（小林, 1992）。ある特定のテクストが読者の読みを規定するために、読みに対して安定性が付与されるのではない。「読み」の安定性は、「書く」行為と「読む」行為のそれぞれの前提に解釈戦略があるために保証されているのであって、テクストの構造や作者に帰属されるものではない（Fish, 1980/1992）。解釈共同体は、解釈可能性を限定したり狭めたりする共同体では決してない。解釈を限定するにしても多様な解釈可能性を保証するにしても、どちらを採るかは、その共同体における解釈戦略の問題である。

　解釈共同体として「心理学」という学問世界を捉えようとするならば、これまで「心理学」において、「読む」という実践はどのように捉えられてきたのだろうか。

　従来、心理学は、近代の自然科学のパラダイムに学問としての基盤を置き、研究成果としての論文の執筆では、方法や結果の信頼性や妥当性、客観性、一般化可能性が強く求められた。そのため、論文を「書く」という実践には、書き手の側で完結する科学性の高い作品を作り上げること、つまり、研究の結果に代表性や典型性を持たせるために、結果の持つ意味を限定することが要求されてきたのである。このように、研究論文は、解釈の可能性が限定されたテクストであることが前提であったので、「読む」という実践では、こういった書き手の作業がうまくいっているか、つまり、問題の焦点化や方法の妥当性、論

旨の展開の明瞭さなどの点で書かれたものの是非を問うことが主な目的であった。フィッシュの論によれば、これはこれで、解釈共同体の解釈戦略の1つのあり方を示しているとも言える。

しかし、人間の実践は多様であり、さまざまな解釈の可能性を秘めているものである。心理学における質的研究実践は、一方でフィールドでの行為や出来事の多様性や多義性を感じとりながら、他方でテクストにおいてはその意味をより収束し顕在化していくという、一見、矛盾を孕んだ実践であるとも考えられる。その矛盾に見えることに整合性をつけていくこと、あるいは、書き手にとっては、フィールドでの事態に対しいくつかの説明があり得ることを承知のうえで、論証を成立させること、より強力な意味に集約していくこと、さらに、書くことにも読むことにも、研究の社会的実践としての意義についての評価を伴わせること、これらのことが、質的研究の解釈共同体の解釈戦略の特徴として考えられる。つまり、質的研究が心理学研究の1つの選択肢となることは、研究結果について一義的な提示と読みしか認めなかった「心理学」の解釈共同体を、別の解釈戦略をも有する共同体へ変化させる契機をもたらすことにもなると言えよう。

3．読むことの個性

では、読み手間における解釈の相違や、読みの差異は、どのように考えるのか。

解釈共同体論に立てば、「意味」とは、純粋かつ不変的にテクストに固着するものではなく、また、読み手個人に付着するものではない。

> 意味というものが、固定し安定したテクストの属性ではなく、また自由で独立した読者の属性でもなく、読者の活動の形およびその活動が産出するテクストの双方に責任を持つ解釈共同体の属性である。(Fish, 1980, 邦訳, 1992, p.105)

つまり、読み手は解釈共同体の社会的関係に置かれており、「意味」は解釈共同体における読み手の言語活動の範疇で見えてくるものであり、解釈共同体に属するものだとされる。たとえば、仮に読み手が「突飛な解釈」をしたように見えても、それはテクストと読みの関係が不正確だという「個々の解釈の特質」の問題ではなく、「解釈体系の特質」の問題である。突飛であるものと、

その対立項となる突飛でないものとの間の境界の引き方の問題であり、境界を引こうとする解釈体系の在り方の問題である（Fish, 1980/1992）。
　また、読み手の、テクストとの出会い方の問題でもある。

　　現実に存在する読者というものは、その意識が慣習的概念群によって構成されており、それが働いて、慣習的な対象、慣習的に見られる対象を構成する。（Fish, 1980, 邦訳, 1992, p.118）

　フィッシュは、宗教詩を事例に、あるテクストは「詩である」と認識されることにより、そのテクストに「詩としての特性」が発見される、と言う（Fish, 1980/1992）。読み手は、まったく純粋な個人としてテクストに出会うのではなく、テクストが発せられる状況や枠組みを慣習的に知っており、かつ、制度的状況において出会う。言い換えれば、心理学の質的研究のテクストは、「研究論文である」と認識されるがゆえに「論文としての特性」を読み込んでいく。つまり、対象についての了解は社会的な慣習として成立している。
　したがって、読みの差異は、無数の読み手による無数の解釈が可能になるということではなく、読み手の間でテクストの解釈が無制限に拡散するわけではない。
　となると、ここで考えなければならないのは、私たちが経験的に感知している、読むことの個性についてである。
　ギアーツ（Geertz, 1996/1988）は人類学者の研究実践について論考を進める中で、マリノフスキーの記述には「完全なコスモポリタン」である「巡礼者としての人類学者」と「骨の髄まで研究者」である「地図作成者としての人類学者」との間で揺れ動く自己が垣間見えると指摘している。ここでギアーツは、人類学者の「書く」行為に見られるポジショニングについて言及しているが、同時に、人類学者の記述についてギアーツ自身による読みの過程を開示している。すなわち、マリノフスキーのポジショニングの揺れについて、ギアーツが指摘可能なのは、ギアーツの読みにギアーツ自身の人類学（者）観や民族誌観が現れているからである。
　つまり、読むという実践においては、テクストに対峙する読み手の経験世界や実践観、研究観などが露わになると言えるだろう。上記の例で言えば、ギアーツの指摘するマリノフスキーのポジショニングは、マリノフスキー自身による認識の有無とは別に、マリノフスキーの民族誌への反応として顕在化された、ギアーツの感知する人類学者像が暴露されたものである。ギアーツ自身、

人類学者であり、この暴露は自ら「何者」であるか、を意味しているに等しい。これは、思想家のアーレントによれば、人は活動と言論において、その人が「何者」("who")であるか、「正体」を暴露する、ということに近しい(Arendt, 1958/1994)。読みの個性は、異なる経験を持つ読み手の正体が、読むという行為で暴露されることによると考えられないだろうか。

　フィッシュの論に戻れば、読み手がかかわる解釈共同体は、1つのみではなく複数であることを前提にしている。たとえば、研究者が、教育現場をフィールドとする研究論文を書いたり読んだりする場合、研究者コミュニティだけではなく、協力してくれたフィールドの協力者にも、一般の教師や教育関係者にも、目前のテクストがどのように読まれるか、考える。つまり、異なる解釈戦略を持ついくつかの解釈共同体に参加や関与をしていることを前提にしているのである。このことは、インターフィールドの実践である質的研究の特性と言えよう。

　以上まとめれば、質的研究を読むこととは、これまでの生活経験や生活史という歴史的次元と、複数の解釈共同体への参入という空間的次元において、読み手は自らの「正体」を露わにする、ということになる。読むことにおいて、異なる生活背景や生活史を持つ読み手なりの思想や研究観、実践観、生活観などが顕在化されるとともに、自らがいくつかの解釈共同体の解釈戦略に身を投じる。こうした事態が、読みの個性あるいは差異を顕在化させており、読み手の能動性を担保していると考えられるだろう。

4．読むことの倫理

　このように、読み手が能動的な存在としてテクストの生成に貢献するのであれば、読むことにどのような責任があるのだろうか。
　ミラー（2000/1987）によれば、読むことの倫理的瞬間は、次のような性質を持つ。1つには、読むことの倫理的瞬間は、何かに対する反応、責任、応答、敬意として現れる。ここで言う反応とは読み手に課された義務であり、逆らうことのできない要求に対する強制的な反応である。2つには、読むことの倫理的瞬間は、行為に至る。そこには、社会・制度・政治にかかわる領域で、読む行為のさ中の言語処理から、知識・政治・歴史の領域へと向かう、遂行的な力の流れが必要である。読み手はテクストに対して自由に反応を示すことはできる。ただし、その自由とは、テクストを評論したり教育に用いるなど単なる反

応を超えた表明に至った場合、その反応が「人間関係」や制度、社会、政治、歴史にもたらすかもしれない影響に対して責任を負う、という条件つきの自由である。

　以上より、読むことを研究実践として位置づければ、その倫理のひとつには、書き手に対する応答責任を挙げることができる。読むという行為は、おのずから研究協力者の行為の事実や書き手の記述に寄り添うことになる。そのうえで、読み手は書かれたものに対して同意や反発などのかたちで応答責任を果たす。読み手はこの応答責任からは逃れられない。

　2つには、記述されたフィールドの協力者の行為や生について承認し、それが人間の実践としてあり得ることだと認めるかどうかへの責任である。質的研究論文においては、事例やトランスクリプトのかたちで、現場での出来事や当事者の行為が開示されており、読み手は間接的にではあるがその現場に関与することになる。読み手は、フィールドにおいて確かに営まれていたであろう人々の実践について「知り」、了解する。このことは同時に、研究協力者の実践共同体と、読み手の属する解釈共同体との双方に対して、読み手は責任を持つということである。

　なお、ここで、読まれることの倫理を加えておきたい。書き手は、テクストが読まれることに伴う反応や批評、時には修正要求や疑問に応答しなければならない。また、調査協力者はテクストと自らの実践との整合性や齟齬、時には言語化されること自体を省察し、違和感があれば表明する責任がある。実際に、文化人類学や民俗学においては、フィールドの当事者が研究者の論文の言説に翻弄されたり、誤りを指摘することがある。

　筆者は、ある授業実践について、授業直後のインタビューをもとに教師の意思決定を記していたところ、何年か経ってから、本人から、別の事実について知らされたことがある。公表前に点検を依頼した際のことであるが、授業に本気で取り組んでいたからこそ、逆に言い出しにくかったのだと想像できた。「読まれる」ということは、研究協力者にとっては、実践の事実が知られることだけでなく、そこで何を考え感じていたのか、行為者としての倫理もまた見られることでもある。

　従来の心理学界においては、読む・読まれるということに、こうした責任はあまり期待されていなかった。論文に対する責任は、科学性の保証という点に重きが置かれていた。質的研究論文を読む・読まれるということは、書かれてあることに対する共同責任者あるいは証人として巻き込まれるという倫理性を伴っている。

以上、読むことや読まれることが、質的研究の領域でいかに主題化可能か、論じてきた。ただし、ここまででは、インターフィールド実践としての質的研究の解釈共同体で採られうる解釈戦略とは何か、という論述の詳細を欠いている。

　しかし、この解釈戦略を従来の研究法のテキストのように、研究のノウハウとして論じることは本書のめざすところではない。そこで、以下、1つのテクスト（麻生武著『身ぶりからことばへ ── 赤ちゃんにみる私たちの起源』新曜社、1992年刊）を素材に、2名の読み手（砂上・磯村）と原著者自身が、自らの「読み」の実践過程を省察し、開示することを試みた。読み手間に了解可能性はどのように見られるのか、何を是とし何を議論の外においているのか、読みの個性はどのように表れているのか、など、ここまで議論してきたことについて、3名の文章から、本書の読者自身に判断していただきたい。

　なお、筆者は解釈戦略の議論を丸投げしているのではない。解釈戦略は、特定の読み手や研究方法論者に固着するものではないということを前提にしているのだ。先の判断には、読者の皆さん自身による、素材のテクストの読みが反映されうるだろうし、顕在化もされるだろう。3名の読みの単なる比較で終わってしまっては、解釈戦略は3名に閉じられたものでしかない。本書の読者を巻き込むことでその系は開かれ、フィールド研究として共有可能な解釈戦略についてオープンな議論が可能になる。解釈戦略とはこうしたテクストをめぐる読みの連鎖に表れるものであり、読みの連鎖がフィールド研究を1つの領域として成立させることにつながっているのである。

【文献】

Arendt, H. (1958). *The Human Condition.* Chicago: The University of Chicago Press.（志水速雄（訳）(1994).『人間の条件』筑摩書房.）

バフチン（Bakhtin, M. M.）／磯谷孝・斎藤俊雄（訳）(1979).『フロイト主義 ── 生活のことばと詩の言葉』新時代社.

Fish, S. (1980). *Is There a Text in This Class? : The authority of interpretive communities.* Cambridge, Mass.: Harvard University Press.（小林昌夫（訳）(1992).『このクラスにテクストはありますか』解釈共同体の権威 3、みすず書房.）

ギアーツ, C.／森泉弘次（訳）(1996).『文化の読み方／書き方』岩波書店.（Geertz, C. (1988). *Works and Lives: The anthropologist as author.* Stanford: Stanford University Press.）

伊藤直哉（1996）.「読者の誕生 ── 読者とは何者か？」土田知則・青柳悦子・伊藤直哉『現代文学理論 ── テクスト・読み・世界』新曜社、pp.124-133.

小林昌夫（1992）.「訳者あとがき」フィッシュ, S.／小林昌夫（訳）『このクラスに

テクストはありますか』解釈共同体の権威3，みすず書房，pp.179-196.
ミラー，J. H.／伊藤誓・大島由紀夫（訳）（2000）．『読むことの倫理』法政大学出版局．(Miller, J. H. (1987). *The Ethics of Reading: Kant, de Man, Eliot, Trollope, James, and Benjamin.* New York : Columbia University Press.)

【ケース】麻生武著『身ぶりからことばへ』をめぐる読みの実践
── 事例研究の説得力とは何か ──

砂上史子

1．系の内側からの観察

　麻生武氏の『身ぶりからことばへ』（以下、本文中では麻生研究と記す）は全400ページにもおよぶ大部な本である。しかし、この麻生研究が読み手を導くのは、「人間のコミュニケーションはいかにして可能となるか」「人間はいかにしてことばを獲得するのか」という大きな問いの扉の手前までである。これは、麻生研究の不足を言っているのではない。麻生研究が対峙する問いの大きさとその重要性を指摘しているのである。麻生氏はその壮大な問いの気の遠くなるような道程を、自身の長男であるUくんの生後1年間の日々の記録を積み重ねることによって、一歩一歩、一文字一文字、進んでいく。

　また、この研究は、父親として家族の一員として、同じ屋根の下で生活し、息子の世話を責任と愛情を持って行う養育者による「乳児の行動観察」である。これは、かのピアジェ（Piaget, J.）が自分の3人の子どもの誕生から2年間の観察による『知能の誕生』（1936/1978）を彷彿とさせる。しかし、麻生氏は、ピアジェが子どもの知的発達を克明に観察した点を認めつつも、「彼が子どもと大人のコミュニケーションについては全く無視してしまった」（p.70）と指摘している。この問題意識を携えながら、自身の観察手法について、麻生氏は「子どもと私を含む周囲の者とが属している小さなコミュニケーションの系の内部からの観察」（p.73）であり、「系の外部からは決して見えないもの、つまり『子どもの育つ生きた状況』や『子どもと周囲の者との関係の歴史』などを観察する唯一の手段」（同）であるとしている。なぜならば、「そのコミュニ

ケーションの系の内部に入らなければ、その系でなされているコミュニケーションの意味は了解できない」(p.63) からである。このことから、麻生氏は自身を「系の内部の理想的な観察者」(p.70) とも記している。したがって、麻生研究に収められた数多くの事例を読む際には、それが徹底して「系の内部」の視点からのものであることに留意しなくてはいけない。

2．麻生研究の記述と解釈

「系の内側の視点」による観察であるということは、単なる観察者の立ち位置の問題を超えて、研究の記述のあり方と密接に結びついている。

> 観察26（2・14）私が足元から顔を出し話しかけると、Uは何か言いたそうに盛んに口を動かし、そして微笑み、舌を動かしつつ微笑んだ表情のまま「エアーアーエー」と長く発声する。このようなやりとりを2分間し、私がこの様子をメモするためにUから見えない所に引っ込むと、少ししてUは「エアー」と発声し手足をせわしなくバタバタ動かし、まるで私を捜しているかのように、首を盛んに左右に動かし始める。とはいえ、すぐにむずかり出したりするわけではない。(p.129)

この事例の記述に見られるように、麻生研究では研究対象であるUくんの行動と、研究者であり父親でもある麻生氏のUくんの行動の意味や意図についての解釈が一体となるかたちで記述されている。たとえば、「何か言いたそうに」「まるで私を捜しているかのように」という記述は、Uくんの行動そのものではなく、麻生氏なりの解釈によるものである。こうした記述も含め、麻生研究と同じ観察資料に基づく麻生氏の論文「"口"概念の獲得過程 —— 乳児の食べさせる行動の研究」(1990) の方法をめぐり、事例研究のあり方についての議論が生じた。論文の掲載誌『発達心理学研究』誌上で、複数の研究者によって麻生研究の方法について意見が述べられた（岩立, 1990；南, 1991；鯨岡, 1991他）。具体的には、事例研究の厳密さや妥当性を担保する記述や解釈の条件として、「資料と理論の適合性」や「子どもの行動とそれに対する解釈は分離して記述する」こと（岩立, 同）、「エピソード記述の深さ」（鯨岡, 1991）、「相互主観性」「厚い記述」（南, 同）などが指摘された。

3. 筆者の履歴と麻生研究の読み

　この点に関して、「事例研究のあり方」をことさら意識するのでなければ、筆者にとっては、麻生論文の事例は「すんなり」と読めてしまうものであった。これはおそらく、筆者が麻生研究の事例の背後にある対象への関与の深さとその継続性を意識的にも無意識的にも事例の妥当性の担保として読んでいたからではないかと思われる。

　対象への関与の深さとその継続性とは、より詳しく言えば、父親と息子というひとつ屋根の下で生活を共にする関係によるものである。さらに、その関係は、「養育者に生活と生存を依存している乳児」と「その生活と生存を責任を持って保障する養育者」との関係である。このような関係は、筆者自身が保育実践の現場に赴いて観察を行い、そこで見られる子どもの行動を解釈してきた経験からは了解しやすいものである。保育実践を対象とした研究では、事例研究は普遍的な研究手法であるとともに、「子どもの行為を内的世界の表現としてみる」(津守, 1980) といった現象理解のあり方や、対人関係の中に息づく力動感を含み込んで事例を解釈する間主観的な理解（鯨岡, 2005）が重要であることが指摘されてきた。したがって、こうした研究手法とその記述のあり方を少なからず自身の研究手法に影響させて実践してきた筆者の論文の読み手としての履歴が、筆者の麻生研究の読みに大きく反映していると考えられる。

　麻生（2009）は、「観察」のあり方を、西欧近代科学に源流を持つ「科学的観察」と、日本の文化に深く根ざした「現象的観察」(pp.26-28) の2種類に分けている。前者は、自然科学の態度で目の前の対象をその背後にある「普遍」（種や類を見る）を求めるもので、後者は目の前の対象を唯一無二の個物として捉えそれをありのままに素朴に見るものとしている。麻生はこの「現象的観察」を、「幼稚園教育要領解説」の中の子どもが昆虫や動物などと接する姿に重ね合わせている。この「現象的観察」は麻生研究の「系の内側」からの観察にも重なるものであり、その意味で、麻生の記述は保育実践を対象に研究を行ってきた筆者にとって違和感のないものだったと言える。

　また、前述した麻生論文の記述の特徴は、記述の対象がまだ言葉を獲得していない乳児を対象としたものであることから、そこで記述される親子のコミュニケーションは必然的に表情や声色、姿勢等の身体的表出（表現）に依拠したものとなっている。こうした身体的表出とそれに応じるコミュニケーションは、

乳幼児を対象とした保育実践の基盤となるものであり、このことも筆者にとって麻生論文の記述に抵抗がなかったことの一因であると考えられる。

　これは裏を返せば、筆者のように保育実践や子育ての現場で子どもの姿を捉えることを常としていない立場の読み手には、麻生研究の記述に通底する身体の感応性を前提とした解釈が必ずしも自明とはならないことを意味するかもしれない。しかし、それでもなお、全193事例を積み上げ、1つの事例が他の事例の論拠となるように事例間の連関を編み上げた麻生研究の記述は、その緻密さによって「系の内側」で生じるコミュニケーションを、厚みを持って示しており、その厚みが麻生研究の解釈の妥当性と迫真性を担保していると言える。

　さらに、こうした麻生研究の記述の特徴は、子どもの発達自体が周囲の大人、とりわけ養育者の解釈過程にと重なるという、麻生研究の主張に重なる。麻生研究では、最初期において乳児の生理学的"気分"を養育者が何らかの欲望の表出であると「解釈」することを出発点として、養育者の解釈が乳児の欲望に輪郭を与え、そのことに支えられて乳児は徐々に欲望の主体となり、他者と対象や行為を共同化するようになっていく。それはちょうど、欲望や意図を解釈されることなくして、主体は主体たりえず、人と人との関係が形成されえないことを示唆している。つまり、はじめに「欲望」や「意図」や「主体」が先んじて存在するのではなく、それらが周囲の他者の「解釈」と一体となっていることが人間のコミュニケーションの本質なのである。その意味で、麻生研究の研究手法は、周囲の大人の解釈を通して子どもが一人の人間＝欲望の主体となる過程を描くために必然であるといえる。

4．麻生研究への問い

　以上、麻生研究の研究手法に焦点を当てて、筆者にとっての説得力を述べてきた。筆者にとっての麻生研究の説得力は筆者自身の研究のあり方と密接に結びついていると言える一方で、筆者自身の研究的視点から麻生研究への問いも浮かび上がる。

　前述したように、麻生研究が示す生後1年間の子どもの育ちは、養育者の子どもの状態や行動の意図等に関する解釈過程と不可分の関係にある。麻生氏は「人間の育児行動が他の動物と根本的に異なっている点」(p.96)として、言語活動と不可分であること、人間の子育てが「言語に媒介された文化の一つ」(p.97)であることを指摘している。また、Uくんの欲望（と解釈されたもの）

を積極的に満たそうとする麻生氏夫妻のかかわりの背後に「子どもを性善説的にとらえる日本の伝統文化」(p.138)の存在も指摘している。さらに、「(子育てには)小さな問題が絶えず発生する。予め解答があるわけではない。それらはすべて即興の問題です。答えをいちいち人に尋ねているわけにはいかない。(中略)つまり問題解決のスキルとマインドを、子育てという実践の中から学んでいかなければならないのである」(p.96)とも記している。

すなわち、人間の子育ては生物学的に生得的にプログラムされた行動である以上に、後天的に学習されるものであり、子育てという実践の只中で子育てを学ぶという[on the job training]的な側面も持つと言える。だとするならば、麻生研究は養育者としての麻生氏の学習過程として読み解くことも可能であろう。しかし、麻生研究においては、そうした側面の記述は相対的に弱い。これは麻生氏が乳児の養育に必要とされる敏感性や応答性や一貫性といった資質を予め備えており、Uくんとのかかわりにおける葛藤や齟齬が少なかったとも言えるであろう。あるいは、Uくんとの葛藤や齟齬が研究的関心を伴って、むしろ丁寧に取り扱われたとも言えるかもしれない。

乳幼児期の子どもと養育者のかかわりに関する研究において、養育者の学習過程としての養育の側面がより明瞭に示されることは、子育て(保育)の習得や熟達、その専門性とは何であるのかという問いに応えるものであるといえる。虐待や育児不安など家庭における養育機能の危機や低下によって、社会的養護や専門的な立場による子育て支援がより重要となるなかで、この問いの重要性は増している。したがって、子どもへのかかわり方が学ばれるものであるとして、それは実際にどの程度自然に引き出されるものであるのかどうかということが、麻生研究に対する筆者の問いのひとつである。

2つ目の問いは、少々ないものねだりかもしれないが、子ども同士の共同的世界はいかにして形成されるのか、である。家庭における保育では、乳児同士が日常的に頻繁に出会うことは少ない。とりわけ少子化の進む社会ではその傾向が強くなる。しかし、保育所などの集団保育施設では乳児同士が日常的に出会い、生活を共にしている。乳児保育の現場においては、他の乳児への関心が見られることが指摘されている(今井, 1988)。

麻生研究では、養育者による子どもの欲望や意図の解釈過程を通して同型性の認識が育まれるとされている。しかし、乳児同士のかかわりでは、養育者と子どもの間に見られるような意識的、無意識的な配慮を下地とした解釈過程は希薄であると考えられる。むしろ、乳児同士のかかわりの中では、物の取りあいなどによって互いの欲望や意図のぶつかりあうかたちで、同型性の認識が生

成される構造があるのではないだろうか。だとするならば、乳児同士のかかわりと、養育者と子どもとのかかわりとの異同、さらに、同型性の認識の生成と同年齢集団における生活の展開との関連は、興味深い問いとなる。

　麻生研究の観察が行われた1981年から30年以上が経ち、乳児期の子育てをめぐる様相は大きく変化した。女性の労働市場への参画、父親の育児への参加が進む中、乳児保育が一般化し、大都市部の保育所では3歳未満児を中心に「待機児童」問題が生じている。これらの状況の下で、集団保育施設における乳児のかかわりあいの中で育まれるものと、養育者との間で育まれるものとがいかに重なりあい、また刺激しあうものであるのかは、保育施設と家庭という2つの場を行き来する子どもの生活と育ちを保障するうえで重要な視点である。それを検討する際には、当然ながら保育者の存在も抜きにはできない。したがって、集団保育施設での保育における、家庭養育とは別のかたちで乳児が欲望や意図の主体となる契機を探ることは、子どもの発達を保障し支える「保育の質」に関する議論（諏訪，2000）に寄与するところがあると考える。

【文献】

麻生武（1990）．「"口"概念の獲得過程 —— 乳児の食べさせる行動の研究」『発達心理学研究』(1), 20-29.
麻生武（2009）．『「見る」と「書く」との出会い —— フィールド観察学入門』新曜社.
今井和子（1998）．『0、1、2歳児の心の育ちと保育』小学館.
岩立志津夫（1990）．「事例研究のあり方と発表の仕方をめぐって」『発達心理学研究』1, 79.
古賀松香（2008）．「保育の形態とその質」無藤隆・安藤智子（編）『子育て支援の心理学』有斐閣, pp.181-198.
鯨岡峻（1991）．「事例研究のあり方について —— 第1巻第1号意見欄の岩立論文を受けて」『発達心理学研究』1, 148-149.
鯨岡峻（2005）．『エピソード記述入門』東京大学出版会.
南博文（1991）．「事例研究における厳密性と妥当性 —— 鯨岡論文（1991）を受けて」『発達心理学研究』2, 46-47.
ピアジェ，J.／谷村覚・浜田寿美男（訳）（1978）．『知能の誕生』ミネルヴァ書房．（Piaget, J. (1936). La Naissance de L'intelligence chez L'enfant. Delachaux & Niestle.）
諏訪きぬ（2000）．「保育選択の時代と『保育の質』」金田利子・諏訪きぬ・土方弘子（編）『「保育の質」の探究』ミネルヴァ書房, pp.2-24.
津守真（1980）．『子どもの世界をどう見るか』NHKブックス.

【ケース】麻生武著『身ぶりからことばへ』をめぐる読みの実践
—〈私〉による〈私たち〉の物語—

磯村陸子

1. 本書の試み

　赤ん坊と暮らしたことのない筆者（磯村）と、赤ん坊とのかかわりは常に断片的だ。だから、赤ん坊がどのように我々と同じ人として、人の中で生活するようになっていくのか、筆者はきわめて限られた経験と発達心理学に関する諸々による、いわば見所を編集したダイジェスト版でのみ知っているということになる。ダイジェスト版でのみ知るその変化のプロセスが、実際のところいったいどのようにして起きるのかはわからない。それが「徐々に」、時に「堰を切ったように」起きることは知っている。しかし、その「徐々に」がいったいどのようなものであるのか、その「徐々に」の質感のようなものはわからない。それは、少なくともダイジェスト版ではわからない。

　本書（麻生，1992）は、まさにその「どのように」に関する記録である。著者は、自身の長男U君の生後1年間の様子、特に周囲の大人たちと行ったコミュニケーションの様子を、とにかくつぶさにノートに記し、考え、おそらく人生で最も大きな変貌をとげる生後1年間の人としての発達のプロセスの記述を試みている。

　その際著者は、「客観的な観察者」としてU君の振る舞いを記録する、というアプローチをとることはしない。著者は、コミュニケーションやそれを支える知覚や知識、言語、さまざまな行為の成立が、その世界にすでに暮らす大人や、（主に文化によって規定される）規範の存在を前提とする、という立場をとる。であるから、U君が世界を知覚し、それに働きかけ、また働きかけられることは、常に、U君と周囲の大人たちとにより共同的に成し遂げられる出来事でしかあり得ないとする。本書の記述は、それらの出来事の参加者（当事者）の一人の視点から見た記録としてなされる。その記述の試みは、冒頭で以下のように述べられている。

　　一般に、コミュニケーションの系の内部に入らなければ、その系でなされているコ

ミュニケーションの意味は了解できない。赤ん坊と同じコミュニケーション系に入ることによって、私たちは初めてコミュニケーションの意味が了解可能になるのである。本書が立脚するのは、そのような徹底的に内側の視点から生み出された観察資料である。(p.64)

　系の内部の当事者であることは、多くの場合、系の機能を可能にする前提がその主体に意識されず透明化されていることを意味する。しかし著者は一方で、まさにその前提自体を含む系の全体像を明らかにすることを目的とした発達心理学という「系の外側」にも片足を置いている。そこで著者は、系の内部に参加しつつ、同時にそれを意識化し、言語化する「系の内部の理想的な観察者」として記述を行うことになる。

　「系の内部の理想的な観察者」とは、彼がすでに暗黙裡に知っていること、観察する前に彼が知覚してしまう事象の意味を、あえて意図的に観察しようとする観察者である。(p.69)

　U君の振る舞いが、どのようなものとして、いかにして立ち現れていったのか。著者はそれをあえて意識化しようとする。U君の泣きや視線の動きを、大人が積極的に「欲望」として扱う生後間もない頃の様子から、U君の振る舞いが、外界に対するはっきりとした「志向」や「意図」「感情」など（すなわち「心」）として、やりとりの中で機能していくようになるまで、そしてさらに言語の獲得を含む世界の共有が達成されるまで。本書は、膨大なエピソードと、それらに基づく考察により、当事者から見た系の中での「コミュニケーションの全歴史」(p.73) を描こうとする試みである。

2．共同的であるということ

　U君と家族とのコミュニケーションのありようは、ある日突然系の中に出現・変容するわけではない。各エピソードによって描かれた歴史の1コマの背後には、そこへとつながるやりとりの無数のバリエーションが控えている。それぞれの場面で、U君の振る舞いと、それに対する大人のかかわりとがさまざまに展開され、その中で、心を持つ主体としてのU君の姿が、さまざまなかたちで著者の目に立ち現れるものとして描かれている。著者はそれらの記述にお

いて、出来事の中でのU君のあり方と、それを成り立たせているものの言語化を試みている。

たとえば、本書では、泣いているU君をなだめる、という場面が複数のエピソードで描かれている。しかし、各々の場面までの経緯や、背景、またその場面でのU君の視線や体の動きのあり方やタイミングに、大人が何を見、どうかかわるかは多種多様である。そして、それによりそのやりとりが「どういう出来事として」行われるか、また、その出来事の中で実現されるU君や大人の主体としてのあり方（主体性）も多種多様であり得る。それはたとえば、次の2つのエピソードの対比にも示されている。

　1）観察3（0ヵ月13日）：激しく泣きだす。大便。処理してやった後も激しく泣く。私が抱いてやるとピタリと泣き止む。しばらくするとまた泣きだす。立ち上がり「宇宙遊泳」で歩き回ってやると、泣きが治まりキョロキョロ視知覚を楽しみはじめるように見える。私がソファーに座ると、まず次第に息づかいが荒くなり、次に顔をしかめはじめ、次に声を出しかける。そこで、また立ち上がり歩いてやると天井の蛍光灯のカバーなど見つめおとなしくなる。(p.80)

　2）観察25（2ヵ月5日目）：一人で機嫌よくしていたUが「アーエー」と大きな声で人を呼ぶ。次に小さなむずかり声「エッエッ」、そしてまた「アーエ」そして「エッエッ」、しだいに息づかいが荒くなりいよいよ本格的に泣きだす。別室から私が側に行き声をかけてやると泣き顔が消え私を見る。私はUが顔を向けている右側に横になりUを見つめる。Uもじっと私の目を見つめ息づかいが少し荒い。そして少し顔をしかめ「アーエ」と発声する。私が声をかけてやると、しかめ面がなくなりじっと見つめる。(後略)（p.125）

2つの場面において、「（大便を）処理してやった後も激しく泣く」、「視知覚を楽しみはじめるように見える」と記述されるU君（観察3）と、「大きな声で人を呼ぶ」「じっと私の目を見つめ」と記述されるU君（観察25）の主体性のあり方は、かなり異なったものとして描かれている。しかし同時に、各々の出来事の中でのU君の主体性のあり方はまったく異なった別のもの、というよりは地続きのものであるように感じられる。

エピソードが伝えるのは、それぞれの具体的なやりとりの中でU君の主体性が立ち現れるさま、であり、多種多様なあり方の積み重ねの作り出すパターンが、主体としてのU君の発達的変化の軌跡であると言える。いくつかのトピッ

クごとに、何日という刻みでほぼ時系列に並べられた複数のエピソードを通じ、U君の変化の様子を追うことができる。本書の意義の1つは、そうした発達的変化の姿が描かれているということ、それが具体的に、きわめて詳細に描かれていることである。

しかし、当事者の視点から子どもの発達を描くという本書の試みが持つ意義はそれにとどまらない。本書の試みが持つ最大の意義は、主体としてのU君の発達的変化が持つ「共同性」という本質が描かれていること、すなわち、扱おうとしている現象が本質的に共同的なものでしかあり得ないということ自体が描かれているという点である。

「共同注視」や「社会的参照」の成立など、コミュニケーション主体としての子どもの発達における重要なターニングポイントとされる現象の多くが、子ども自身の何らかの発達的変化の成果や証しであるとされる一方で、それらの現象が子どもと養育者によって共同的に達成される、相互的なものとみなされるべき側面を持つことが、多くの実証的研究の流れの中で指摘されている（以下にレビュー。小沢・遠藤, 2001；遠藤・小沢, 2001；大藪, 2004；遠藤, 2005）。本書のエピソードにも、大人側の積極的なかかわりによって導かれる「共同的」なやりとりのあり方と、その発達的な変化が描写されている。しかし、それらの描写を通じ、本書が我々に示して見せるのは、子どもと大人との間でいかなる共同性が実現されるのか、ということのみならず、むしろ、それがいかなる意味で本質的に共同的であるかということである。

先の2つのエピソードに見られた、主体としてのU君のあり方は互いに異なる。しかしその違いは、U君の振る舞いの違いのみに帰属されうるものではない。また一方で、父である著者の解釈側の違いのみに帰属しうるものでもない。U君の振る舞いが父の知覚や解釈を呼び、それがU君の新たな振る舞いを引き出すかかわりを生む、そしてそれに対してU君が別の振る舞いをする……、また時には、そのかかわりが何らU君側の変化を生み出したように感じられず困惑しつつもとにかく働きかけてみる、というように、両者が複雑に絡みあい、それぞれの場面での「泣いていたU君が大人の働きかけによってなだめられた」という出来事が作られている。各々の出来事の中で発揮される主体としてのU君の姿やその変化は、知覚され、解釈された振る舞いが相互にかかわりあうことによってしか生み出されえないものであり、そうした出来事のあり方こそが、「共同的」であることの本質であると言える。

コミュニケーションの当事者となる際、もしくはコミュニケーションという現象について考えようとする際、我々が扱うのは、客観的に存在し、記述され

うる振る舞いではなく、コミュニケーションへの参加者によってやりとりされる振る舞いの「意味」(=解釈) である (麻生, 1990；山本, 1991)。しかし、その「意味」のやりとりが成立するプロセスを記述しようとする際には、我々がいかにして、また、何を手がかり・支えにその「意味」を生み出していくのかが描かれなければならない。そしてそうした「意味」の生成は、個人的な営みではありえない。「徐々に」、「共同的に」、系が変化していくというのはいったいどういうことなのか ── 心を持つ主体同士のコミュニケーションの成立という現象が持つ本質が、本書には描かれている。

3.〈私〉に埋め込まれた〈私たち〉

　U君と「私」(=著者) や他の家族それぞれの間で成立する「共同性」とともに、本書には、コミュニケーションという現象を支える、もうひとつの「共同性」にかかわる要素が含まれている。それは〈私たち〉という単位の存在である。

　本書のエピソードのほとんどは、U君と「私」(=著者) や他の家族メンバーとの間のやりとりの記録である。著者はそれらのエピソードの積み重ねから、それぞれの時期に起きた関係の変化について考察を行っている。たとえば、先に挙げたU君の泣きのエピソードについて、「私」が経験した同様のエピソードいくつかとともに、下のように述べている。

　　このように生後一ヵ月目の半ばの頃から、泣きやむずがりというUの不機嫌を媒介にして、私たちとUとの間に、「相手をしてほしい」・「抱いてほしい」・「退屈している」などのニュアンスのあるコミュニケーションが成立し始める。(p.86)(※下線は筆者)

　本書を読んでいて気づくことのひとつは、エピソードのほとんどが「私」を主語として、観察者である著者の視点から、記述されているのに対し、エピソードに基づく考察は上の例のように「私たち」を主語として述べられていることである。このため、本書全体の印象としては、「〈私たち〉からみたU君の姿」の記録となっている。エピソードの厳格なまでの「私」目線の記述と、考察部分の「私たち」への切り替わり、本書を一読した際、筆者はこうした記述の違いに、少し違和感を覚えた。

しかし、こうした記述のあり方は、本書のテーマを考えると重要な意味を持っているように思われる。なぜなら、本書の目的がU君をめぐるコミュニケーションの系の変化を描くことだとすれば、そこには〈私〉とともに、〈私たち〉という存在もまた位置づけられるはずだからである。
　エピソードによって記述されている〈私〉を主語とする経験が、〈私たち〉を主語として考察されているということは何を意味しているのか？〈私〉の経験と〈私たち〉とはどのような関係にあるのだろうか？　それは、それぞれの〈私〉から見たU君像に、共通性が見られた、類似であったということを意味するのだろうか？
　おそらく、そうではない。本書のエピソードを読むと、〈私たち〉とは、そのような単なる個の経験の束や重なりではない、もう少し複雑な成り立ちを持つものであることがうかがわれる。
　たとえば、下のようなエピソードがある。

　　　観察18（0・24）布団に寝かされているUの首を向けている側に添い寝し、祖母が30センチほどの距離から顔を見つめつつUに話しかけていると、Uは祖母の方をしっかり見つめたままで微笑む。祖母は「こっち見てU君が笑ってくれた」と言う。
　　　（p.113）

　U君が自分に向け「笑ってくれた」と感じる祖母と、（おそらく）その傍らで2人の様子を見守り「しっかり見つめたまま微笑んだ」U君の姿を見る著者。この短い場面の記録には、U君の振る舞いを意味のあるものとして見ようとする複数の〈私〉の姿が記録されている。しかし、これら複数の〈私〉の経験は、相互に独立してなされたわけではない。父である〈私〉の「Uは祖母の方をしっかり見つめたままで微笑んだ」という知覚は、U君の顔を覗き込み話しかける祖母の振る舞いや「こっち見て笑ってくれた。」という言葉に支えられている。また、自らがU君に「見つめられた」「目が合った」、もしくはそうならなかった過去の経験とも無関係ではないだろう。
　日常の実践の中で、他の〈私〉にとってのU君の「意味」は、振る舞いや言葉の中で〈私〉に呈示される。ある状況において、U君が「（何かを）見つめている」存在とみなされるとき、それを「見つめている」とみなす〈私〉の知覚は、見つめている、もしくは見つめられている他の〈私〉の知覚と独立ではない。〈私〉の知覚は、他の〈私〉の知覚を含む。そして同様に、他の〈私〉の知覚は、〈私〉の知覚を含んでいる。〈私たち〉とは、こうした経験の積み重ね

8章　質的研究を読むこと・読まれること

の中で生じた確信を表す単位であると言える。もしそうであるとすれば、U君の振る舞いに目を凝らし、U君の振る舞いの「意味」を、そしてU君にとっての世界の「意味」を見極めようとする、それぞれの〈私〉の具体的営みは、常に〈私たち〉という確信に支えられ、保証されることで成り立つ「共同的」なものであったと言えないだろうか？

その一方で著者は、父親である自身と母親（M）との間で、U君の振る舞いに対する解釈の基盤が異なっていたことにも言及している。

> 生後1ヵ月目の半ば頃から、私たちの側にもUの側にもある変化が生じ、それに応じてUの泣きの原因に対する解釈にも幅が出てくることになる。私たちの側の変化とは、まず第一にMの身体の変化である。生後0ヵ月16日、眠りから覚め少しむずかりかけたUを私が抱いてやっているとき、Uが乳をほしそうにさかんに口を開閉し「エッ」などと少し発声するや、このUの声を聞きMの右の乳房が急に張り乳首から乳が吹き出している。父親である私の側の変化はこのような明瞭なかたちで示すことはできない。それはもっとUの変化と絡みあったかたちでの変化であったように思われる。（後略）（p.84）

U君に対する麻生家の〈私たち〉を構成するそれぞれの〈私〉、その経験や知覚には幅やズレがある。この記述からは、〈私たち〉という単位が、それらの幅やズレを含み込んだうえで成立している様子が読み取れる。それらの幅やズレは、〈私〉や〈私たち〉にとってどのような意味を持っていたのだろうか？

〈私たち〉は、U君をめぐるコミュニケーションの系の中にどのように位置づくのか。〈私〉や〈U君〉と〈私たち〉の関係の中に、コミュニケーションという現象が持つ、もうひとつの重要な要素が含まれているように思われる。

4．おわりに

私たちは、思ったより多くのことを、「わかって」しまい、「経験して」しまっているのだろう。U君という「異者」とのかかわりの中で「なぜ？」を発しつづける著者の記述は、私の立っているこの足元がぐらぐらと不確かなものであることを教えてくれる。その一方で、確かに通じあってしまうU君と〈私〉、麻生家の〈私たち〉、確かに何かを「わかってしまう」私がいることも

教えてくれる。そしてまたそれが、「通じあいたい」という願望のみのなせる技でも、「通じあっている」という壮大な思い込みでもないことも。

　コミュニケーションという現象を描き出すための、すべてのピースを、私たちはすでに手に入れたのだろうか？　何が説明されれば、何が描かれれば、私たちはコミュニケーションについて、何かをわかったことになるのだろうか？

　コミュニケーションという現象が成立している、発生しようとするギリギリのところに迫ろうとすればするほど、私たちは「コミュニケーションが成立するとはいったい、そもそもどういうことなのか？」という根本的な問い（謎）を突きつけられつづける。もしくは、ギリギリのところに迫っているからこそ、迫ろうとしているからこそ、そうした謎に突き当たりつづける。

【文献】
麻生武（1990）．「子どもの観察 —— 自己に回帰する眼差し」『別冊発達』10号．ミネルヴァ書房，pp.30-43.
麻生武（1992）．『身ぶりからことばへ —— 赤ちゃんにみる私たちの起源』新曜社．
遠藤利彦（2005）．「発達心理学から見た共視現象」北山修（編）『共視論 —— 母子像の心理学』講談社選書メチエ，講談社，pp.90-128.
遠藤利彦・小沢哲史（2000）．「乳幼児期における社会的参照の発達的意味およびその発達プロセスに関する理論的検討」『心理学研究』71巻，6号，pp.498-514.
小沢哲史・遠藤利彦（2001）．「養育者の観点から社会的参照を再考する」『心理学評論』44巻，3号，pp.271-288.
大藪泰（2004）．「共同注意の種類と発達」大藪泰・田中みどり・伊藤英夫（編）『共同注意の発達と臨床 —— 人間化の原点の究明』川島書店，pp.1-31.
山本登志哉（1991）．「『象徴レベルのやりとり』という対象の特性 —— 事例研究論議に寄せて」『発達心理学研究』2巻，2号，pp.116-120.

【ケース】麻生武著『身ぶりからことばへ』をめぐる読みの実践
—— 誰が『身ぶりからことばへ』を書いたのか？ ——

麻生　武

　私は『身ぶりからことばへ』の原著者である。著者であるというよりは原著者という方がなんとなくしっくりくる。というのもその書物が出版されたのは、今から21年も前のこと、その書物で分析したもとの日誌的観察記録が書かれたのはそれより遡ること11年ほどになるからである。著者というには、長い時が間に横たわっている。あの本はいったい誰によって、どのような視点から、執筆された本なのか。

そのような疑問を改めて感じさせられたのは、磯村氏の「読み」からである。彼女はあの書物を「〈私〉による〈私たち〉の物語」として捉え、「〈私〉に埋め込まれた〈私たち〉」という構造がそこにあることを指摘している。「私」や「私たち」という書き手を示す言葉は、磯村氏自身の論考の中にはほとんどまったく出てこない。書き手は「筆者」という言葉で示されている。その点、砂上氏の論考も同様である。それに対して、あの書物では、「私」や「私たち」という書き手を表す言葉が両方とも出てくるのである。その構造の中に、誰がどのような視点であの書物を書いたのか、解明できる手がかりが潜んでいるのではないだろうか。磯村氏はそのような「読み」の可能性を教えてくれているように思う。

　一般に、「読む」ということは、「書き手」という「他者」と出会い、その「他者」と対話しようとする試みでもある。優れた「読み」には、「書き手」への深い共感がある。それは「読まれる」原著者としてはくすぐったくもあるのだが、図らずも磯村氏は、自身がそのような優れた「読み手」であることを、次のような「結び」の言葉によって示している。

　　①私たちは、思ったより多くのことを、「わかって」しまい、「経験して」しまっているのだろう。U君という「異者」とのかかわりの中で「なぜ？」を発しつづける著者の記述は、②私の立っているこの足元がぐらぐらと不確かなものであることを教えてくれる。その一方で、確かに通じあってしまうU君と〈私〉、麻生家の〈私たち〉、確かに何かを「わかってしまう」③私がいることも教えてくれる。そしてまたそれが、「通じあいたい」という願望のみのなせる技でも、「通じあっている」という壮大な誤解でもないことも。

　　コミュニケーションという現象を描き出すための、すべてのピースを、④私たちはすでに手に入れたのだろうか？（番号とアンダーラインは麻生）。

　最後の最後に、磯村氏の論考の中に書き手を示す「私たち」や「私」という言葉が突如として出現しているのである。「①私たちは、思ったより多くのことを、「わかって」しまい、「経験して」しまっているのだろう。」このように語っている「私たち」は、きわめて「多声的」である。この問いかけのような言葉は、一見すると、磯村氏が直接発しているようだが、続く次のセンテンスを読むと、①の「私たち」以下の文は、『なぜ？』という問いを発しつづけている『身ぶりからことばへ』の著者の主張であるかのようにも読めるのである。この箇所で、書物の「読み手」の声と、書物の「書き手」の声は明らかにハ

モっていると言ってよいだろう。

　また次の「……著者の記述は、②私の立っている足元がぐらぐらと不確かなものであることを教えてくれる」という文における②の「私」は、書物の「書き手」である「私たち」ときわめて近い位置にある。足元が揺れるように感じているのは「読み手」＝「私」であり、かつ「書き手」＝「私たち」でもある。それが「書き手」＝「私」ではなく、「私たち」であるところが、磯村氏が最初に『身ぶりからことばへ』を読んで違和感を感じたところでもある。書物の中の「私」は、赤ん坊Uと交流しその体験を語る（記述する）インフォーマントとしてのみ登場し、世界の構造について決して語ろうとはしない。書物の中でそれを語るのは、「私」ではなく「私たち」である。②の「私」と、そこに等値される「書き手」の「私たち」との間には、注意しなければ気づかないような小さな不協和音がある。

　それが、目に見える大きなズレとなって姿を現すのが、③の「私」である。「読み手」である磯村氏は、「書き手」とは異なる「私」として、ここで初めて顔を出している。その「私」は、「確かに通じあってしまうU君と〈私〉、麻生家の〈私たち〉、確かに何かを『わかってしまう』③私」なのである。そのように「『わかってしまう』私」は『身ぶりからことばへ』の中には存在しない。書物の中の「私」は、むしろ逆に、「通じあうこと」は、「通じあいたい」という願望のなせる技かもしれない、「通じあっている」という壮大な誤解かもしれない、と思いつつ目の前に展開する赤ん坊との生成する変化に満ちた世界に心を奪われ驚いているのである。「通じあうことは壮大な誤解であるかもしれない」のだ。だからこそ「私たちの立っているこの足元がぐらぐらと不確かなものである」ように感じられるのである。

　磯村氏の「結び」における起（①ハーモニー）・承（②小さな不協和音）・転（③大きなズレ）・結（④一致）は実にみごとである。最後は「コミュニケーションという現象を描き出すための、すべてのピースを、④私たちはすでに手に入れたのだろうか？」という文章で締めくくられている。これと似た言葉が『身ぶりからことばへ』にもある。その最後は、次のようにな言葉である。

　　　「さて⑤私たちは、本書を通じて"私たちの起源"を探究する試みの入り口の、せめてその手前ほどには、たどり着いたのだろうか」（麻生, 1992, p.393)（番号とアンダーラインは麻生）。

　④の「私たち」と⑤の「私たち」は、同じ「私たち」であることは上の2つ

の文章を比較すればすぐに理解できるだろう。「筆者」から始まった磯村氏の論考は、独自の「私」が少し顔を出したかと思うや、最後の最後に書物の「書き手」と重なるような「私たち」になって着地するのである。

　ここに見られる「私たち」は、はたして「私」に埋め込まれているのだろうか。磯村氏は『身ぶりからことばへ』を「〈私〉による〈私たち〉の物語」として捉え、「〈私〉に埋め込まれた〈私たち〉」という構造がそこにあることを指摘していた。ここで注意しておく必要があるのは、『身ぶりからことばへ』の中には2つの異なる「私たち」が出てくることである。1つは、以上の⑤で示したような「私たちA」である。この「私たち」は「コミュニケーション」や「私たちの起源」という謎について、インフォーマントである「私」の報告や諸研究のデータをもとに、疑問を発し議論し論を展開しようとしている「私たち」である。もう1つの「私たちB」は、インフォーマントである「私」の報告のすぐ近くに出てくる「私たち」である。そこで示されている指示対象は、赤ん坊Uの観察者である「私」を含む家族としての「私たち」である。家族であるといっても、そこにはまだ赤ん坊Uは含まれていない。磯村氏が「〈私〉による〈私たち〉の物語」という表現の中で示している「私たち」は、この後者の「私たちB」である。では、この「私たちB」と前者の「私たちA」とは、いったいどのような関係があるのだろうか。

　決して両者はイコールではない。前者の「私たちA」と後者の「私たちB」をつないでいるのが、実は「私」なのである。「私」はまさにスパイである。2つの文化をつなぎ一方から他方へ情報を流すスパイのことを、文化人類学ではインフォーマントと言う。「私」は父親や夫の顔をして「麻生家」の中で「私たちB」という共同性を生き、その生活の中に深く入り込み、そこで現地住民の生活を住民として体験しつつ、「私」はその情報を、家族の視点から見れば外部とつながっている「私たちA」という「書き手」に提供していたのである。その意味では、「〈私〉に埋め込まれた〈私たちB〉」だけではなく、「私たちA」に埋め込まれた「私」も存在しているのだと言えるのだ。

　『身ぶりからことばへ』の「書き手」は、生活者としての「私たちB」から遊離し思考する「私たちA」である。そのような分裂が可能であったのは、「私」がスパイあるいは、インフォーマントとして2つの「私たち」をつないでいるからである。

　砂上氏が「系の内部からの観察」「身体の感応性によって捉えられた記述と解釈」と述べていることも、インフォーマントの仕事である。磯村氏が「結語」で指摘しているように「私たちは、思ったより多くのことを、『わかっ

て』しまい、『経験して』しまっているの」である。

　そこからインフォーマントのパラドックスが生じる。「わかってしまっている世界」「経験してしまっている世界」について、しかも「身体の感応性によって捉えられている」内容について「語る」ことなど、土台不可能なのだ。ポランニーが述べているように「我々は語ることのできるより多くのことを知ることができる」（邦訳, p.15）のである。

　ある文化に深く潜入すればするほど、その文化が血となり肉となり、その文化が見えなくなる。個々の家庭にも保育園にもさまざまな施設にも、それぞれ小さな独自の文化があり生活があると言ってよいだろう。それらの「系の内部からの観察」をすることは、参与観察といった言葉で簡単に括れるほど、簡単なことではない。なぜなら、「系の内部」で見えなくなっていることこそが、「系の内部」で生きられていることだからである。「系の内部の観察者」において「生きられている」ことを見るには、必ず「外部の視点」が必要だと言えるだろう。だが、完全に外部の視点に立ってしまえば、「系の内部で生きられている世界」の「意味」は完全に消滅し、見えなくなってしまう。

　インフォーマントというのは、「系の外部」と「系の内部」という2つの世界に引き裂かれた存在である。だが、逆に引き裂かれているからこそ、「系の内部の世界」の一部を「外部」に持ち出すことが可能になるのだ。

　「赤ん坊」というには、「系の内部」に出現した「異者」である。「赤ん坊」に共感しその彼あるいは彼女の視点に立つと、「私たちB」になじみ深かった世界が、何かまっさらな別のものであるかのように感じられてくる。赤ん坊と共感的に交流する者は、共感や感情移入というかたちで「異界」へ足を踏み入れているのである。赤ん坊には「私たちB」の自明性を、好奇心にあふれた真っ黒な瞳で、カッコに括ってしまう力がある。その力によって、「私」は、「私たちB」の引力圏から「私たちA」の世界へと吹き飛ばされ、さらにそこからも吹き飛ばされ、意味の生成する以前の深淵を垣間見させられるのである。

　「赤ん坊」は「未生の世界」と「この世界」との境目を生きている。「赤ん坊」のすぐ側にいる「私」というインフォーマントも、「私たちA」と「私たちB」という2つの世界の壁の上を歩く存在である。後者は前者を模倣しているのである。そこでは、「コミュニケーションの可能性」と「その不可能性」とが、常に背中合わせで姿を現している。

　それが「私たちA」という「書き手」が誕生した現場である。状況がそうであるなら、思索者である「私たちA」が、まず自らの存在基盤であるコミュニケーションの共同性について考えようとしたのも自然な成り行きであったと言

えるだろう。

　『身ぶりからことばへ』は、その意味で、単純な構造の事例研究の書物ではない。それは「系の内部」という共同性と、「系の外部」の共同性（確に言うと別の系の内部の共同性）に引き裂かれつつ、それらいずれの「共同性」の起源についても考察しようとした自己回帰的な模索であると言えるだろう（麻生, 1990）。

　砂上氏が指摘しているように、「養育者の学習過程」が書物の中で理論的には重視されているにもかかわらず、書物の中にそのことについて明確な記述がないのも確かに事実である。「私」が自分自身と「赤ん坊」とのやりとりを観察し、それを報告しているのである。「赤ん坊」の発達や学習のように書かれていることが、実は「私」自身の子どもに対する呼応力や共感性や理解力の発達や学習を示していると言ってもよいのである。だが、その分析は「私」には難しい。

　インフォーマントの資料から「養育者の学習過程」を描くためには、「私たちB」につながっている「私たちA」では、少し荷が重すぎる。「私たちB」という「内部の系」からなるべく遠く離れた、「私」というインフォーマントとも切り離された、別の「私たち」であればそれも可能かもしれない。その分析に必要なインフォーマント「私」の資料（日誌記録）は、まだ、山のように残っている。「私」を含まない「私たち」が、これを読み分析すれば、20世紀後半、ホモサピエンス・サピエンスが極東のある場所でどのように世界を認識しながら子育てをし、どのように親業を行っていたかについての、かなり貴重な資料になるだろうとは思う。しかし、その読みは「私」が驚き腰を抜かしてしまうような「読み」になっている可能性はあるだろう。

　『身ぶりからことばへ』を書き始めようとしていたとき、私はガーフィンケルの論文（邦訳, 1987）を読み大きなショックを覚えたことを記憶している。私がやろうとしていることを、もう何十年も前にやり始めている人がいることを知ったからである。その意味で、エスノメソドロジーの精神とつながる書物として、読んで頂けたら幸いだと感じている。世界について「語る主体」がなぜ出現しうるのか、について「語る」ことのメビウスの環のような背理を、「書き手」はいつも通底音として感じていたからである。

【文献】

麻生武（1990）.「子どもの観察 ―― 自己に回帰する眼差し」浜田寿美男・無藤隆・岩田純一・松沢哲郎（編）『別冊発達』10号「発達論の現在」ミネルヴァ書房.

pp.30-43.
麻生武（1992）.『身ぶりからことばへ ── 赤ちゃんにみる私たちの起源』新曜社.
ポランニー，M.／佐藤敬三（訳）(1980).『暗黙知の次元 ── 言語から非言語へ』紀伊國屋書店.
ガーフィンケル，H. 他／山田富秋・好井裕明・山崎敬一（編訳）(1987).『エスノメソドロジー ── 社会学的思考の解体』せりか書房.

9章　インターフィールド実践としての教育
―― 心理学教育の立場から ――

上淵　寿

1．はじめに ―― 高校生、受験生から、心理学専攻の大学生へ

　本書の結びにあたって、心理学教育から見たインターフィールドについて考えたい。本章で言うインターフィールドとは、特定のフィールド間の関係を指す。具体的には、心理学についてほとんど知らない高校生、受験生が、大学に入学してから、大学教育の中で心理学を学び、「心理学をする」ようになる歩みである。それを心理学教育の立場から、心理学を教える大学教員がいわば参与観察をした結果について語ることとする。

　心理学のしろうとの大学生が、自分が今まで住んでいたフィールドから、心理学のくろうとの大学教員が住むフィールドに移り住むプロセスは、「引っ越し」のゴタゴタの連続である。そのゴタゴタを心理学のくろうとから見たとき、不思議に思うエピソードを探せばきりがない。

　逆に、くろうととしての大学教員が自己のフィールドからしろうとのフィールド、つまり心理学教育を本格的に受ける前の学生が生活する現場、に入り込むとき、つまり心理学教育をするとき、くろうとにとっての「あたり前」が「あたり前ではなくなる」ことの悩みは尽きない。

　なお、ここでは、話をわかりやすくするために、従来の心理学教育のメインであった数量研究（量的研究）に絞って、大学での心理学教育について述べる。質的研究の心理学での指導は十分確立していないことが多く、教員の個人的な指導はともかく、心理学教育の必修や必修選択の科目に位置づけられていない場合も多いからだ。

　だが、本書は、「質的研究」をテーマとしている。ゆえに、本章の最後では、日本における質的研究の、心理学教育にもつながる動向についても付言しておきたい。

2．「しろうと」から「くろうと」へ

　これから、大学生が「心理学をする」ときよくあるエピソードを紹介する。
　これらのエピソードから、次第に学生たちにとっての「心理学らしさ」、「心理学研究らしさ」が形づくられていく。たとえば、後述するように、多くの学生たちは、確実に「有意差」という言葉を呪文のように使いたがるようになる。

2-1．心理学は理系の学問だった

　大学に入学するとき、つまり「心理学」のフィールドに参入するとき、多くの学生が「心理学は理系（の学問）だ」ということを知り、ショックを受ける。統計学やデータ解析法といった数字を扱う難しい授業が、必修だからである。
　最近は、高校生等を対象とする大学説明会がとても多い。また、高校では教えていない学問でも、それを説明する高校の教師も増えた。進路指導で、心理学は「性格判断」や「占い」ではない、「カウンセリング」だけが心理学ではない、「統計学がわからないと授業についていけない」、「心理学を生かした仕事もまだまだ少ない」、「資格をとっても、それが常勤職に必ずしも直結しない」という現実を、生徒に伝える、良心的な教師もいる。
　だが、それでも、多くの学生は、心理学を学ぶと、性格や人付きあいの仕方、心の問題へのかかわり方、などについて深く知ることができると、夢を描いて入学する。そこで、上記のように「統計学」や「データ解析法」等の授業が必修科目であることを初めて知らされ、唖然とする。心理統計を教える知りあいの研究者たちは、幸いなことにいずれも授業がわかりやすく、学生の評判は良いらしい。それは学生にとっても、その他の心理学科目を担当する教師にとっても、ありがたいことだ。統計学は、心理学のしろうとにとってつまずきの石になるからだ。つまずくことで、「心理学はつまらない」、「心理学は難しい」、「心は測れるようなものじゃない」と思い、失望する学生は、毎年かなりの数にのぼる。

2-2．結果主義から

　しかし、統計の授業でつまずかなくても、さらに新たなつまずきの石が待ち

構えている。心理学教育では、実際に研究をする授業が開設されているのが一般的である。その際には、ある研究法（実験、質問紙調査等）で、データを収集して分析し、結果を考察して、レポートを書かなくてはいけない。その際に気になるのは、予測した結果が出せるかどうかである。

したがって、心理統計の授業で、統計学の基本的な考え方やデータ解析の前提を教わっていても、それは忘れ去られ、とにかく「結果を出すことができればよい」（いわゆる「結果主義」）という考え方が支配的になる。

そこで重要な言葉は、「有意」である。とにかく有意にならなければ意味がないと、いつの間にか思うようになる。また、「有意」ではなく「有意差」と覚えて、どんな場合でも「有意差」と言う学生も多い。

そして、いつの間にか学生たちは、結果がきれいに出ない研究（たとえば、仮説が有意性検定では支持されなかった研究）はまったく失敗と思うのだ。それは決して「的外れ」とは言えない。だが、「有意にならない」理由を熟考することは、新たな研究の手がかりとなるはずである[1]。

2-3. マニュアル主義へ

その結果、正しい手続きや、より望ましい結果と結びつく手続きを知りたいという気持ちが高まる。ゆえに、手続きが具体的に書かれたお手本に飛びつき、それを忠実に実行すればよいと考える、「マニュアル主義」の信奉者になるには、そう時間がかからない。これは何も量的研究に限らない。かつて筆者が、「方法論なき研究」と批判していた日本の質的研究も、すでにマニュアル主義が急速に拡大しつつある。質的研究におけるマニュアル主義については、本章後半で改めて紹介する。

では、このような事態を解決するには、研究者や研究者の卵たちがする営みを、彼ら自身が対象として考察する必要はないのか？

さらに、研究を自力で多少できるようになってくると、マニュアル主義や、結果主義の弊害は大きくなる。

2-4. よくありがちな数量研究のエピソード

たとえば、よく見られるのが以下のようなエピソードである。

・統計ソフトで因子分析を実行すれば、自動的に因子が抽出されると思う。

- ５％水準で有意だと、「星がつく！」と喜んで研究が終わったと思う。
- 知っている統計手法ばかりを使いたがる（例：調査研究で中央値分割や折半でセルを作って、分散分析を使いまくる）。
- とにかく数字にしないと気が済まない。
- 全数調査なのに、推測統計をする。

　これらは、マニュアル主義の「結果」と言えるかもしれない。いろいろ理由はあるだろうが、枠組みとしての理論、モデルといったものの設定の理解の影響も大きいのではないか（上淵, 2000）
　この際に用いられるのは、主に統計学的有意検定（t検定、F検定、χ^2検定等）であり、多変量解析（因子分析、回帰分析等）である。最近は、共分散構造分析も、ソフトウェアの改善により、簡単にできるようになった。
　だが、この際に、よく使われる統計的分析手法は、データ等に仮定を置き、さらに関数モデル（その多くは一次関数）を前提として、データとの対応を見るのだ。だが、この点を、意外にユーザーとしての心理学研究者は考えないことが多い（上淵, 2000）。
　このようなモデルになりうる関数は、どこかから現れるのではなく、当然データの性質やデータ収集に先立つ先験的理解に基づくわけである。
　もっとも人はそれなりに合理的な動物である（Todd & Gigerenzer, 2000）。ゆえに考えなくて済むなら、考えなくてできる方法を選ぶ方が合理的だろう。

2-5．体汗主義

　実際の研究は、講義のような受け身の座学ではなく地道な作業だと、実際に研究を始めると誰でも気づく。実験参加者になってくれるように、一人ひとりに頼むだけでも疲れることもある。学校や幼稚園、保育所などに行くなら、普段使わないような敬語を使って話さなければならない。しかも、研究の最中で「失敗」に気づくこともある。当初考えていた手続きでは、自分に必要な情報が得られないことや、要因の交絡があることに気づく。「ああ、やり直しだあ！」
　あるいは、共同で研究をしてレポートを提出する授業などでは、レポートの締め切り直前では徹夜をして、データ解析をすることもある。そして、レポート提出後の晴れやかな気持ちは、格別である。20歳以上ならば「ビールでも飲もう」と言ってやりたいくらいである。「いやー、みんなでがんばってレポー

ト出したものね。心理学やったよね」。汗水流して働くことに意味があるように見えてくる。

結局、経験知（からだで覚える）として心理学をしている自分に、学生たちは気づくことになる。

2-6. 研究方法の単一化

だが、さまざまな方法論を学習して、それをすべて上手に使いこなすのは難しい。さらに、大学によっては、すべての研究方法を本格的に教育する機会がないところもある。

ゆえに、「質問紙（調査）しかやったことないから」と言って、何でも質問紙を使って研究しようとする学生は多い。データ解析の手法も同じだ。因子分析がわかると、何でも因子分析したくなる。

方法が単一でワンパターンならば、多様な条件や多様な方法で量的研究をすることには、関心が向かなくなる。そのために、1つの研究で得られた知見を拡張し、研究を発展させることが難しくなる。

2-7. 一般性をめぐって

かつてよく使われた「法則定立的」と「個性記述的」という研究の分類のうち、一般に心理学は、法則定立的研究をめざしてきた。つまり、研究で得られた知見は、特定の人に当てはまるのではなく、多くの人に当てはまる「一般性」を持つものだと主張することが重視された。

ゆえに、一般化しにくい研究や、特異な結果が研究で得られた場合、「これはケース研究なので、過度な一般化は慎む必要がある」や「○○専攻の学生だけが実験参加者であったため、このような結果になったと考える」といった文章が、論文に見られるようになる。これは学術論文だけではない。「心理学する」ことを数年続けるうちに、やはり学生たちも「一般性」の価値を体得するのだ。

だが、知見の「一般性」を「言うことだけ」が大事だとみなし、それのみに注目する卒業研究も多い。かなり特徴が明確で特異な集団のみを研究対象としているのに、「なぜこの結果から、一般化して書けちゃうの？」とつっこみたくなる論文も時々見られる。

2-8. 「心理学らしさ」の獲得と悩み

「心理学ってなんだろう」という好奇心や不安の状態から、これまで語ってきたエピソードを経験しながら、学生は学生なりの「心理学らしさ」を体得するようになり、数年のうちに、成長する。すると、ちょっとした日常場面で齟齬が生じ、そのギクシャクした状態を解決できないことを歯がゆく思う者もいる。

たとえば、「『性格判断』と心理学は違う」と他専攻の友人に言う。「じゃあ、どこが違うの？」「心理学はなんか理系みたいで、数字で測って、関係を見たりする。どうするとものが見えるか、とか、先に覚えたことと後で覚えたことが、一番思い出しやすい、とか、そんなのやってる」「何それ？　つまんないじゃん。」

あるいは、「血液型で性格がわかるなんて信じているのは、日本の人ぐらいだ」と言ってみたくなる。

初対面の人に「大学で心理学を勉強してるんです」と言うと、決まって「じゃあ、私の性格わかる？」と言われる。こんなやりとりに、うんざりするようになる。「そんなこと、わかるわけないだろ！」

では、何のために心理学を学ぶのか、心理学を学ぶと何がわかるのだろうか？

3. 研究するのは誰のためか

3-1. 社会への還元か自己実現のためか

大学で心理学を専攻することを学生が選ぶのに、多くの場合、心にかかわるプライベートな出来事や個人的な関心が大きくかかわっていることは、言を俟たない。だが、かつて、講義で繰り返し話してきたことは、「研究はプライベートなものではない。パブリックな活動である」ということである。社会との関係の中で心理学研究は存在する。端的に言えば、他人に協力してもらってはじめて成立する研究は、他人に還元できなければ意味がない。だから、卒業研究それ自体は社会に利益を直接もたらさなくても、社会に貢献できるために、「心理学の専門家」を一人でも多く育てていくことが、自分たちのような心理

学を専門に教育する立場の役割ではないだろうか。

　このように言って、友人の研究者から反論されたことがある。「4年間かけて授業をしても、『心理学の専門家』になるのは難しい学生はたくさんいる。自分が心理学を勉強することで、『自己理解』ができるようになったり、『自己実現』できたり、恋愛について今までと違った見方ができるきっかけになれば、学生たちにとっては、十分だ。」

　この言葉には、首肯せざるを得ない。相手がどんな人か、どのような資質を持った人か、何をめざしているのかを考えなければ、教育はうまくいかない。私が語るのは、心理学は、世間と独立した学問ではない、ということである。象牙の塔の中の心理学ではない。社会に一歩踏み出した心理学だ。だが、踏み出したとたん、社会の中での意味づけも考える必要が生じる。

3-2. 資格と自分の資質

　「カウンセラーになりたい、『臨床心理士』の資格をとりたい。」こんなふうに思う高校生、大学生はたくさんいる。だが、すでに述べたように、大学でさまざまな心理学の授業を受け、自分なりに勉強すると、新たな悩みも生じる。

　特に臨床心理学関係の授業に出席すると、教師から現実の現場の活動、カウンセリングの難しさを生々しく語られる。

　その結果、「やっぱり臨床（心理学）はむかないかも……」と思うようになる学生もいる。なぜならば、「自分の悩みで精一杯なのに、他人の悩みなんて真剣に受けとめられない。真剣に受けとめられないのに、それを仕事にするのは良くないことだと思う」からだ。

　しかし、それは思春期の進路選択の終着点であるだけではない。出発点でもある。この気持ちをどう理解して、新たな進路選択に結びつけるために、どんなことが私たちにはできるだろうか。

　この問題は、本書の主題から見直せば、次のように言い換えられる。フィールドとフィールドの狭間で悩んでいる、マージナルマンとしての学生に、心理学研究のフィールドにいる者が「できること探し」を援助する、始まりでもある。

4.「くろうと」が学ぶこと

　一方、「求道」の途上にある学生とかかわることで、逆に研究の「くろうと」である大学教師たちが、「暗黙の前提」として体得していた事柄に、今更のように気づくことがある。
　たとえば、学生に質問をして、答えられないと、「なんでそんなこと知らないの？」とつい思ってしまう。こちらは知っていて当然と思うことを、学生が知らないと唖然とする。たとえば「スキーマ」や「原因帰属」、（カテゴリーの）「基本レベル」（ベーシック・レベル）を知らない学生は、たくさんいる。
　つまり、自分には常識であることが、他人にとって常識ではないことに、気づかされる。そんなことは、自分が授業を担当していた複数の大学で、しょっちゅう出くわした。
　原因を追及すればきりがないが、それは学生当人のみに帰せられることではない。1つ言えるのは、大学教育の内容や方法が、一般的に教師個人に任されているということだ。シラバスは公開が一般的となり、どのように科目を履修する必要があるのかを、学生にオリエンテーションと称して説明するのも、4月等によく見られる場面である。
　だが、実際の授業そのものは、教師に委ねられている。そこで、大学教師は、時間の切り売りをして、その時間内に自分なりに考えたことを、告げるにとどまっている。
　このように心理学教育が、見かけは体系だっていても、その中の要素である教師が、教育全体の中で与えられた役割を果たさないと、心理学教育全体のバランスは大きく崩れることになる。
　ゆえに、心理学教育の全体構造の中で、それぞれの科目や授業がどんな役割を果たし、それがどのような目標の下に開設され、次に履修する科目とどのような関係があるのかについて、教員同士が合意しつつ、心理学教育をする必要があるだろう。
　けれども、現実には、残念ながら未来に成果を委ねるだけのハッピーエンドで物語を終えるだけでは済まないことが生じている。量的研究から質的研究への研究スタイルの転換が急速に進んでいるのだ。ゆえに、心理学教育自体もその内容を変えていくときが来ている。そこで、私たちが本書でテーマとしている質的研究の動向に目を向けることにしよう。

5．心理学における質的研究導入の問題

　心理学は一般的に実証科学であり、客観性を要求されるという意味で、量的研究（数量研究）が主流となって推し進められてきた。しかし、21世紀に入ると、前世紀末にすでにその胎動が見られた質的研究への傾斜が、非常な速度で進んだ。21世紀に入ってわずか5年足らずで、質的研究は、心理学をはじめ多くの社会科学で、実践研究領域で、市民権を得た。初学者にとって、質的研究法は、アプリオリに存在する研究方法である。

　10数年前の頃のような、話題だけ、名人芸だけ、という段階から、技法の広まりとともに具体的な研究成果が数多く報告されるようになった。多くの入門的な教科書が次々に刊行されたことにより、質的研究法を用いた研究は、さらに増えつづけている。だが、質的研究の方法論が心理学を専門とする人たちや学生に共有されているわけでもなく、また数量研究とどのように両立させていく必要があるのかについての議論も十分深まっているわけではない。

5-1．筆者の個人的教育実践

　大学院の演習において、その大半が半期に限定されるが、筆者は過去15年間、質的研究やそれに関連する文献を取り上げ、講読をしてきた。

　最初の6年ほどを通してみて実感したのは、従来の伝統的な、実験や質問紙調査などを中心とする心理学を学部や大学院で修めてきて、心理学研究について「わかっている」人たちは、質的研究を受け入れにくいということであった（もちろん、心理学研究そのものについてよくわかっていない人もかなりいた）。「質的研究」という言葉は、私の勤務先では2000年前後まではほとんど誰も使わなかった。

　しかし、ここ10年足らずで事態は一変した。質的研究は、いつの間にか学生、特に大学院生にとっては、あたり前の研究スタイルとして、定着しつつある。

5-2．なぜ質的研究か

　ここ数年の学会発表等を見るにつけ、「なぜこれを質的研究としてする必要があるのか」と疑問に思う研究も決して少なくない（上淵, 2005）。ただ、

フィールドに入って観察をして、インタビューをするだけならば、ことさらに質的研究と言う必要はあまりない。心理学研究者が質的研究を行う必然があるのは、個別のケースとその変化や個人の深い理解を最大の目標とする場合、あるいは時間をかけて行う必要のある帰納的研究、研究者自身がフィールドに深くコミットしているタイプの研究等に限定されるように考える。そうでなければ、あえて質的研究をする必然性はあまりないのではないか。これは最後に述べる、「研究とは何か」という理解の不足にもつながる問題と考える。

5-3. なぜマニュアル主義化するのか？

本節の冒頭で記したように、以前は名人芸的な研究が多かった。あるいは、「質的研究」という言葉に惹かれて、「なんとなくフィールドに入りました」という研究が多かった。しかし、既述のように、ここ4、5年の間に、質的研究にかかわる状況は大きく変化した。おそらくは上述のように、方法論の教科書が大量に刊行され、技法に関するセミナー等が多く開かれたせいだろう。質的研究はたとえばグラウンデッド・セオリー・アプローチ、現象学、ケーススタディ、フォーカスアプローチなどのように、さまざまな方法がある。これらが「いったい何なのか」が次第に知られるようになるにしたがって、上記の方法の思想的背景や意義を特に意識せずに、テクストに書いてある方法をそのまま使うだけの研究が激増している。これは先述のマニュアル主義そのものであろう。

本章で述べたような「心理学のくろうとになる」のと同じように、「質的研究者になる」プロセスで、マニュアル主義化は、どんどん加速しているのだ。マニュアルとほとんど同じ意味で「レシピ」に頼る研究はやめようと言う質的研究者もいること（Willig, 2001）は、忘れられているのだろうか。

6.「研究とは何か」の理解について

最後に、研究に対する理解について述べたい。
先に「心理学研究そのものについてよくわかっていない」学生の存在について言及したが、これは心理学教育の問題かもしれない。すなわち、研究とは何であって何ではないのか、自分が習慣上使っている研究方法や手続きには、どのような意味があるのか、なぜ他の手続きをとらないのか、とってはいけない

のか、なぜ結果と考察は分けて書くのか、などなどについて、理解させる教育が必要ではないか。

多くの学生は、このような理解をしないまま数年間を大学で過ごして、卒業論文や修士論文を提出して、出ていくのである。心理学が単なる固定した知識であり、その切り売りだけをするのが大学などの教育機関であるとするならば、前段のような教育は、まったく余計なお世話である。

しかし、知識は一定の世界観や人間観や価値観の下に行われる活動とともに得られるものであり、そして新たな活動に生かされるものである。異なる世界観や人間観や価値観から見れば、各々の知識は誤りであったり役に立たなかったりする可能性もある。ゆえに、心理学の細かな知識はそれ単独で意味を持つわけではなく、上記のような世界観や人間観に基づいて意味づけられるものである。このような意味づけの代表例が「心理学研究とは何か」なのだ。

ゆえに、心理学を教えるにあたり、改めて自分が拠って立つ世界観や人間観を省察し、それをどのように教育で生かしていくかを考える必要があるだろう。

【注】
［１］ しかし最近は、有意性にこだわることへの反省として、複数の指標からデータを判断する傾向が高まりつつある（大久保・岡田，2012）。

【文献】
大久保街亜・岡田謙介 (2012).『伝えるための心理統計 ── 効果量・信頼区間・検定力』勁草書房.
Todd, P. M. & Gigerenzer, G. (2000). Precis of simple heuristics that make us smart. *Behavioral and Brain Sciences, 23*, 727-780.
上淵寿 (2000).「心理学への質的研究の導入とその問題について」(未公刊)
上淵寿 (2005).「『質的』研究にまつわる、ゆるやかな概念から」シンポジウム『質的』を標榜することで見失うものは何か ── 質的心理学の成立は発達心理学の危機か『日本発達心理学会第16回大会発表論文集』
Willig, C. (2001). *Introducing Qualitative Research in Psychology : Adventures in theory and method*. Maidenhead : Open University Press.

人名索引

秋田喜代美　27, 167
Alvesson, M.　73
Arendt, H.　178
麻生武　181-184, 187, 191, 196, 199

Bakhtin, M. M.　173, 174
Barker, C.　1

Chomsky, A. N.　174

Dilthey, W.　120

遠藤利彦　78, 190
榎沢良彦　126, 139
Epstein, D.　47

Fine, G. A.　48, 49
Fine, M.　34
Fish, S.　174-178
Foucault, M.　120
藤崎春代　83
藤田結子　1

Garfinkel, H.　199
Geertz, C.　36, 42, 177
Gigerenzer, G.　204
Graue, M. E.　49
Guba, E. G.　35
Gubrium, J. F.　34

Hall, S.　75
浜口順子　147
Holloway, S. D.　147
Holstein, J. A.　34
掘越紀香　77, 157, 166-170

市川洋子　148, 161, 162, 166-170
伊賀光屋　120
今井和子　185
石黒広昭　167
磯村陸子　196, 197
伊藤直哉　174
伊藤哲司　61
岩立志津夫　182

加藤周一　123
河邉貴子　143
貴戸理恵　14
Kierkegaard, S.　75
木下康仁　1
北村文　1
小林昌夫　175
Kripke, S.　124
鯨岡峻　182, 183
草柳千早　13

Lave, J.　101, 102
Leévi-Strauss, C.　104
Lewis, M.　74
Lincoln, Y. S.　35

Malatesta, C.　78
Malinowski, B. K.　177
松村明　119
Miller, J. H.　178
美馬のゆり　103, 111
南博文　182
宮地尚子　95, 96
宮崎清孝　84
森下雅子　99
森田裕子　121
森山工　2

無藤隆　84, 134

中西正司　14
Neurath, O.　33
野口隆子　26
野坂祐子　59, 62, 65, 70, 96

奥雅博　124
大豆生田啓友　167
大藪泰　190
小沢哲史　190

Piaget, J.　181
Pistrang, N.　1

佐伯胖　27, 103
戈木クレイグヒル滋子　1
桜井厚　74
Sandstrom, K. L.　48
佐野正彦　73
佐藤郁哉　126
佐藤学　103, 110
サトウタツヤ　61
ソーヤーりえこ　101
Schachter, S.　78
Schwandt, T. A.　74
Skoöldberg, K.　73
菅野幸恵　18
菅原和孝　78

杉澤経子　112
砂上史子　26, 167, 197, 199
諏訪きぬ　186

平子友長　120
高濱裕子　84
田中共子　61
Todd, P. M.　204
津守真　143, 183

上淵寿　37-39, 204, 209
上野千鶴子　14
上野直樹　103

Walsh, D. J.　49
渡辺英則　147
Wenger, E.　101, 102
White, M.　1
Willing, C.　1, 34, 74, 210
Wilson, A.　78
Wittgenstein, L.　124

山田富秋　74
山本登志哉　125, 191
山内祐平　103, 111
山崎敬一　73
吉田俊和　121
好井裕明　74, 88
吉村真理子　147

事項索引

▶ア　行

IRF連鎖　155
アイデンティティ　76
　（サービス・援助を）与えられる側　14
厚い記述　33, 36
アトリエ的学習環境　103
アプロプリエーション　110

異議申し立て　93
いじめ　122
位置化　76
位置取り（ポジショニング）　76
一般化　122, 134
意味　176
意味づけ　33
　——の効用　35
　——の無視　35
　——の問題点　36
　意味づけられる客体　34
　意味づけることと義務・責任　44
　意味づける主体　34
　フィールドの——　37
　肉体の——　38
違和感　17
インターフィールド　2
インフォーマント（研究参加者）　78

薄い記述　36

エスノメソドロジー　73

大人　46
　大人－子ども関係　50
　大人役割を最小限にすること　47
　（現場における）折り合い　50

▶カ　行

解釈　42
　——基盤　169
　——共同体　174
　——行為　50
　——の違い　146
　複数の——　42
　メタ——　169
解釈学的循環　120
解釈論　33
科学的観察　183
科学的理解　143
書き手　173, 195
学習環境のデザイン　100
学習のカリキュラム　101
隠れたカリキュラム　67
語られない声　95
語られる声　95
語り　134
葛藤　47
　——体験　145
観察者　46
　観察者－被観察者　45

記述　33
　——の解釈性　33
　厚い——　33, 36
　薄い——　36
義務感　41
客観　14
教育のカリキュラム　101
共振　70
共同実践者　75
共同性　191, 199
共同体　123
共同注視　190

局所（local） 119
局所化（localization） 119
局所性（locality） 119, 125
　暗黙的な―― 130
　現場の―― 139

系の内側の視点 182
嫌悪感 40
研究者 75
　――の立ち位置の〈もだえ〉 97
研究方法の単一化 205
現象的観察 183

公開（アウティング） 95
個性記述的 205
言葉にならないもの 95
困り感 16

▶サ　行
罪悪感 41
再帰性 73

ジェンダー
　――の再生産 66
　暗黙的な―― 66
自己 74, 75
　もだえる―― 74, 76
自己実現 206
事実 16
実践知 145
実践的知能（practical intelligence） 145
実践の正義 99
質的研究 201, 209
質的心理学 1
社会的参照 190
社会への還元 206
小1プロブレム 146
焦点化 134
助言者 145
初心者 61
調べる人－調べられる人 93

心理学 202

数量研究 203
ずれ 19, 20, 27, 29

責任感 41

相互反映性 73, 74

▶タ　行
体汗主義 204
第三者の視点 19
対処の仕方 74
他者 68, 195
立場性（ポジショナリティ） 94

中立 14
中立的調査者 68
調査者 145
　――としての所在のなさ 66
　――の＜善意＞ 93

テクストの媒介的機能 173

問い 19, 29
　――を問う 23
登校拒否 14
当事者 11
道徳 49
戸惑い 47
トランスクリプト 166

▶ナ　行
肉体の意味づけ 38
日本語学習 100
人間学的理解 143

ネガティブな感情 41

ノイラートの舟 33

▶ハ 行

発達障害　15
パワーゲーム　94

ビデオ映像の記述と解釈　167

フィールド　2
　──研究　1
　──に身を置く　65
　──の暗黙知　94
　──の意味づけ　37
　──のエスノメソッド　68
　──の実践への共振　61
　──の正義　99
フィールド調査
　──の「正義」　91
　──の不正義　93
フィールドワーカーの自己像　74
夫婦別姓問題　12
ブリコラージュ　104
プロの異人　126
文化的アイデンティティ　75, 76
文脈状況再帰性　73

ベテラン　61

法則定立的　205
ポジション　75

▶マ 行

マニュアル主義化　203, 210

見える　56
『身ぶりからことばへ』　181, 194, 197, 199
見られること　45

見ること　42
　──と「見える」こと　55
　見る-見られる　45

目くばせ　42
メタ解釈　169

黙認　50
もだえる自己　74, 76
問題化　11
　──にあたっての視点　15
問題性　94
問題場面　145

▶ヤ 行

役に立つこと　80
　──にこだわる〈私〉の3つの様相　88
　──へのこだわりのサイクル　86
役に立てないことへの動揺　85
（現場における）やりくり　50

有意差　203
揺れ　19

読み手　173
読むこと　195

▶ラ 行

理想的読者　174
reflection（リフレクション）　73, 103
臨床家　146
倫理　48, 50

▶ワ 行

〈私〉と〈私たち〉　192

執筆者紹介（執筆順）

上淵　寿（うえぶち　ひさし）【編者、序章、2章解題、4章解題、6章解題、9章】
東京大学大学院教育学研究科博士後期課程単位取得退学。博士（教育学）。現在、東京学芸大学総合教育科学系准教授。主な研究領域は、教育心理学、発達心理学。主な著訳書に、『感情と動機づけの発達心理学』（ナカニシヤ出版，2008，編著）、U. ゴスワミ『子どもの認知発達』（新曜社，2003，分担訳）、C. ウィリッグ『心理学のための質的研究法入門』（培風館，2003，分担訳）他がある。

本山方子（もとやま　まさこ）【序章、8章解題】
お茶の水女子大学大学院人間文化研究科博士課程単位取得満期退学。修士（教育学）。現在、奈良女子大学研究院人文科学系 人間科学領域准教授。主な研究領域は、教育心理学、発達心理学、教育方法学。主な著訳書に、『ワードマップ 質的心理学』（2004，新曜社，分担）、『よくわかる臨床発達心理学』（2005，ミネルヴァ書房，分担）、『はじめての質的研究法──教育・学習編』（2007，東京図書，分担）他がある。

磯村陸子（いそむら　りくこ）【1章解題、2章ケース、8章ケース】
お茶の水女子大学大学院人間文化研究科博士課程単位取得退学。現在、千葉経済大学短期大学部准教授。主な研究領域は、教育心理学、発達心理学。主な著訳書に、『保育の心理学Ⅱ』（大学図書出版，2013，分担）、『児童心理学』（学文社，2009，分担）、『はじめての質的研究法──教育・学習編』（東京図書，2007，分担）他がある。

野口隆子（のぐち　たかこ）【1章ケース】
お茶の水女子大学大学院人間文化研究科博士課程単位取得退学。修士（心理学）。現在、十文字学園女子大学人間生活学部准教授。主な研究領域は、発達心理学、保育学。主な著書に、『保育内容言葉』（光生館，2009，編著）、『事例から学ぶ はじめての質的研究法 教育・学習編』（東京図書，2007，分担）、『今に生きる保育者論』（みらい，2007，分担）他がある。

松井愛奈（まつい　まな）【3章解題】
お茶の水女子大学大学院人間文化研究科博士後期課程修了。博士（人文科学）。現在、京都文教大学臨床心理学部教育福祉心理学科准教授。主な研究領域は、保育学、発達心理学。主な著訳書に、『保育の実践・原理・内容［第3版］』（ミネルヴァ書房，2013，共編著）、『他者とかかわる心の発達心理学』（金子書房，2012，分担）、P. サガード『脳科学革命』（新曜社，2013，分担訳）他がある。

野坂祐子（のさか　さちこ）【3章ケース、5章解題】
お茶の水女子大学大学院人間文化研究科博士後期課程単位取得退学。修士（家政学）。現在、大阪大学大学院人間科学研究科臨床教育学講座准教授。主な研究領域は、発達臨床心理学、ジェンダー学。主な著訳書に、『子どもへの性暴力』（誠信書房，2013，共編著）、

エドナ B. フォア『PTSD治療ガイドライン［第2版］』（金剛出版，2013，分担訳），『発達科学ハンドブック6　発達と支援』（新曜社，2012，分担）他がある。

掘越紀香（ほりこし　のりか）【4章ケース、7章ケース】
お茶の水女子大学大学院人間文化研究科博士課程単位取得退学。修士（家政学）。現在、奈良教育大学教育学部准教授。主な研究領域は、幼児教育学、保育学。主な著書に、『育ちと学びの生成』（東京大学出版会，2008，分担）『事例で学ぶ保育内容＜領域＞言葉』（萌文書林，2007，分担）、『保育実践のフィールド心理学』（北大路書房，2003，分担）他がある。

森下雅子（もりした　まさこ）【5章ケース】
お茶の水女子大学大学院人間文化研究科国際日本学専攻単位取得退学。現在、早稲田大学日本語研究教育センター等非常勤講師。主な研究領域は、日本語教育、学習環境のデザイン。主な著作に、「日本語支援コミュニティにおける"アクセスの社会的組織化"」（『共生時代を生きる日本語教育』所収，凡人社，2005）がある。

古賀松香（こが　まつか）【6章ケース】
お茶の水女子大学大学院人間文化研究科博士後期課程単位取得満期退学。修士（家政学）。現在、京都教育大学教育学部准教授。主な研究領域は、保育学。主な著書に、『学びとケアで育つ』（小学館，2005，分担）、『子育て支援の心理学』（有斐閣，2008，分担）、『保育の心理学Ⅱ』（大学図書出版，2013，分担）他がある。

砂上史子（すながみ　ふみこ）【7章解題、7章メタ解釈、8章ケース】
白梅学園大学大学院子ども学研究科博士課程修了。博士（子ども学）。現在、千葉大学教育学部准教授。主な研究領域は、保育学、臨床発達心理学。主な著訳書に、『最新保育講座③子ども理解と援助』（ミネルヴァ書房，2011，共編著）、『子育て支援の心理学』（有斐閣，2008，分担）、S.ハロウェイ『ヨウチエン』（北大路書房，2004，分担訳）他がある。

市川洋子（いちかわ　ようこ）【7章ケース】
お茶の水女子大学大学院人間文化研究科博士後期課程単位取得退学。修士（心理学）。現在、千葉工業大学教育センター助教。主な研究領域は、教育心理学。主な著訳書に、米国学術研究推進会議『授業を変える──認知心理学のさらなる挑戦』（北大路書房，2002，分担訳）他がある。

麻生　武（あさお　たけし）【8章ケース】
大阪市立大学大学院文学研究科後期博士課程単位取得退学。博士（文学）。現在、奈良女子大学研究院人文科学系教授。主な研究領域は、発達心理学、臨床発達心理学。主な著書に、『身ぶりからことばへ』（新曜社，1992，単著）、『発達と教育の心理学』（培風館，2007，単著）、『「見る」と「書く」との出会い』（新曜社，2009，単著）他がある。

フィールド心理学の実践
インターフィールドの冒険

初版第1刷発行　2013年9月5日

編　者	上淵　寿	
	フィールド解釈研究会	
発行者	塩浦　暲	
発行所	株式会社新曜社	

〒101-0051　東京都千代田区神田神保町3-9
電話(03)3264-4973(代)・Fax(03)3239-2958
E-mail: info@shin-yo-sha.co.jp
URL http://www.shin-yo-sha.co.jp/

印刷所　三協印刷株式会社
製本所　イマヰ製本所

©Hisashi Uebuchi, Field Kaishaku Kenkyu-kai, 2013　Printed in Japan
ISBN978-4-7885-1355-6　C1011

新曜社の関連書

心理学における現象学的アプローチ 理論・歴史・方法・実践	A. ジオルジ 吉田章宏 訳	A5判304頁 本体3400円
語り――移動の近代を生きる あるアルゼンチン移民の肖像	辻本昌弘	四六判232頁 本体2600円
「見る」と「書く」との出会い フィールド観察学入門	麻生 武	四六判304頁 本体2800円
質的心理学の展望	サトウタツヤ	A5判288頁 本体3200円
新しい文化心理学の構築 〈心と社会〉の中の文化	ヤーン・ヴァルシナー サトウタツヤ 監訳	A5判560頁 本体6300円
社会と向き合う心理学	サトウタツヤ・若林宏輔・ 木戸彩恵 編	A5判352頁 本体2800円
不妊治療者の人生選択 ライフストーリーを捉えるナラティヴ・アプローチ	安田裕子	A5判304頁 本体3800円
性格とはなんだったのか 心理学と日常概念	渡邊芳之	四六判228頁 本体2200円
文化と実践 心の本質的社会性を問う	石黒広昭・亀田達也 編	四六判290頁 本体2900円
質的心理学研究法入門 リフレキシビティの視点	P. バニスター他 五十嵐靖博・河野哲也監訳	A5判276頁 本体2800円
QDAソフトを活用する 実践 質的データ分析入門	佐藤郁哉	A5判176頁 本体1800円
実践 グラウンデッド・セオリー・アプローチ 現象をとらえる	戈木クレイグヒル滋子	A5判168頁 本体1800円
ノットワークする活動理論 チームから結び目へ	Y. エンゲストローム 山住勝広・山住勝利・ 蓮見二郎 訳	四六判448頁 本体4700円

＊表示価格は消費税を含みません。